| 제2편

비

위한 AI

머신러닝과 인공신경망에 대해
알아야 할 모든 것

Doug Rose 지음 · 서우종 옮김

Σ 시그마프레스

비즈니스를 위한 **AI**, 제2판

발행일 | 2022년 6월 30일 1쇄 발행

지은이 | Doug Rose
옮긴이 | 서우종
발행인 | 강학경
발행처 | ㈜ 시그마프레스
디자인 | 김은경, 이상화, 우주연
편 집 | 이호선, 김은실, 윤원진
마케팅 | 문정현, 송치헌, 김인수, 김미래, 김성옥

등록번호 | 제10-2642호
주소 | 서울특별시 영등포구 양평로 22길 21 선유도코오롱디지털타워 A401~402호
전자우편 | sigma@spress.co.kr
홈페이지 | http://www.sigmapress.co.kr
전화 | (02)323-4845, (02)2062-5184~8
팩스 | (02)323-4197

ISBN | 979-11-6226-387-7

Artificial Intelligence for Business, 2nd Edition

＊ 책값은 책 뒤표지에 있습니다.

역자 서문

요즘 우리 사회는 인공지능(AI)에 푹 빠져 있다. 도처에서 끊임없이 들려오는 인공지능 소식으로 어지러울 지경이다. 어느덧 AI는 인간이 관여하는 모든 분야에서 절대적인 동반자로 인식되고 있다. 과학과 공학 분야는 물론이고 인문학과 예술 분야에서도 AI의 역할은 거의 공상과학 영화 수준으로 확장되고 있다. AI가 소설을 쓰고 작곡을 하고 그림도 그리며, 이제 AI를 만드는 AI까지 나올 것이라 한다. 요즘 부쩍 '터미네이터', '아이, 로봇', 'A.I.'와 같은 영화의 장면들이 떠오른다. 여기에 자율주행차와 무인공장 그리고 하늘을 나는 자동차의 장면들을 더해보면, 그야말로 우리는 지금 공상과학 영화 장면 그대로의 상황을 코앞에 두고 있다는 생각이 든다.

이러한 세상의 급속한 변화는 우리에게 새로운 관점과 새로운 노력을 요구하고 있다. 세계 각국의 정부들은 4차 산업혁명 시대의 국가 경쟁력의 핵심이 AI 경쟁력에 있다는 판단으로 국가적 차원에서 AI 발전을 위한 강력한 정책들을 쏟아내고 있다. 당연히 우리나라도 이러한 물결에 적극적으로 동참하고 있다. 2019년 우리 정부는 '인공지능 국가전략'을 발표하였으며, 그 정책 중 하나로 인공지능대학원 지원 사업을 추진 중이다. 이러한 상황에서 국내 많은 대학은 대학원 과정뿐만 아니라 학부 과정에서도 인공지능 교육 기회를 확대하기 위해 많은 노력을 기울이고 있다. 이러한 노력은 비단 대학과 같은 고등교육기관에만 국한되지 않고 중고교로도 확장 중이며, 심지어는 초등학교에서조차도 2024년부터는 AI 교육이 시작된다고 한다.

AI와 동떨어진 분야에서 살아온 많은 사람들에게는 이러한 급격한 변화로 세상이 낯설게 느껴질지도 모른다. 이런 이들은 물론 새로운 세상에 대한 기대를 가져볼 수 있겠지만, 곧 새로운 세상에 대해 준비가 되어 있지 않은 자신을 바라보면서 불안감을 느낄 수도 있을 것이다. 그럼 이제 우리는 어디로 가야 하는가? 앞으로 어떻게 살아가야 하는가? 우리는 이제 AI를 피해서 살아갈 수는 없는 걸까? 이러한 상황이 우리가 이 시대에 태어났기 때문에 겪어야만 하는 운명이라면, 피할 게 아니라 받아들이려고 노력하면서 살아가야 하는 것은 아닐까? 그런데 노력을 한들, 과연 나는 AI를 얼마만큼 이해할 수 있게 될까? 단순히 이해하는 수준을 넘어서 AI을 통해 뭔가 보다 가치 있는 기회를 잡아볼 수 있는 수준에 도달할 수 있을까? AI 전문가는 아니지만 AI를 업무에 활용해서 성과 창출을 할 수 있는 방안을 제안을 하는 것은 가능할까? 이러한 수준이 되려면, 과연 AI에 대해 어느 정도나 알아야 하는가? AI라는 도전 앞에서 이러한 질문들을 떠올려 본 사람들이라면, 이 책만큼 큰 힘이 되어 줄 책은 찾기 어려울 것이라 확신한다.

　이러한 나의 믿음은 이 책이 AI와 관련된 전문 영역에서 공부하거나 일하고 있는 사람들에게는 별 도움이 되지 않으리라는 의미는 절대 아니라는 점도 강조하고 싶다. 어려운 AI를 전문적으로 공부해 나가는 과정에서 틈틈이 이 책을 본다면, 자신이 공부하고 있는 내용을 깊이 있게 자기 것으로 만드는 데 큰 도움이 될 수 있다고 믿는다. 나는 이 책의 가장 큰 특징이자 장점은 바로 AI의 원리를 직관적으로 이해할 수 있게 만들어 준다는 점이라 생각한다. 이 책은 AI를 모르는 사람들과 이미 AI 영역에 뛰어든 사람들 모두에게 큰 희망을 줄 수 있다고 생각한다. 이 책의 내용과 관련해서 한 가지 놀라운 사실을 미리 언급하자면, 이 책의 서술 분위기와는 달리 다루고 있는 내용들은 그리 단순하지는 않다는 점이다. AI의 복잡한 이론들을 생략하고 쉬운 부분만 설명하는 책이 아니라는 것이다. 수식만 다루지 않을 뿐, 내용의 넓이와 깊이는 그리 허술하지 않다는 점이 이 책을 읽고 난 독자들을 더욱 자신감에 차도록 만들어 줄 것이다. 이 책을 만난 것은 나에게 큰 행운이다. 이러한 행운의 기회를 준 (주)시그마프레스에 감사드리며, AI 세상에서 살아가야 할 우리의 운명을 인정하는 모든 이들에게 이 책이 그 어떤 책보다도 큰 도움이 될 수 있기를 희망해본다.

서우종

추천사

약20년 전 내가 인공지능(AI)과 머신러닝(ML)을 처음 탐구하기 시작했을 당시에는 이러한 기술의 대부분을 교육기관에서만 다루었다. 그러나 최근 몇 년 동안 AI와 ML이 무인 자동차, 타깃 광고, 희귀 질병 예측 등과 같은 실세계 응용 분야에서 성공적으로 적용되기 시작하면서, 우리는 AI와 ML 분야의 큰 도약을 목격했다. 이러한 발전의 배후에는 세 가지 주요 요인이 있었는데, 그것들은 바로 빅데이터의 활용 가능성, 처리 능력의 향상, 고급 ML 알고리즘의 발전이다. 오늘날에는 심지어 모바일폰에서도 실시간으로 첨단 ML 알고리즘을 실행할 수 있다. 이러한 기술적 성과는 연구자들과 비전문가들이 그들의 특정 니즈에 맞는 ML 솔루션을 학습하고 사용하고 배치할 수 있는 많은 기회를 제공한다. 유연한 소프트웨어 라이브러리들이 공개적으로 사용 가능해지고 있으며, 모델들은 클라우드 환경에서 구축됨으로써 훨씬 더 접근성이 좋은 솔루션으로 제공되고 있다.

공교롭게도, 소프트웨어 라이브러리의 단순성과 가용성은 ML 솔루션의 복잡성을 숨겨주고 있다. 이와 다른 극단에는, 전문가와 연구자만 이해할 수 있는 언어로 ML의 복잡성을 여실히 드러내 주고 그것을 탐닉하고 있는 수학책이 있다. 반면, AI와 ML에 대한 멋진 이야기를 이해하기 쉬운 방식으로 알려주는 책들과 여타의 믿을 만한 콘텐츠는 부족한 상태가 지속되어 왔다. '비즈니스를 위한 AI : 머신러닝과 신경망에 대해 알아야 할 모든 것'이란 제목을 가진 이 책은 기술 지식을 갖고 있지 않은 경영진이 AI와 ML을 이해하고 이러한 기술을 사용하여 비즈니스 문제들을 해결할 수 있는 지점에 도달할 수 있도록 다리 역할을 함으로써, 경영진과 이러한 기술 지식 간의 간극을 메워준다.

그동안 나는 AI 및 ML 분야의 국제적 수준 저널들과 컨퍼런스들을 통해 많은 연구

논문들을 발표해 왔다. 이러한 맥락에서, 나는 이 책이 그동안 내가 학계를 위한 봉사활동의 일부로 해온 많은 리뷰 대상 중 하나가 되리라고 생각했다. 그러나 나는 제1장 '인공지능이란 무엇인가'를 읽고 난 뒤, 이 책은 다른 책들과 논조가 다르다는 것을 바로 알 수 있었다. 더그는 청중을 잘 이해하고 있었으며 이야기를 단순하면서도 설득력 있게 하고 싶어 한다는 것이 분명해 보였다. 그의 목표는 모든 사람들이 수학적 전문 용어로 인한 압도감이나 두려움을 느끼지 않도록 하면서 그들을 이 매력적인 AI 및 ML의 세계로 끌어들이는 것이었다. 데이터 과학이 그 어느 때보다도 널리 보급되는 상황에서, 우리는 AI 및 ML 분야를 많은 사람에게 소개하기 위한 노력뿐만 아니라 끊임없이 변화하는 이 세상에서 많은 사람들이 창출하고 있는 가능성들에 이 분야를 적용시키기 위한 노력이 필요하다.

이 책은 '생각하는 기계: 인공지능 개요', '머신러닝', '인공신경망', '인공지능 활용하기'의 4개 부(part)로 구성되어 있다. 제1부에서 하나의 장(chapter)을 할애하여 AI의 역사부터 AI의 기본적인 내용을 설명한다. AI의 진화 그리고 AI가 할 수 있는 것과 할 수 없는 것에 대한 기본적인 이해는 AI의 가능성과 한계를 파악하는 데 필수적이다. 더그는 계속해서 강한 AI와 약한 AI와 같은 매력적인 개념들과 AI와 빅데이터 결합의 파워, 그리고 그에 따른 도전에 대해 설명한다. 전문가 시스템, 데이터마이닝, 지도 및 비지도 학습, 오류역전파, 회귀분석과 같은 해당 분야의 주요 개념들도 설명한다. 또한 제1부에서는 지능형 로봇, 자연어 처리(NLP), 사물 인터넷(IoT)과 같은 AI의 주요한 응용 분야들을 강조해서 설명하고 있다. 제1부가 끝날 때 즈음이면, 독자들의 마음은 이미 AI 및 ML의 파워를 활용하여 자신들의 비즈니스를 향상시킬 수 있는 새로운 방법을 생각해내느라 머릿속이 분주할 것이다.

제2부에서는 ML의 핵심 개념에 대해 자세히 설명하고, ML을 적용하여 특정 비즈니스 문제를 어떻게 해결할 수 있는지에 관한 여러 예를 제시한다. 또한 제2부에서는 독자들이 부담스러워하는 수학과 마주치지 않도록 하면서도 다양한 예들과 유추를 사용하여 준지도 학습, 강화 학습, 앙상블 학습, 대표적인 알고리즘과 같이 ML의 세부적인

분야를 소개한다. 초보자들에게 다양한 ML 모델들을 살펴볼 수 있는 기회를 제공하는 것은 그들이 해당 분야에 대한 이해를 넓히는 데 큰 도움이 될 것인데, 이러한 점이 제2부의 장점이라 할 수 있다. 특히, 편향-분산 간의 상쇄관계를 양궁에 비유하여 설명한 점은 매우 훌륭한 접근이었다.

제3부에서는 신경망을 다룬다. 신경망에 대해 수학 방정식을 사용하지 않고 설명하는 문헌들은 거의 없기 때문에, 제3부는 매우 도전적이다. 그럼에도 불구하고 더그는 사람의 뇌에 대한 비유를 얘기하면서 제3부를 멋지게 시작한다. 그런 다음 그는 독자들이 신경망 기본 단위의 처리 능력을 이해할 수 있도록, 퍼셉트론 및 활성화 함수를 설명하고 간단한 계산들을 제공하여 퍼셉트론과 활성화 함수의 작동 방식을 설명한다. 딥러닝에 관한 최근 연구들은 복잡하고 규모가 큰 신경망을 탄생시켰다. 그러나 더그는 독자들에게 단일 퍼셉트론의 형태와 기능에 대한 근본적인 이해를 제공함으로써 독자들이 수천 개의 퍼셉트론으로 구성되는 최신 심층 신경망과 관련된 더 어려운 개념을 다룰 수 있도록 준비시켜준다.

초보자는 종종 역전파, 경사하강법 최적화, 비용함수와 같은 개념들을 이해하는 데 어려움을 겪기 때문에, 더그는 제4부에서 일상 생활의 예를 통해 이러한 개념들을 간결하게 제시한다. 그는 신경망을 제2부에서 이미 학습한 ML 개념과 연계시킨다. 이러한 접근방법은 독자가 다양한 어려운 문제들을 해결하는 데 있어, 다양한 ML 개념들과 더불어 ML 개념들 간의 관계 그리고 ML 개념들과 신경망과의 관계를 이해하는 데 도움을 준다. 제4부는 주요 도전과제들을 식별하고, 올바른 유형의 데이터 및 도구들을 선택하는 방법에 대한 지침을 제공하며, 탐색적 접근방식을 취하는 것의 중요성을 설명하는 것으로 마무리를 한다.

나는 AI와 ML 분야의 초보자들에게 이 책을 강력히 추천한다. 비록 당신이 수학이나 통계학에 대한 배경 지식이 없다 하더라도, 당신은 이 책을 쉽게 이해할 수 있을 것이다. 또한 이 책은 특정 핵심 개념들을 다시 한번 살펴보고 싶을 수도 있는 많은 ML 실무자들과 데이터 과학자들에게도 훌륭한 읽을거리가 될 것이다. 나는 당신이 이 책을 읽고 나면 새로운 아이디어로 가득 차고 AI와 ML이라는 매력적인 분야를 더 깊이 탐구하고 싶어질 것이라 확신한다. 이것이 바로 이 책의 목적인데, 더그는 이 목표를 달성했다. 나는 더그와 이 책이 모두 잘되기를 바란다. 내가 이 책과 인연을 맺게 된 것은 나에게 영광이자 특전이다.

셰로즈 칸 박사(Dr. Shehroz S. Khan)

토론토대학교

수 천 년 동안 사람들은 인공지능(AI)에 매료되어 왔다. 고대 신화에 나오는 그리스의 신 헤파이스토스는 해적들로부터 크레타섬의 유로파를 보호하기 위해 탈로스라는 거대한 청동 기계 인간을 만들었다. 수천 년 후인 1817년 메리 셸리는 **프랑켄슈타인**을 쓸 때 AI와 씨름했다. 그 이후 더 최근으로 와서는 1927년, 미래 세상을 다룬 고전 영화 '메트로폴리스'에서 마리아라는 로봇이 등장했는데, 이 로봇은 아이들을 보살피는 역할을 하다가 종국에는 그 도시를 반란 상태로 몰아넣는 역할을 한다.

신화와 공상과학은 사람들의 상상력을 자극하여 AI의 잠재력(과 잠재적인 공포)에 대해 많은 생각을 하도록 만들어 왔음에도 불구하고, 철학자들은 인간 지능의 본질을 정의하는 데 어려움을 겪어 왔다. 1600년대에 토마스 홉스는 우리의 "이성은 계산에 불과하다"고 말한 것으로 유명하다. 그는 우리가 기억들의 총합일 뿐이라고 결론을 내렸으며, 이러한 기억들이 아마도 기계 지능으로 코딩될 가능성을 암시한 바 있다.

몇 세기 후인 1960년대에, 철학자 휴버트 드레이퍼스(Hubert Dreyfus)는 기계 지능에 대한 이러한 관점을 비판하는 입장이었는데, 그는 기계 지능에 관한 책도 여러 권 저술했다. 그중 가장 유명한 것은 1972년에 처음 출판된 **컴퓨터가 할 수 없는 일: 인공 이성에 대한 비판**(*What Computers Can't Do: A Critique of Artificial Reason*)이었다. 그의 주장의 핵심은 우리의 무의식적인 인간 본능은 형식적인 규칙으로 결코 담아낼 수 없다는 것이었다.

'터미네이터'와 같은 영화들은 스카이넷과 같이 간단한 이진 계산의 오류로 인해 우리 인간 종족을 소멸시킬 수도 있는 지능형 네트워크를 창조하는 것이 얼마나 위험한 일이 될 수 있는지 경고하고 있다. 실리콘 밸리의 유명인사들은 AI가 인류의 가장 위대한 업적이 될 것인지 아니면 인류 멸종의 결정적인 원인이 될 것인지에 대해 논쟁을 벌

여왔다.

신화, 공상과학, 철학은 AI 주제를 매력적으로 만든다. 그러나 당신은 인공지능 기계가 하는 일을 보기 시작하면 비명을 질러야 할지 아니면 하품을 해야 할지 확신하기 어렵다. 한편에서 보면 AI의 어떤 측면들은 대단하다. 자율주행차를 타는 것은 놀라운 일이다. 다른 편에서 보면, 대부분의 최신 AI들은 분류에 중점을 둔다. 기계들은 수백만 개의 사진, 비디오, 또는 오디오 파일을 분류할 수 있다. 이러한 기술은 당신이 지하 벙커를 건설하거나 로봇을 파괴할 필요성을 느끼도록 만드는 그런 종류의 기술이 아니다.

확실히 AI는 엄청난 잠재력을 가지고 있다. 그러나 우리는 잠재력이 아니라 성과를 기준으로 사물을 판단하기를 좋아하는 경향이 있다. 지금까지 AI는 좋은 성과를 보여왔다. 최근 몇 년 동안 방대한 양의 데이터 세트를 사용할 수 있게 되면서 기계는 우리와 우리가 살고 있는 세상에 대해 더 많이 알 수 있는 새로운 음식을 얻게 되었다. 기계는 인간이 인지하지도 못하고 아마 찾을 생각도 하지 못할 그러한 데이터 패턴들을 식별할 수 있다. 이러한 인공지능 성과의 수준과 인간 지능 수준 사이에는 여전히 큰 격차가 있다.

또한 AI로 인해 제기되는 위협들과 인간의 본성 사이에는 엄청난 격차가 있다. 확실히 AI는 실용적이고 윤리적인 과제들을 가지고 있다. 그러나 첫 번째 과제의 영역은 지각 있는 존재를 창조하는 것에 대한 윤리적 의미보다는 서로에 대한 우리의 책임에 관한 것이 될 것이다. 터미네이터보다는 1981년의 컬트 클래식 영화, '뉴욕 탈출'에 가깝다고 생각할 수 있다. 이 영화가 나왔을 때 16~24세 남성의 실업률은 84%였다. 이러한 상황은 뉴욕을 하나의 감옥으로 바꿀 만큼 무자비하고 무법천지인 도시 정글로 상상하게 만들었다. 서로에 대한 우리의 윤리적 의무는 악당 로봇의 위협이 존재하기에 훨씬 앞서 우리를 괴롭힐 것이다.

AI로 인해 제기되는 첫 번째 과제는 자동화를 통해 자신의 능력이 쓸모 없어지는 사람들을 어떻게 지원할 것인가라는 주제가 될 가능성이 거의 확실하다. 수천만 명의 트럭 운전사, 택시 운전사, 소매업 종사자, 기계 기사, 회계사를 어떻게 해야 할 것인가? 이들이 모두 프로그래머, 요가 강사, 개인 트레이너, 유튜버, 아티스트가 될 수 있는 것은 아니다.

자동화로 인한 이러한 사회경제적 문제들은 결국 기계가 인간을 능가할 것이라는 우리의 우려를 무색하게 만들 가능성이 높다. 슈퍼컴퓨터가 로봇 군대를 조종하고 인류에 대항하는 이야기가 아니다. 대신 스테이크 앤드 셰이크(미국의 버거 음식점_역주)에서 당신의 조카의 일자리를 앗아간 자동화된 버거 뒤집개에 관한 얘기가 될 것이다. 그 조카는 대학 등록금을 마련하기 위해 그 직업이 필요했을 수도 있다.

당신은 AI의 영향에 대해 생각하기 시작할 때 이러한 문제들을 인식해야 한다. 하지만 이 책은 이러한 사회경제적 문제들을 고심하는 데 초점을 두고 있는 책이 아니다. 기회를 겨냥한 책이다. 특히 비즈니스 기회를 겨냥했다. 최고의 비즈니스 기회를 찾아내기 위해서는 AI를 도구로 활용할 수 있는 기회에 대해 더 잘 이해해야 한다.

당신은 곰곰이 생각해보면, 일부 상위 기업들의 성공은 그들이 시장에 먼저 진출했기 때문에 얻어진 것이 아니라는 점을 알 수 있을 것이다. 애플은 최초의 뮤직 플레이어를 만들지 않았다. 구글은 최초의 검색엔진이 아니다. 이 회사들은 도구와 기술로 인한 기회를 이해하고 그것들을 현재 및 미래의 비즈니스 요구사항에 적용하는 방법을 이해했기 때문에 성공한 것이다.

이 책은 당신을 그러한 길로 인도하는 책이다. 당신은 AI라는 우산 아래에 있는 다양한 기술들에 대해 높은 수준의 개관을 얻을 수 있다. 당신은 책 전반에 걸쳐 이 기술을 다양한 비즈니스 기회에 어떻게 적용할 수 있는지, 그 예들을 볼 수 있을 것이다. 당신이 이러한 도구들을 더 잘 이해하게 되면, 신규 또는 기존 비즈니스에 대해 장기 전략을 수립할 수 있는 훨씬 더 나은 위치에 있게 될 것이다.

이러한 비즈니스 기회들은 하나의 간단한 목록으로 작성하기에는 너무 다양하고 아직도 발견되어야 할 것들이 많다. 나는 당신이 AI 기술의 전 범위를 이해한 다음 당신 조직의 기회에 적용하거나 또는 심지어 새로운 비즈니스를 시작하는 데 적용할 수 있기를 희망하고 있다.

이 책은 4개 부(part)로 구성되어 있다. 제1부에서는 AI에 대한 개요를 제공한다. 제2부에서는 이 개요를 확장하고 머신러닝에 대한 보다 심화된 이해를 제공한다. 제3부에서는 신경망, 즉 인간 두뇌의 구조와 기능을 서로 연결된 인공 뉴런 층을 통해 모방한 컴퓨터에 대해 설명한다. 끝으로 제4부에서는 비즈니스를 위한 AI 활용을 지원할 수 있는 몇 가지 대표적인 도구들을 소개한다. 이러한 도구들은 그것들의 가용성이 증가하고 컴퓨터 저장 및 처리 비용이 감소하고 방대한 데이터 세트에 대한 접근이 가능짐에 따라 최근 몇 년간 인기가 상당히 높아졌다.

제1부에서는 최초의 지능형 기계 설계를 주도한 초기 이론 중 일부를 살펴볼 것이다. 이러한 이론의 대부분은 인간 지능을 이해하려는 시도에서 시작된다. 지능적이라는 것은 무엇을 의미하는가? 이것은 기호를 개념에 연결하는 능력을 의미하는 것인가? 아니면 우리의 창의력인가?

당신은 초기 컴퓨터 과학자들이 최초의 지능형 프로그램을 개발하려고 고군분투했던 모습들을 보게 될 것이다. 처음에 많은 컴퓨터 과학자들은 상징적 추론에 집중했다. 그들은 컴퓨터에게 우리의 기호를 이해시키는 것이 컴퓨터가 우리의 세상을 더 잘 이해할 수 있도록 만드는 길이라고 생각했다. 그래서 그들은 알파벳 문자, 숫자, 그리고 정지 신호 및 물음표와 같은 다양한 그래픽 표현들을 식별할 수 있는 시스템들을 개발했다.

이러한 초기의 발상들은 오늘날에도 여전히 AI에 영향을 미치고 있다. 이러한 심볼릭 접근방법은 전문가 시스템을 탄생시켰다. 이 시스템은 수많은 if-then 문을 통해서 인간의 사고절차와 의사결정을 따라한다. 예를 들어, 당신은 A가 보이면 "아" 소리를 내십시오. 정지 신호가 보이면 정지하십시오. 우리는 이러한 결정 포인트들이 컴퓨터에서 다루어질 수 있도록 공들여서 프로그래밍해야 했다.

1990년대에는 전문가 시스템이 AI의 대표적인 형태였다. 조직들은 이러한 시스템을 사용하여 의학적 진단을 내리고, 대출 신청을 승인 또는 거부하고, 좋은 주식을 찾아낼 수 있도록 했다. 컴퓨터는 if-then 문으로 구성된 긴 목록을 거친다. 이에 따라, 당신은 대출 상담 전문가 시스템을 통해 다음과 같이 미리 정의된 리스트를 통과해 나가야 할 수도 있다. "신청자의 신용 기록이 있는 경우, 미납액이 있는지 확인하라.", "신청자가 미납한 적이 있다면, 지난 1년 동안 몇 번이나 미납했는가?", "신청자가 지난 1년 동안 10번 이상 미납했다면, 이 대출 신청을 거부하라."

당신이 상상할 수 있듯이, 이러한 목록은 꽤 길어질 수 있다. 당신은 가능한 모든 if-then을 상상하려고 노력하는 인간이 필요하다. 정말 복잡한 작업은 조합 폭발(combinatorial explosion), 즉 너무 많은 가능성이 있어 모든 다른 조합을 제시하는 것이 거의 불가능한 상황으로 이어질 수 있다.

컴퓨터 프로그래머들은 이러한 한계에 부딪히게 되면서 머신러닝(ML)에 대한 개념을 다시 살펴보기 시작했다. ML은 사실 1950년대 초반부터 존재해 왔다. ML은 체커 게임에서 인간 플레이어를 이길 수 있는 프로그램들을 만드는 데 사용되었다. 이 체커 프로그램들은 매우 혁신적이었다. 기계는 자신만의 전략을 세울 수 있었고 실수를 통해 배울 수도 있었다. 당시의 프로그램들은 초창기 버전이었음에도 불구하고 인간 플레이어를 이기는 방법을 배우기에 충분할 정도로 정교했다.

ML은 생각하고 결정하는 매우 인간적인 과정을 단지 따라하도록 프로그래밍된 명령어 및 if-then 문들과 비교할 때 엄청난 도약의 결과물이었다. 이 책의 제2부에서는 ML이 기존 소프트웨어 개발의 규칙을 어떻게 변화시켰는지 자세히 살펴본다.

ML을 사용하는 경우에는 기계가 해당 작업을 완료하기 위해 더 이상 프로그래밍될 필요가 없다. 기계는 방대한 양의 데이터를 통해 자체적으로 이해를 끌어낸다. 기계는 데이터로부터 학습하고 나름대로의 모델을 생성할 수 있는데, 이 모델은 데이터 간의 관계를 설명할 수 있는 그리고 결론을 도출하고 의사결정 및 예측에 사용될 수 있는 다양한 규칙들을 담고 있다.

ML을 사용하면 지금까지 제조된 모든 자동차의 사진들과 함께 자동차를 만드는 데 필요한 다양한 요소에 대한 모든 데이터를 기계에 제공할 수 있다. 이 데이터를 통해 기계는 자동차를 의미할 수 있는 것들을 이해하기 시작한다. 기계는 자동차에는 바퀴, 문, 앞유리가 필요하다는 것을 알게 된다. 수천 가지 종류의 자동차가 있을 수 있지만, 이 기계는 모든 자동차를 식별할 수 있는 모델을 생성한다.

프로그래머들은 기계가 이러한 모델들을 생성할 수 있도록 수많은 고급 ML 알고리즘을 개발했다. 머신러닝 알고리즘은 기계가 입력과 출력 간의 관계를 식별할 수 있도록 해주는 수학적 함수이다. 프로그래머의 역할은 명시적인 명령어들을 작성하는 것에서 올바른 알고리즘을 만들고 선택하는 것으로 바뀌었다.

컴퓨터 과학자들은 ML을 다음 단계로 끌어올리기 위해 이 책의 제3부 주제인 인공신경망 개념을 제시했다. 인공신경망은 뇌의 구조와 기능을 모방한 것이다. 이 기계는 인공 '뉴런들'이 상호 연결된 망을 가지고 있는데, 이 뉴런들은 각각 ML 알고리즘을 포함하고 있다. 이 뉴런들은 다른 뉴런으로부터의 입력, 다른 뉴런과의 연결 강도, 자신이 가지고 있는 자체 알고리즘 및 내부 편향을 기반으로 필요한 결정들을 내린다.

인공신경망은 인간의 뇌에서 생물학적 뉴런이 작동하는 방식에서 영감을 받아 제시되었다. 인간으로서 우리는 이러한 신경 세포들 간의 연결 강도를 높임으로써 새로운 것을 배우고 기억을 생성한다.

최신 인공신경망은 수십억 개의 뉴런들로 구성된 ML 시스템을 만들 수 있다. 이러한 복잡한 네트워크는 방대한 데이터 세트에서 패턴을 찾아내는 엄청난 힘을 가지고 있다. 당신이 이러한 네트워크에 데이터를 입력하면, 그 네트워크는 더 큰 패턴들을 더 잘 이해할 수 있는 모델을 생성할 것이다. 예를 들어, 당신은 수백만 개의 개 이미지를 신경망에 입력하고 신경망이 스스로 조정하여 개를 의미할 수 있는 것들에 대한 자체 모델을 생성하도록 할 수 있다. 그 모델은 인간이 개를 생각하는 방식과 일치하지 않을 수 있다. 모양과 색깔 또는 귀와 코로 개를 식별하지 못할 수 있다. 대신, 개의 이미지에서 다양한 점들(픽셀들)의 통계적 패턴을 식별한다. 신경망은 어떤 의미에서 '개다움'에 대한 자체적인 이해를 발전시킨다. 이런 식으로, 기계는 이전에 본 적이 없는 개라도 올바르게 식별하는 방법을 배울 수 있다.

당신이 상상할 수 있듯이, 신경망의 예측 능력은 엄청난 비즈니스 잠재력을 가지고 있으며 다양한 실제 애플리케이션들로 구현되고 있다. 당신이 금융 분야에 종사하는 경우라면, 신경망은 시장 동향을 파악하여 당신이 거래하는 데 도움을 줄 수 있다. 당신이 제약 분야에 종사하는 경우라면, 당신은 신경망을 이용하여 기존 약물의 특성을 찾아 새로운 혼합물과 비교할 수 있을 것이다. 당신이 소매업에 종사하는 경우라면, 당신은 신경망을 이용하여 고객이 구매하는 제품의 패턴을 찾아내고, 이를 통해 고객이 다음에 구매할 가능성이 높은 제품을 파악할 수도 있을 것이다.

많은 대기업들에서 이미 음성 인식, 음성 표기, 디지털 개인 비서에 신경망을 사용하고 있다. 예를 들어, 당신이 넷플릭스를 구독하면, 넷플릭스의 시스템은 당신이 과거에 본 영화를 바탕으로 새로운 영화와 방송 프로그램을 추천한다. 아마존은 신경망을 사용하여 제품에 대한 표적 추천을 하고 알렉사를 비롯한 개인 디지털 비서들을 지원한다.

그러나 꼭 크게 성공해야만 신경망의 가치를 얻을 수 있는 것은 아니다. 당신의 조직에 있는 데이터들을 떠올려보라. 그런 다음 그 데이터들에서 살펴볼 만한 가치가 있는 몇 가지 패턴에 대해 생각해 보라. 당신이 가치 있는 패턴을 빠르게 생각해낼 수 있다면, 아마도 AI는 충분히 당신의 조직에 적합한 것으로 볼 수 있을 것이다.

당신이 AI에 대한 경험이 없다면, 아마도 이 책을 처음부터 끝까지 다 읽는 것이 가장 좋을 것이다. 당신은 제1부의 장들을 읽으면 ML에 대한 기본적인 지식을 얻을 수 있어서, 이후 당신이 더 복잡한 주제를 다루는 데 도움이 될 것이다. 당신이 AI에 대해 이미 어느 정도 알고 있다면, 어쩌면 제2부부터 시작하는 것도 가능할 것이다.

당신은 이 책을 읽을 때, 이 책의 궁극적인 목적이 당신의 비즈니스나 전문 영역과 관련하여 당신이 극복하거나 해결해야 하는 과제들 또는 문제들 중 AI와 ML이 도움을 줄 수 있는 것들이 무엇인지에 관해 생각하도록 만드는 데 있다는 점을 항상 염두에 두라. 당신은 어떤 데이터들을 가지고 있는지 생각해보고, 이러한 데이터들로부터 당신이 특정 문제를 극복하거나, 특정 문제를 해결하거나, 특정 질문에 답하기 위해 무엇을 추출할 수 있는지 상상해 보라. 결국, 질문을 하고 가능성을 상상하는 것과 같이 매우 인간적인 능력과 함께할 수 없는 AI와 ML은 쓸모가 없을 것이다. 우리의 힘은 언제나 그랬듯이 우리의 창의성과 도구가 결합될 때 발휘된다.

차례

──────────────○ Part **IV** ○──────────────

인공지능 활용하기

Part I
생각하는 기계 :
인공지능 개요

1

인공지능이란 무엇인가

이 장의 주제

- 지능과 인공지능의 정의
- 인공지능의 초기 역사
- 인공지능의 주요 한계점
- 인공지능의 강점과 약점

인공지능(artificial intelligence, AI)이라는 용어는 1955년 다트머스 대학의 존 매카시(John McCarthy) 교수에 의해 만들어진 것으로, 정부의 학술 지원금을 통해 1956년 개최된 '인공지능에 관한 다트머스 여름 연구 프로젝트(Dartmouth Summer Research Project on Artificial Intelligence)'라는 AI 최초의 컨퍼런스가 그 계기가 되었다. 이 컨퍼런스의 목적은 컴퓨터가 인간의 **지능**과 유사한 방식으로 식별하는 행위를 하도록 만드는 데 있었다.

당시의 컴퓨터는 건물의 한 층 전체를 차지할 정도로 규모가 컸지만, 그 처리 성능은 최근의 스마트워치에도 미치지 못했다. 이러한 컴퓨터를 지능적인 것으로 만든다는 것은 정말 야심 찬 목표가 아닐 수 없었는데, 이 컨퍼런스의 참석자들은 곧 당시의 하드웨어 성능의 본질적인 한계에 부닥치고 말았다. 그들은 결국 인간의 뇌와 비슷한 기계를 만드는 데 있어 거의 진전을 이루지 못했다.

이 학술 지원금을 통해 가장 오래 지속될 수 있었던 성과는 바로 인공지능이라는 용어였다. 이 용어는 많은 사람의 상상력에 불을 붙였고, 언론인, 작가, 연구자, 컴퓨터 과학자들에게는 기계가 사람처럼 생각할 수도 있는 미래 세상을 꿈꾸도록 영감을 불어넣었다. 매카시 교수는 이 컨퍼런스에서 다른 이름도 제시했는데, 그 이름은 아마도 사람들의 기억속으로 사라졌을 것이다. 그러나 이러한 매카시의 용어 선택 덕분에, 인공지능이라는 용어는 지능형 기계 창조를 향해 계속해서 상상력에 불을 지폈으며 지속적인 진전을 이끌었다.

불행히도, 대부분의 사람들에게는 AI에 대한 개념과 일터에서 인간을 대체하는 기계에 대한 전망은 무서운 얘기로 들렸다. 개인용 컴퓨터(PC)가 나온 초창기에 PC가 **인공직원**(artificial employees)으로 불렸다고 상상해 보라. 근로자들은 이러한 PC가 자신의 사무실에 도착하는 순간 바로 공황상태에 빠졌을 수도 있다. 개인용 컴퓨터라는 용어는 근로자들에게 **매력적으로** 들릴 수 있지만, 인공직원이란 용어는 자신들의 일자리를 뺏어갈 것 같은 위협처럼 들렸을 것이다.

이러한 맥락에서, 인공지능이라는 용어는 자신의 지력을 바탕으로 업무를 수행하는 많은 사람의 등줄기를 서늘하게 만들 수도 있을 것이다. 변호사, 의사, 분석가와 같은 전문가들이 이러한 경우에 해당될 수 있다. 그들은 모두 자신들이 어떤 컴퓨터화된 대상으로 대체되는 날을 상상하고 있을지도 모른다.

AI를 둘러싼 공포를 일정 부분 감소시키기 위해서는 AI라는 용어를 기술과 분리해서 보는 것이 중요하다. AI라는 용어는 지각이 있고 모든 것을 다 아는 기계 그래서 결국 인간을 대체하는 그런 기계를 떠올리게 만드는 반면, 기술이라는 용어는 이보다는 덜 자극적이다. 당신은 머지않은 시점에 인간 뇌의 기계화된 버전을 보게 될 일은 없을 것이다. AI는 하나의 기술로서, 단지 인간의 지능에 의한 것처럼 해석될 수 있는 행위, 예를 들어 체스 게임에서 세계적인 고수를 물리치는 것과 같은 그런 행위를 보여주는 시스템에 불과하다.

지능이란 무엇인가

인공지능에 대한 사전적 정의는 지능적인 인간의 행위를 모방한 기계의 능력이다. 그러나 여기서 **지능**의 의미를 파악하는 것이 더 어려운 과제라 할 수 있다. 우리 모두는 지능이 지식 및 추론 능력과 관련된 것이라는 데에는 동의하지만, 인간 지능은 종종 이것을 넘어서서 자각, 자아의식, 지혜, 감정, 동정, 직관, 창의력 등을 포함하는 더 고차원적인 것으로 인식되기도 한다. 어떤 사람들에게는 지능이 영성까지도 관련된 것, 즉 어떤 더 큰 힘이나 존재와 연결되어 있는 것으로 여겨지기도 한다.

　지능을 정의하는 데 있어 더욱 도전적인 점은 인간의 지능이 여러 행태로 구분될 수 있다는 사실에 있다. 어떤 사람들은 수학 분야에서 매우 탁월한 지적 능력을 보이는 반면, 다른 사람들은 미술이나 음악 또는 정치, 비즈니스, 의학, 법률, 언어학 등에서 탁월한 지적 능력을 보이기도 한다. 또 다른 어떤 사람들은 학업에 있어 뛰어난 능력을 보이기도 하지만, 다른 사람들은 장사에서 더 능력을 발휘하기도 하고 또는 정서적 측면에서 더 높은 수준의 능력을 보이기도 한다. 사람들은 지능을 측정하기 위한 단일 표준(예를 들어, 지능지수, 즉 IQ와 같은)을 개발하려고 시도해왔지만, 이러한 표준들은 왜곡되어 있다. 예를 들어, 일반적인 IQ 테스트는 단기 기억, 분석적 사고, 수학적 능력, 공간 지각 능력만 평가한다.

　인간의 지능을 측정하기 위한 신뢰할 수 있는 표준이 없다면 컴퓨터를 가리키며 지능적으로 작동한다고 말하는 것 또한 어려운 일이 될 수 있다. 컴퓨터는 분명 어떤 특정 작업에 있어서는 더 능숙해서 그 작업을 인간보다 훨씬 더 빠르게 잘 수행할 수 있지만, 그렇다고 해서 컴퓨터가 지능적이라고 할 수 있을까? 예를 들어, 컴퓨터는 수십 년 동안 체스 시합에서 인간을 이겨 왔다. IBM 왓슨(Watson)은 게임 쇼 프로그램인 '제퍼디'에서 최고 챔피언들을 이긴 바 있다. 또한 구글의 딥마인드(DeepMind)는 2500년 된 중국의 게임인 바둑 시합에서 최고의 실력자를 이긴 바 있는데, 이 게임은 너무 복잡해서 바둑판 위의 가능한 경우의 수가 우주에 있는 원자의 수보다 더 많은 것으로 여겨진다. 그러나 이러한 컴퓨터들 중 게임의 목적이나 시합의 이유를 이해한 컴퓨터는 하나도 없다.

이러한 성과가 인상적이기는 하지만, 그것은 여전히 **패턴 매칭**(데이터베이스로부터 정보를 추출하여 질문에 답하거나 작업을 수행하는)이라는 컴퓨터의 특별한 재능의 산물일 뿐이다. 컴퓨터는 이러한 특정 작업에 있어 탁월한 능력을 보인다는 이유만으로 지능적이라고 평가받기도 한다. 그러나 예를 들어, "물에서 사람보다 더 빨리 '유영'할 수 있는 보트" 또는 "자동차를 수리공 머리 위로 쉽게 들어올릴 수 있는 '더 힘센' 유압잭"이라는 표현과 같이, 인간의 속성을 기계의 속성으로 적용시키는 경우는 매우 드문 일이다.

게임은 여러 면에서 컴퓨터가 역할을 할 수 있는 완벽한 환경이다. 컴퓨터는 어떤 일정한 수의 가능한 경우들과 이에 대해 정해진 규칙들을 데이터베이스에 저장된 형태로 가지고 있다. IBM의 왓슨이 제퍼디 시합에서 해야 할 일은 자연어 처리(natural language processing, NLP)를 통해 사회자의 질문을 이해하고, 다른 참가자보다 빠르게 부저를 누르며, 패턴 매칭을 통해 데이터베이스에서 정답을 찾아내는 것뿐이었다.

AI 초창기의 개발자들은 컴퓨터가 정해진 일련의 규칙들과 발생 가능한 경우들을 다루는 세계에서 탁월한 잠재력이 있다는 것을 알게 되었다. 개발자들은 첫 번째 AI 컨퍼런스가 열린 지 채 몇 년이 안 되어, 체스 프로그램의 첫 번째 버전을 만들어 냈다. 이 프로그램은 상대방이 둔 수를 이에 대응할 수 있는 수천 개의 수들과 대응시키고, 수천 개의 발생 가능한 경우들을 따져서 어떤 말을 움직일지 그리고 그것을 어디로 움직일지를 결정하기 전에 이러한 말의 이동이 초래할 수 있는 결과들을 파악할 수 있는데, 이러한 작업에는 불과 몇 초가 걸리지 않았다.

AI는 컴퓨터가 홈그라운드에 있을 때, 즉 규칙이 명확하고 발생 가능한 경우들이 제한되어 있을 때, 항상 더 인상적이다. AI의 혜택을 가장 많이 받을 수 있는 조직은 일정한 규칙을 갖춘 잘 정의된 업무 공간에서 작업을 수행하는 조직이므로, 구글과 같은 조직이 AI를 전면적으로 받아들이는 것은 놀라운 일이 아니다. 구글의 비즈니스 전체는 사용자의 질문을 방대한 응답 데이터베이스와 매치시키는 패턴 매칭과 관련되어 있다. 이를 AI 전문가들은 종종 구식의 훌륭한 인공지능(good old-fashioned artificial intelligence, GOFAI)이라고 부른다.

AI를 비즈니스에 통합할 생각이라면 컴퓨터가 정말 패턴 매칭을 잘 하는지 고려해보라. 당신의 조직에 패턴 매칭이 필요한 일이 많이 있는가? 당신이 수행하고 있는 작업들 중에는 정해진 규칙들과 발생 가능한 경우들을 따져봐야 하는 작업들이 많이 있는가? 이러한 작업들은 AI로 인한 첫 번째 수혜자가 될 것이다.

기계 지능 테스트

앨런 튜링(Alan Turing)은 제2차 세계대전 중 독일군이 통신에 사용했던 암호체계인 에니그마를 해독하는 데 기여한 영국의 컴퓨터 과학자로 유명하다. 전쟁이 끝난 후 그는 초기 컴퓨터에 주목했는데, 특히 그는 어떻게 하면 생각하는 기계를 만들 수 있을지에 관심이 많았다.

1951년 그는 논문에서 빅토리아 시대의 실내 게임을 바탕으로 한 이미테이션 게임(imitation game)이라 불리는 테스트를 제안했다. 이 게임에서 남자 한 명과 여자 한 명을 같은 방에 앉아 있게 하고, 질문자는 다른 방에 둔다(그림 1.1).

먼저 질문자가 남자와 여자에게 질문을 하나 한다. 그러면 이들은 각각 자신의 답변을 메모지에 적어서 전달한다. 답변을 받은 질문자는 각각의 메모지에 적힌 답변이 남자의 것인지 여자의 것인지를 판단해야 한다. 덧붙여서, 남자는 자신이 여자인 척하여 질문자를 속이려는 입장을 부여받은 반면, 여자는 정직하게 답을 함으로써 질문자를 도와주려는 입장이다.

이제 현대인의 귀에는 이 게임이 고루하고 여성 혐오적으로 들릴 수도 있다. 그러나 이 게임은 튜링에게 기계의 지능을 테스트하기 위한 훌륭한 토대였다. 튜링은 남자가 기계로 대체된 업데이트된 이미테이션 게임을 상상했다(그림 1.2).

즉, 질문자는 여자와 기계 모두에게 질문을 하고 그들의 답변을 받아서, 어느 것이 사

이미테이션 게임

그림 1.1   이미테이션 게임

튜링 테스트

그림 1.2   튜링 테스트

람의 답변이고 어느 것이 기계의 답변인지를 맞혀야 한다. 질문자가 기계의 답변을 사람의 답변으로 골랐다면, 그 기계는 분명 지능적인 것으로 여겨져야 한다. 이 게임은 나중에 **튜링 테스트**(Turing test)로 알려지게 되었다.

이 테스트는 매카시가 **인공지능**이라는 용어를 만들기 몇 년 전에 나왔음에도 불구하고 '상상의 기계'에 대해 많은 호기심을 불러일으켰다. 거의 70년이 지난 오늘날에도 이 테스트는 여전히 흥미롭게 들린다. 당신이 기계에게 자연어, 즉 인간의 언어로 질문을 하고 기계로부터 사람과 구별할 수 없는 응답을 받을 수 있다고 상상해 보라.

그러나 대부분의 전문가들은 튜링 테스트가 기계의 지능을 측정하는 데 있어 가장 좋은 방법은 아니라는 점에 동의한다. 그 이유 중 하나는 튜링 테스트가 질문자에게 많이 의존한다는 데 있다. 질문자의 역할을 맡은 어떤 사람들은 자신이 사람과 이야기하고 있는 것으로 쉽게 속을 수도 있다. 또한 이 테스트는 AI가 인간의 지능과 유사할 것이라고 가정한다. 당신은 기계가 새로운 약제를 찾거나 지구 날씨 패턴을 정확하게 예측하는 것과 같은 고난도 작업을 시작하기에 앞서 적절한 대화를 나눌 수 있을 것이라는 가정을 할지도 모른다.

그렇지만 튜링 테스트는 여전히 많은 혁신에 영감을 불어넣고 있다. 기업들은 여전히 지능적인 챗봇을 만들기 위해 노력하고 있으며, 튜링 테스트를 통과하기 위한 자연어 처리(NLP) 대회도 여전히 열리고 있다. 최신 기계가 튜링 테스트를 통과하는 데에는 채 몇 년도 걸리지 않는 것으로 보인다. 많은 최신 NLP 애플리케이션들은 당신이 요청하는 내용을 대부분 정확하게 이해할 수 있다. 그것들은 이제 자신의 응답 능력을 향상시키기만 하면 된다.

그러나 어떤 기계가 이 튜링 테스트를 통과할 수 있다 하더라도, 그 기계가 지능적인 것으로 간주될 가능성은 여전히 낮아 보인다. 당신이 사람과 대화한다고 생각하도록 스마트폰이 당신을 속일 수 있다 하더라도, 이것이 꼭 스마트폰이 당신과 의미 있는 대화를 할 수 있다는 것은 아니다.

일반 문제 해결사

AI에 대한 최초의 시도 중 하나는 1956년에 이루어졌다. 알렌 뉴웰(Allen Newell)과 허버트 사이먼(Herbert A. Simon)(그림 1.3)은 일반 문제 해결사(general problem solver)라고 하는 컴퓨터 프로그램을 만들었다. 이 프로그램은 수학 공식의 형태로 제시될 수 있는 모든 문제를 풀 수 있도록 설계되었다.

　일반 문제 해결사의 핵심적인 부분 중 하나는 뉴웰과 사이먼이 물리적 기호 시스템 가설(physical symbol system hypothesis, PSSH)이라고 부른 것이었다. 그들은 기호들이 일반 지능의 열쇠라고 주장했다. 당신이 이러한 기호들을 충분히 연결하는 프로그램을 얻을 수 있다면, 당신은 인간의 지능과 유사한 방식으로 작동하는 기계를 가질 수 있을 것이다.

　기호는 우리가 세상과 상호작용하는 방식에 있어 큰 역할을 한다. 우리는 정지 신호에 불이 들어오면, 정지하고 교통 상황을 파악해야 한다는 것을 안다. 우리는 '고양이'라는 단어를 볼 때, 그것이 야옹거리는 소리를 내는 고양이과의 털로 덮인 작은 동물을 의미한다는 것을 안다. 우리는 의자를 보면, 그것이 앉을 수 있는 물건이라는 것을 안

그림 1.3　뉴웰과 사이먼
코티시 카네기 멜론 대학교 도서관

다. 우리는 샌드위치를 보면, 그것이 먹을 수 있는 대상이라는 것을 알고, 심지어는 우리가 배고픈 상황인지도 알 수 있다.

뉴웰과 사이먼은 이러한 연결관계들을 충분히 생성하면 기계가 우리처럼 행동하게 될 것이라고 주장했다. 그들은 인간 추론의 핵심은 바로 기호를 연결하는 것이라고 생각했다. 그들은 우리의 언어들, 아이디어들, 개념들은 단지 상호 연결된 기회들의 커다란 집합일 뿐이라고 생각했던 것이다(그림 1.4).

그러나 모든 사람이 이러한 생각에 동의한 것은 아니다. 1980년 철학자 존 설(John Searle)은 단순히 기호를 연결하는 것만으로는 지능으로 간주할 수 없다고 주장했다. 그

그림 1.4 상호 연결된 기호들

는 컴퓨터가 생각을 할 수 있다거나 아니면 적어도 언젠가는 생각할 수 있게 될 것이라는 주장에 반대했는데, 그는 자신의 주장을 뒷받침하기 위해 중국어 방 논증(Chinese room argument)이라는 실험을 고안했다(그림 1.5).

이 실험과 관련하여, 영어만 할 줄 아는 당신이 창문도 없고 단지 문에 메모지를 건넬 수 있을 정도의 작은 구멍만 하나 있는 방에 갇혀 있다고 상상해 보라. 그 방의 바닥은 한자가 적힌 종이들로 덮여 있고, 당신은 긴 중국어 문장 목록들로 가득 찬 책을 가지고 있으며, 또한 어떤 특정 순서로 구성된 한자들이 주어질 때 그 책에서 어떤 문장을 찾아서 대답해야 하는지를 알려주는 지침서도 가지고 있다.

방 밖에서 중국어를 유창하게 구사하는 누군가가 종이에 메모를 하나 해서 그것을 문에 있는 구멍을 통해 당신에게 건네 준다. 당신은 그것이 무엇을 의미하는지 전혀 모른다. 당신은 지침서를 활용해서 메모지에 적힌 일련의 한자에 응답할 수 있는 문장을 책

그림 1.5 중국어 방 논증

에서 찾아내는 지루한 과정을 거친다. 마침내 응답 문장을 찾으면, 그 문장을 구성하고 있는 한자들을 각각 바닥에 널려 있는 작은 문자 종이들 중에서 찾아내고, 그것들을 하나의 큰 종이에 응답 문장의 한자들과 동일한 순서로 붙인 후, 그 종이를 문의 구멍을 통해 원래 메시지를 준 사람에게 전달한다.

당신에게 메모지를 건네 준 중국어 사용자는 그 방 안에 있는 사람은 지능적인 사람이라고 믿고 있다. 그러나 설은 그 방 안에 있는 사람이 중국어를 할 줄도 모르고 따라서 주고받는 메모의 내용도 이해하지 못하기 때문에, 그 사람을 지능적이라고 평가하는 것은 잘못된 일이라고 주장한다.

당신은 스마트폰으로도 비슷한 실험을 할 수 있다. 당신이 시리나 코타나에게 기분이 어떠냐고 물으면, 그녀는 기분이 좋다고 말할 가능성이 높지만, 어떠한 응답이 됐든 그 대답이 실제 이 음성 비서들의 기분이 좋다거나 또는 그냥 그저 그렇다는 의미는 아니다. 이러한 음성 비서들은 사실 당신의 질문조차 이해하지 못한다. 이러한 서비스들은 당신의 질문을 응답이 가능한 답변들과 대조하여 그중 하나를 골랐을 뿐이다.

기호 매칭의 결정적인 단점은 **조합 폭증**(combinatorial explosion), 즉 기호의 조합이 급격하게 증가하는 현상 때문에 매칭이 더욱 어려워질 수 있다는 것이다. 중국어 방 논증의 예에서, 당신이 가지고 있는 책에 있는 입력 문장들과 출력 문장들의 개수가 계속해서 증가된다면, 정답을 찾는 데 걸리는 시간도 계속해서 점점 더 늘어날 것이다.

이러한 도전에도 불구하고, 기호 매칭은 25년 동안 AI의 기본으로 유지되어 왔다. 그러나 기호 매칭은 AI 애플리케이션들의 증가하는 복잡성을 따라가지 못했다. 초기의 기계들은 발생 가능한 모든 경우를 매칭시키는 데 어려움을 겪었는데, 설사 그렇게 할 수 있었다 하더라도 처리 시간이 너무 많이 소요되었다.

강한 인공지능과 약한 인공지능

존 설은 단지 중국어 방 논증을 제시하는 것으로 그치지 않았다. 그는 AI를 두 가지의 유형으로 바라볼 수 있다는 점도 지적했다. 그는 그 유형들을 강한(strong) AI와 약한(weak) AI라고 불렀다(그림 1.6).

- 강한 AI의 경우, 기계는 당신이 사람에게 기대할 수 있는 모든 행위를 보여줄 수 있다. 당신이 '스타트렉'의 팬이라면, 이 영화에서는 데이터 부사령관이 바로 강한 AI라 할 수 있다. 당신이 '스타워즈'를 좋아한다면, 이 영화에서는 바로 C3PO 또는 R2-D2가 강한 AI가 될 수 있다. 이러한 인공적인 존재들은 감정과 목적 의식 그리고 심지어 유머 감각까지도 가지고 있다. 이러한 존재들은 단지 배우는 즐거움을 위해 새로운 언어를 배울 수도 있을 것이다. 일부 컴퓨터 과학자들은 강한 AI를 하나의 국한된 영역의 작업에만 적용되지 않는 광범위한 지능을 의미하는 범용(general) AI라고도 부른다.
- 약한(또는 좁은) AI는 그 적용이 한정된 범위의 작업에 국한되는데, 그 예로는 아마존 및 구글에서 사용자가 키워드를 입력하면 그것을 바탕으로 추천 제품을 제시

강한 인공지능　　　　　　　**약한 인공지능**

그림 1.6 강한 AI와 약한 AI

하는 서비스를 들 수 있다. 약한 AI 프로그램은 대화에 참여하거나 감정을 인식하거나 또는 지식을 갖추기 위해 배우지 않는다. 약한 AI는 단지 자신이 하도록 이미 설계되어 있는 일을 하고 있을 뿐이다.

대부분의 AI 전문가들은 우리가 AI를 이용하여 사실에 기반을 둔 질문에 답하고, 방향을 제시하고, 일정을 관리하고, 과거의 우리 선택과 반응을 기반으로 추천하고, 세금 납부에 도움을 받고, 온라인 사기를 예방하기 위해 약한 AI의 길을 막 시작하고 있다고 믿고 있다. 많은 조직은 이미 약한 AI를 사용하여 이와 같이 한정된 범위의 작업들을 지원하고 있다. 한편 강한 AI는 여전히 공상과학의 세계로 치부되고 있다.

당신은 애플의 시리와 마이크로소프트의 코타나 등과 같이 최신 세대의 개인 비서들로 활약하고 있는 약한 AI들을 볼 수 있을 것이다. 당신은 개인 비서들에게 말을 걸 수도 있고 심지어는 질문을 할 수도 있다. AI 개인 비서들은 음성 언어를 기계어로 변환하고 패턴 매칭을 통해 당신의 질문에 답변하고 당신의 요청에 응답한다. 이는 구글이나 빙과 같은 검색엔진과의 상호작용과 크게 다르지 않다.

차이점이라고 한다면, 시리와 코타나가 검색엔진보다는 더 인간처럼 행동한다는 것이다. 즉, 시리와 코타나는 말을 할 수 있다. 이 비서들은 심지어 당신이 좋아하는 레스토랑에 예약을 할 수도 있고 당신을 위해 전화를 걸 수도 있다.

이러한 개인 비서에는 범용 AI 기술이 적용되어 있지 않다. 이러한 개인 비서들에 범용 AI 기술이 적용되었더라면, 이 비서들은 매일같이 반복되는 당신의 요구를 듣느라 분명 지쳐 있을 것이다. 그러나 현재 이러한 비서들은 당신의 입력을 듣고 그것을 자신의 데이터베이스와 매칭시키는 한정된 범위의 작업에만 집중하고 있다.

존 설은 이미 일찌감치 모든 심볼릭 AI들은 약한 AI로 간주되어야 한다고 지적한 바 있다. 그러나 1970년대와 1980년대에 심볼릭 시스템들은 이미 전문가의 결정을 내릴 수 있는 AI 소프트웨어를 만드는 데 사용되었다. 이러한 심볼릭 시스템들은 보통 **전문가 시스템**(expert systems)이라고 불렸다.

전문가 시스템은 특정 분야의 전문가가 이 시스템에 입력한 패턴들을 사용자의 입력물과 매치시켜서 사용자가 어떤 결론에 도달할 수 있도록 해준다. 예를 들어, 의학 분야에서 의사는 다양한 진단 결과들과 더불어 이것들과 매치될 수 있는 일련의 증상들을 입력할 수 있다. 그러면 이러한 시스템을 이용하여 간호사는 환자의 증상을 그 컴퓨터에 입력한다. 그러면 그 컴퓨터는 데이터베이스에서 일치하는 진단명을 검색하고 가장 가능성이 높은 진단명을 환자에게 제시할 수 있다. 예를 들어, 환자가 기침이나 숨가쁨 또는 미열이 있는 경우 그 컴퓨터는 환자가 기관지염일 가능성이 있다고 결론을 내릴 수도 있다. 환자에게 그 컴퓨터는 의사만큼 똑똑하게 보일 수 있지만, 실제로 컴퓨터가 하는 일이란 입력된 증상들을 관련 가능성 있는 진단명들과 매치시키는 작업을 수행하는 것이다.

전문가 시스템은 다른 심볼릭 시스템들과 동일한 문제에 직면한다. 즉, 결국에는 조합 폭증을 경험하게 된다는 것이다. 어떤 질병에 대해 진단을 내리려고 할 때, 고려해야 하는 증상, 진찰 결과, 관련 변수는 너무 많다. 의사가 정확한 진단을 내리기 위해 취해야 하는 모든 단계(진찰, 환자 면담, 검사실 검사 지시, 때로는 유사한 증상을 보이는 다른 질병들 제외)를 생각해 보라. 환자가 의사의 질문에 대해 응답하는 다양한 표현 방식들과 검사실 결과에 대한 모든 다양한 조합들을 상상해 보라.

또한 이러한 초기 전문가 시스템들은 어떤 특정한 입력에 대해서는 매치되는 항목을 실제 찾지 못하는 심각한 한계도 있었다. 당신은 아마도 여러 웹사이트에서 이러한(검색 단어들을 입력하면 검색된 결과가 없다고 알려주는) 경험을 해봤을 것이다.

이러한 단점에도 불구하고, 심볼릭 접근방법은 AI의 핵심적인 출발점이었으며 오늘날에도 약간의 수정된 형태(다음 절에서 볼 수 있음)로 여전히 사용되고 있다.

인공지능 계획

초기 전문가 시스템은 1980년대 후반에 사라지기 시작했지만, 심볼릭 접근방법은 남아 있었다. 심볼릭 접근방법은 오늘날 **인공지능 계획**(artificial intelligence planning)이라고 하는 분야에서 볼 수 있다. 인공지능 계획이란 인공지능의 한 분야로서 컴퓨터가 기호와 패턴을 매치시키는 능력을 향상시키기 위한 전략과 일련의 행위를 다루는 분야다.

AI 계획은 **휴리스틱 추론**(heuristic reasoning)이라는 것을 사용하여 조합 폭증 문제를 해결하려고 시도한다. 휴리스틱 추론이란 AI에 일종의 상식을 제공함으로써 프로그램이 한 번에 매치해야 하는 패턴의 수를 제한하는 접근방법이다. 이 접근방법은 **검색 공간 제한**(limiting the search space)이라고도 불린다.

중국어 방 실험에 휴리스틱 추론을 적용했다고 상상해 보라. AI 프로그램은 휴리스틱 추론을 적용함으로써 첫 번째로 입력 가능성이 있는 메시지들을 제한할 수 있다. 예를 들어, AI 프로그램이 "안녕" 또는 "안녕하세요?" 또는 "중국어를 할 줄 아세요?"와 같은 메시지를 예상할 수 있도록 설정함으로써, 패턴을 매치하기 위한 검색의 범위를 제한할 수 있을 것이다.

휴리스틱 추론의 단점은 프로그램이 예상한 입력을 받지 못하는 경우 데이터베이스 전체를 검색해야 하고 이를 위한 추가적인 처리 작업들도 수행해야 한다는 것이다. 예를 들어, 첫 번째 입력 메모가 "영어로 보라색을 어떻게 말하는지 아십니까?"라는 예상치 못한 질문을 하고 있다고 가정해 보자. 이때 이 AI 프로그램은 우선 예상했던 메시지들을 배제시키고 나서 데이터베이스 전체, 즉 AI 계획자가 전체 검색 공간이라고 부르는 것을 검색해야 한다.

AI 계획은 구글 지도와 같은 내비게이션 시스템에서 일반적으로 사용된다. 당신이 구글 지도에서 당신의 현재 위치와 목적지를 입력하면 시스템이 가장 짧고 빠른 경로를 찾는다. 이러한 작업은 여전히 목록에 의존하는 심볼릭 접근방법을 사용하는 것인데, 구글은 이러한 목록을 만들기 위해서 필요한 데이터들을 수집해야 한다. 데이터 수집은 수많은 소스들을 대상으로 수행되는데, 소스들로는 위성 및 항공 사진들, 주, 시 및 하위 행정구역 지도들, 미국 지질 조사국(US Geological Survey), 구글의 스트리트 뷰를 찍는 자동차들, 그리고 자기 나름대로의 지도 정보를 제공하는 사용자들을 들 수 있다. 구글 지도는 이 모든 데이터들을 신중하게 검토하고 서로 연결함으로써 만들어진다. 또한 구글 지도는 사고나 정체 구역 주변의 운전자들에게 도움을 주기 위해 지역 고속도로 당국에서 현재의 교통 데이터를 추출하여 사용하기도 한다.

구글 지도는 초기의 심볼릭 시스템과는 달리 휴리스틱 추론을 사용하여 당신이 입력한 위치와 목적지를 기반으로 검색을 특정 지역으로 한정시킬 수 있고, 또한 기호와 패턴에 대한 데이터베이스 전체를 검색하지 않고도 주어진 교차로에 대해 좌회전 또는 우회전 여부와 같이 구체적인 방향을 제시해줄 수도 있다.

심볼릭 AI는 구식으로 여겨지고 있음에도 불구하고, 심볼릭 시스템들과 AI 계획은 계속해서 많은 새로운 프로젝트들에서 사용되어 오고 있다. 심볼릭 AI는 사전에 정의된 기호와 패턴을 가지고 있는 시스템에서 잘 수행된다. 당신은 심볼릭 AI를 주행방향 안내 서비스를 통해 확인할 수 있지만, 심볼릭 AI는 계약이나 물류 또는 심지어는 비디오 게임에서도 작동한다. 당신이 새로운 AI 프로젝트를 고려하고 있다면, 섣불리 구식 AI의 이점들을 무시하지 말기 바란다. 오히려 새로운 접근방법이 적합하지 않은 경우도 있을 수 있다.

암기보다 학습

암기하는 것과 배우는 것 간에는 큰 차이가 있다. 당신은 지금 그림 1.7의 8개 이미지를 보고 있다고 상상해 보라. 아마 당신은 이 이미지들이 각기 다른 여덟 가지 품종의 개라는 것을 금방 알아차릴 수 있을 것이다.

이제 내가 당신에게 그림 1.8의 이미지를 보여주었다고 상상해 보라.

당신은 이 이미지가 무엇인지 알 수 있겠는가? 당신은 그것을 어떻게 알 수 있는가? 당신은 이 이미지가 그림 1.7에서 보여 준 이미지들 중 그 어떤 것과도 완전히 똑같지 않음을 알 수 있을 것이다.

이는 당신이 개에 대해 뭔가를 배웠다는 것을 의미한다. 당신은 **무엇을 배웠는지 모를**

그레이트데인   페키니즈   푸들   달마시안

마스티프   치와와   테리어   래브라도

그림 1.7   여덟 가지 품종의 개

그림 1.8   또 다른 개

수도 있고, 그것이 개라는 것을 어떻게 알게 되었는지를 설명하는 데 어려움을 겪을 수도 있지만, 아마도 당신의 뇌는 개 이미지들 간의 연관관계를 파악했을 가능성이 높다.

한편 컴퓨터는 사람보다 암기력이 훨씬 더 뛰어나다. 그래서 당신은 컴퓨터가 8개의 개 그림을 암기하도록 프로그래밍할 수 있다. 그리고 나서 그 컴퓨터에게 8개의 그림 중 하나를 보여주면, 컴퓨터는 이 그림과 이전에 암기했던 그림 사이의 연관성을 빠르게 파악할 수 있다. 그러나 컴퓨터가 학습하는 행위를 하도록 만드는 것은 훨씬 더 어렵다. 컴퓨터에게 아홉 번째 이미지를 보여주면 컴퓨터는 자신이 암기한 그림과의 연관성을 파악할 때 더듬거릴 가능성이 높다.

심볼릭 AI는 이러한 다양한 기호들을 기억하고 매치시키는 일을 한다. 따라서 심볼릭 시스템은 8개의 개 그림을 쉽게 암기하고 정확하게 매치시킬 수 있다. 그러나 정확하게 매치시킬 수 있는 대상을 찾지 못하면 답을 제시할 수 없다. 당신은 분명 다른 언어로 작성된 구문들을 번역하는 심볼릭 시스템을 만들어낼 수도 있을 것이다. 이러한 기계는 엄청나게 많은 단어와 구문을 암기할 수 있다. 문제는 이러한 시스템이 실제로 새로운 언어를 배우는 과정을 수행하고 있는 것은 아닐 수 있다는 점이다. 즉, 이러한 시스템들은 단지 구식 숙어집의 디지털 버전에 불과한 것일 수 있다.

또한 당신은 전문가 시스템을 사용하여 입력된 정보를 미리 프로그래밍된 시나리오에 매치시킬 수 있다는 점을 확인한 바 있다. 그러나 이러한 심볼릭 시스템은 언제나 시스템이 가지고 있는 저장된 내용에 국한될 것이다. 심볼릭 시스템은 미리 프로그램을 통해 알 수 있도록 설계되어 있는 내용만 알 수 있기 때문에, 이러한 시스템이 지능적으로 보이기 위해서는 인간에 의존해야 한다. 심볼릭 시스템들은 미리 준비된 문구와 저장 장치를 바탕으로 응답할 수 있었다. 그러나 심볼릭 시스템들은 새로운 또는 예상치 못한 기호를 만나면 응답에 실패한다(그림 1.9).

따라서 앞으로의 가장 큰 과제는 AI를 보다 **일반화된** 역량을 갖추도록 만들어 내는 것이다. 즉 이렇게 만들어진 새로운 기계들은 이미 암기되어 있는 기호들을 매칭하는 대신, 특징들과 패턴들을 찾아내서 개념적인 모델들을 생성할 것이다. 이러한 모델들은

그림 1.9　새로운 기호와 마주칠 때

이러한 기계들이 학습하는 데 도움이 될 수 있다. 이렇게 되면, 이러한 기계들은 전에는 보지 못했던 새로운 아이템들을 더 잘 다룰 수 있게 된다. 이미 알고 있는 것을 잘 예측하는 것은 단순한 암기 행위일 뿐이다.

인간은 암기와 일반화를 모두 매우 잘할 수 있도록 진화되어 있다. 우리는 암기 능력을 활용해서, 친숙한 지역이나 영역에서의 행동 양식에 대한 정보를 빠르게 떠올릴 수 있다. 또한 우리는 일반화 능력을 활용해서, 낯설거나 익숙하지 않은 상황에서도 기존의 지식을 가지고 일을 잘 처리해 나갈 수 있다. 우리에게 생존은 핵심이며 이것은 우리가 항상 최고의 상태로 만들려고 노력하는 대상이다.

그러나 기계의 경우에는 일반화 능력이 누락되어 있다. 그렇기 때문에 기계가 현재 또는 미래에 자신의 역할을 잘 수행할 수 있도록 하기 위해서는 기계가 학습한 지식을 가장 효과적으로 일반화시키는 데 필요한 기준들을 찾아내는 것이 매우 중요하다.

요점 정리

- 인공지능은 지능적인 인간의 행위를 모방한 기계의 능력이다.
- 초기 AI는 패턴 매칭인데, 이것은 기계가 인간의 지능적인 행위를 모방하는 것을 가능케 할 수는 있지만, 인간의 지능과 동일시될 수는 없다.
- 패턴 매칭은 종종 패턴 매칭 프로세스를 효율화하는 AI 계획을 통해 향상된다.
- 강한 AI는 기계에게 자의식이나 감정과 같은 인간적 자질을 부여하는 반면, 약한 AI는 기계가 단순히 특정한 작업들을 수행하도록 만드는 데 그친다.
- 강한 AI는 여전히 공상과학의 영역으로 치부되고 있다.

2

머신러닝의 부상

이 장의 주제
- 머신러닝의 적용 분야
- 인공신경망의 기본 개념
- 퍼셉트론의 몰락과 부상

심볼릭 접근방법과 인공지능 계획은 세금 환급을 요청할 때 사용하는 프로그램과 같이 매칭할 패턴 수가 한정된 애플리케이션에 적합하다. IRS(미국국세청)는 세금 관련 데이터를 보고하는 데 필요한 일정 수의 양식과 규칙을 제공한다. 이러한 양식과 규칙을 숫자 및 휴리스틱 추론을 고속으로 처리하는 기능과 결합시키면, 당신은 프로세스를 단계별로 안내해주는 세금 프로그램을 사용할 수 있게 될 것이다. 당신은 앞 장에서 소개한 휴리스틱 추론을 사용하여 패턴의 개수를 제한할 수 있다. 예를 들어, 당신이 고용주로부터 돈을 벌었다면 W-2 양식을 작성하면 '되고, 개인 사업자로서 돈을 벌었다면 스케줄 C라고 하는 양식을 작성하면 된다.

이러한 접근방법의 한계점은 특히 규칙과 패턴이 변경될 때 데이터베이스를 관리하기 어렵다는 것이다. 예를 들어, 멀웨어(바이러스, 스파이웨어, 컴퓨터 웜 등)는 바이러스 백신 회사가 자신의 악성코드 데이터베이스를 업데이트하기에는 너무 빨리 진화한다. 이러한 백신 회사와 마찬가지로 시리나 알렉사와 같은 디지털 개인 비서들도 아직 자신의 입장에서는 익숙하지 않은 소유자의 요청들에 대해 지속적으로 적응해 나가야 한다.

이러한 한계점을 극복하는 데 관심을 가졌던 초기 AI 연구자들은 컴퓨터가 새로운 패턴을 학습하도록 프로그래밍될 수 있는지 궁금해하기 시작했다. 그들의 이러한 호기심은 머신러닝(machine learning, ML)의 탄생으로 이어졌는데, 머신러닝이란 컴퓨터가 어떤 일을 하도록 사전에 구체적으로 프로그래밍되어 있지 않은 그런 일들을 수행할 수 있도록 만드는 과학이다.

ML은 첫 번째 AI 컨퍼런스 직후에 시작되었다. 1959년 AI 연구자인 아서 새뮤얼(Arthur Samuel)은 체커를 할 수 있는 프로그램을 만들었다. 이 프로그램은 달랐다. 이 프로그램은 자신과의 게임을 통해 스스로 개선 방법을 배워나갈 수 있도록 설계되어 있었다. 이 프로그램은 게임을 할 때마다 새로운 전략을 배웠고, 얼마 지나지 않아 자신을 개발한 프로그래머를 계속해서 이기기 시작했다.

ML의 주요 이점은 기호 패턴들을 생성하고 질문이나 진술에 대한 가능한 모든 응답을 생성하는 전문가가 없어도 이러한 일들이 수행될 수 있는 상황을 만들어 주었다는 것이다. ML을 사용하는 기계는 자체적으로 패턴을 식별하고 그것들을 데이터베이스에 추가하면서, 목록을 만들고 유지해 나간다.

중국어 방 실험에 적용된 ML을 상상해 보라. 그 방 안에 있는 컴퓨터는 자신과 방 밖에 있는 사람 사이에서 메모가 전달되는 것을 목격할 수 있을 것이다. 그 컴퓨터는 수많은 메모지들을 검토한 후, 커뮤니케이션 패턴을 식별하고 데이터베이스에 통상적으로 사용되는 단어들과 구문들을 추가할 것이다. 이제 이 컴퓨터는 문자들을 모아서 하나의 답변을 만들어 내야 하는 대신, 데이터베이스에 저장된 단어와 구문을 사용하여 수신한 메모를 더 빠르게 해석하고 답변을 더욱더 빠르게 만들어 낼 수 있을 것이다. 이 컴퓨터는 이러한 패턴 매칭을 기반으로 자체적인 사전을 생성할 수 있게 되고, 이에 따라서 수신하는 특정 메모에 대한 완벽한 답변을 제공할 수 있게 될 것이다.

이 ML 컴퓨터는 커뮤니케이션의 내용은 이해하지 못하기 때문에 그것은 여전히 약한 AI에 해당하는 것으로 볼 수 있다. 이 ML은 기호만 매치시켜서 패턴을 식별할 뿐이다. 전문가를 사용하는 경우와 가장 다른 점은 전문가는 패턴들을 제공하지만 이 컴퓨터는 데이터의 패턴을 식별한다는 것이다. 이 컴퓨터는 시간이 지남에 따라 '점점 더 똑똑해진다'.

ML은 데이터 저장 및 처리 비용의 급격한 감소로 인해 AI 분야에서 가장 빠르게 성장하는 영역이 되었다. 우리는 현재 데이터 과학과 빅데이터의 시대에 살고 있다. 빅데이터는 컴퓨터 분석을 통해 패턴, 추세, 연관성을 파악할 수 있는 매우 큰 데이터 세트를 의미한다. 오늘날 조직들은 방대한 양의 데이터를 수집하고 있다. 이와 관련하여 커다란 도전은 그 데이터로 도대체 무엇을 할 수 있는지 생각해 내는 것이다. 이 도전에 답해 줄 수 있는 것이 바로 ML이다. ML은 당신이 찾고 있는 것이 정작 무엇인지 모르고 있는 상황에서조차도 패턴을 식별해 줄 수 있다. 어떤 의미에서 보면, ML은 컴퓨터로 하여금 당신의 데이터 속에 들어 있는 것을 찾아내서 당신에게 알려줄 수 있다는 것이다.

ML은 심볼릭 시스템의 한계를 뛰어 넘는다. ML은 기호를 암기하는 대신 머신러닝 알고리즘을 사용하여 추상적 개념의 모델들을 만들어 낸다. 또한 이 시스템은 방대한 양의 데이터를 대상으로 머신러닝 알고리즘을 적용하여 통계에 근거한 패턴들을 찾아낸다.

자 그럼 이제, 이러한 머신러닝 알고리즘이 서로 다른 개들의 모습이 담긴 여덟 장의 사진들을 바라보고 있다고 해 보자. 그다음 이 알고리즘은 이러한 사진들을 점 또는 픽셀로 나눈다. 그런 다음 이러한 픽셀을 다시 들여다보고 패턴을 찾아낸다. 아마도 이 알고리즘은 모든 동물을 대상으로 털과 관련해서 어떤 패턴을 찾아낼 수도 있고, 코나 귀와 관련해서도 어떤 패턴을 찾아낼 수 있을 것이다. 이 알고리즘은 인간이 인지할 수 없는 패턴도 찾아낼 수 있을 것이다. 이러한 패턴들을 종합하면, '개다움'에 관한 하나의 어떤 통계적 표현이 될 수도 있을 것이다(그림 2.1).

때로 인간은 기계가 학습하는 것을 도와줄 수 있다. 우리는 개가 포함된 사진으로 이미 확인된 수백만 장의 사진을 기계에 제공할 수 있으므로, 기계가 고양이나 말 또는 비

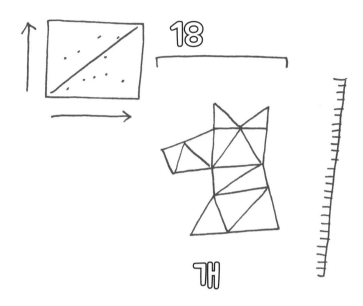

그림 2.1 개다움

행기의 이미지를 개가 아닌 것으로 판단하도록 하는 문제에 대해서는 걱정할 필요가 없다. 이를 지도 학습(supervised learning)이라고 하며 '개'라는 레이블(label)과 수백만 장의 개 사진으로 구성된 데이터들을 훈련 세트(training set)라 부른다. 인간은 이러한 훈련 세트를 사용하여 기계가 식별하는 모든 패턴이 '개'의 특성임을 기계에게 가르치고 있다.

한편 기계는 순전히 스스로도 학습을 할 수 있다. 우리는 기계에게 방대한 양의 데이터를 제공하고 기계로 하여금 스스로 패턴을 찾도록 시키기만 하면 된다. 이를 비지도 학습(unsupervised learning)이라고 한다.

당신의 스마트폰에 있는 사진 중 사람을 찍은 모든 사진을 분석하는 기계를 상상해 보라. 그 기계는 아마도 누가 당신의 남편인지, 아내인지, 남자친구인지, 또는 여자친구인지 모를 것이다. 그러나 그 기계는 당신과 가장 가까워 보이는 한 무리의 사람들을 식별해 낼 수 있을 것이다.

머신러닝의 적용 분야

ML을 이해하기 위한 가장 좋은 방법은 비즈니스 세계에서 ML의 다양한 적용 분야들을 살펴보는 것이다(그림 2.2).

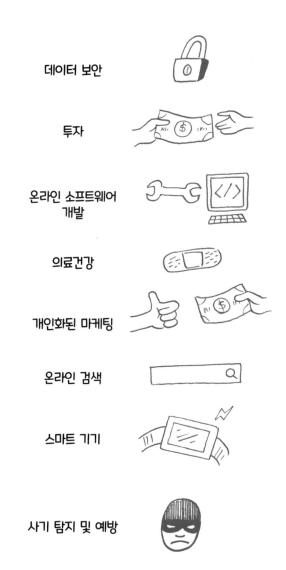

그림 2.2 머신러닝의 적용 분야

- **데이터 보안** : 멀웨어를 만드는 사람들은 탐지를 피하기 위해 일반적으로 코드의 2~10%를 계속해서 변경하지만, ML을 적용한 보안 소프트웨어는 이 작은 비율의 변화도 파악할 수 있어서 새로 만들어진 멀웨어를 정확하게 식별할 수 있다. 또한 이러한 소프트웨어는 데이터에 접근하는 패턴을 찾아냄으로써 가능한 보안 위협들을 식별해낼 수 있다.

- **투자** : 컴퓨터는 ML을 통해 방대한 양의 재무 데이터를 처리하고 그 결과를 사용하여 시장과 개별 주식 및 채권 가격의 변화를 예측할 수 있다. 또한 컴퓨터는 전통적인 거래자보다 더 빠른 속도로 거래를 실행할 수 있어 투자자에게 큰 이익을 줄 수 있다.

- **온라인 소프트웨어 개발** : 온라인 소프트웨어 개발자는 ML을 이용하여 사용자가 자신의 소프트웨어와 상호작용하는 방식과 관련된 데이터를 수집하고 이러한 데이터를 분석함으로써 사용성을 개선할 수 있고 소프트웨어의 수익성을 높일 수 있는 새로운 기능과 방법을 제시할 수 있다.

- **의료건강** : 의사들은 ML을 이용하여 질병을 다른 방법보다 훨씬 더 일찍 찾아내는 것부터 환자가 특정 질병에 걸릴지 여부를 예측할 수 있는 변수를 식별하기까지 아주 다양한 작업을 수행할 수 있다.

- **개인화된 마케팅** : ML은 기업이 온라인상에서의 사용자 행동을 분석하여 마케팅을 개인화할 수 있도록 해 준다. 예를 들어, 당신이 웹에서 자동차를 검색하면, 그 이후에 방문하는 여러 웹사이트에 자동차 광고가 쇄도할 것이다. 넷플릭스와 스포티파이는 ML을 사용하여 시청 또는 청취 기록을 기반으로 사용자에게 영화와 음악을 추천한다. 아마존은 구매 내역을 기반으로 추천 상품을 제시한다.

- **사기 탐지 및 예방** : 신용카드 회사들과 여타의 금융기관들은 ML을 이용하여 기존 고객의 구매 내역과 어울리지 않는 거래 패턴들을 식별해 냄으로써 카드 사용에 대한 처리를 중지시키거나 카드 소지자에게 의심스러운 행위를 알릴 수 있다.

- **온라인 검색** : 구글 및 여타의 온라인 검색 사이트들은 ML을 이용하여 자신의 검

색 결과들에 대해 순위를 매긴다. 구글에서 당신이 어떤 특정 용어를 검색하고 특정 링크를 클릭해서 해당 페이지로 이동한 후 거기서 얼마 동안 머무르면, 구글은 그 해당 페이지가 당신에게 당신이 필요로 하는 정보를 제공한 것으로 간주하는데, 이러한 평가는 그 이후 당신 또는 다른 사람이 같은 단어나 문구로 검색할 때 그 해당 페이지가 검색 결과에서 더 높은 순위로 올라가도록 영향을 미칠 수 있다.

- **스마트 기기** : 스마트 기기들은 ML을 이용하여 자신의 사용에 관한 데이터를 수집하고 이를 바탕으로 찾아낸 패턴에 맞춰 자신의 작동을 최적화시킬 수 있다. 예를 들어, 스마트 온도 조절기는 당신의 일정을 학습하여 당신이 퇴근하기 직전에는 난방을 시작하고 잠들기 직전에는 온도를 낮춰줄 수 있다.

인공신경망

ML은 인공신경망(종종 간단하게 신경망이라고 불림), 즉 인간 뇌의 신경 구조를 모델로 한 컴퓨터 시스템과 특히 잘 작동되는 바람에, 최근 더 크게 부각되었다.

생물학적 뇌는 수십억 개의 뉴런들(neurons)로 구성되어 있는데, 이것들은 시냅스(synapses)라 불리는 미세한 틈을 통해 전기화학적으로 서로 통신을 한다. 하나의 뉴런은 다른 뉴런들과 최대 10,000개 이르는 연결관계를 가질 수 있다. 인간의 뇌는 약 1,000억 개의 뉴런을 가지고 있는데, 이것들은 100조 개 이상의 시냅스(일부 추정에 따르면 최대 1,000조 개의 시냅스)를 통해 서로 통신한다.

이러한 뉴런들은 학습과 실행을 바탕으로 서로 간의 연결관계의 강도를 높인다. 예를 들어, 당신이 저글링을 배울 때 당신의 뉴런들은 다른 뉴런들과의 기존 연결관계들을 강화시키고 동시에 해당 능력을 향상시키기 위해 새로운 연결관계들을 생성한다. 그래서 당신은 연습을 하면 할수록 그것을 더 잘하게 되는 것이다. 당신이 연습을 할 때, 당신의 뇌는 손과 눈의 협응력을 향상시킬 수 있는 새로운 길을 만들어낸다.

인공신경망은 상호연결된 노드들로 구성되는데, 그 노드들은 입력층, 은닉층, 출력층과 같은 계층 구조에 따라 구성된다(그림 2.3).

모든 계층은 여러 계층에 걸쳐 분포하는 노드들 간의 연결관계를 통해 연결된다.

노드들은 관악대의 연주자들로 그리고 관악대의 각 행은 신경망의 한 계층으로 상상해 보라. 연주자들 중 아무도 악보를 볼 줄 모른다고 가정해 보자. 또한 행진 중에 모든 연주자들이 리더를 볼 수 있는 기존의 관악대와는 달리, 이 관악대에서는 오직 맨 앞줄에 있는 연주자들만 리더를 볼 수 있다고 가정해 보자. 이 관악대에서는 리더가 맨 앞줄의 연주자들에게 신호를 보내면, 이 신호는 뒤에 있는 행들(계층들)로 차례로 전달되면서 결국 모든 연주자들은 자신의 동작과 악기 연주를 맞춰 나갈 수 있게 된다(그림 2.4).

처음에는 연주자들이 서로 부딪히고 잘못된 음을 연주할 수도 있지만, 그들은 계속 이동하고 연주하면서 자신의 동작이나 연주에 대한 자신감의 수준을 숫자로 표현할 수 있을 것이다. 예를 들어, 연주자들은 음을 올바르게 연주하거나 올바르게 동작을 했다는 자신감을 90%라고 얘기할지도 모른다. 만약 정말 제대로 연주나 동작이 잘 이루어지지 못했다면, 그들은 자신감을 10%로 표현했을 수도 있다. 시간이 흐르면서, 연주자들은 100%의 자신감 획득이라는 목표를 향해 앞줄로부터 신호를 받아 자신의 연주나 동작을 계속해서 조정해 나갈 것이다.

이러한 인공신경망의 이면에 있는 아이디어는 입력 단계에서 추가적인 정보를 받지

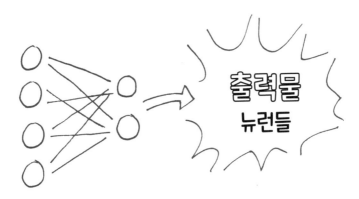

그림 2.3 신경망은 여러 계층으로 구성된다.

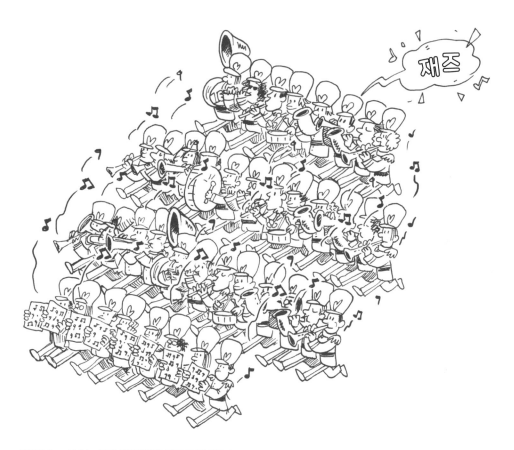

그림 2.4　신호는 여러 계층(행)을 거쳐서 전달된다

않아도 노드들이 스스로 충분한 조정 과정을 거쳐 결국에는 올바른 출력물을 생성해 낸다는 것이다. 관악대 예를 보면, 이 악대의 멤버 중 그 누구도 악보를 읽을 줄 모르지만, 연주자들은 실수로부터 배우는 시행착오 과정을 거쳐 결국에는 정확하게 동작을 하고 정확한 음을 연주할 수 있게 된다.

　이러한 접근방법의 중요한 문제점은 시간이 매우 오래 걸릴 수 있다는 것이다. 서로 다른 악기를 사용하는 여러 연주자들이 있는데, 이들은 각기 자신의 소리와 동작을 일치시키려 애쓰면서 또한 자신의 자신감 수준을 전달하려고 한다. 이 문제를 해결하기 위해, 인공신경망 전문가는 종종 신경망을 변경하여 보다 효율적인 상태로 만들려고 한다. 예를 들어, 드럼이 음악과 동작의 리듬을 결정하기 때문에 드럼 파트에 더 많은 비중을 둘 수 있다.

또 다른 중요한 문제점은 신경망은 **보편화될 수 없다**는 것이다. 당신이 어떤 작업을 하기 위해서는 처음에 그 작업을 명확하게 정의해야 한다. 관악대의 예에서, 우리의 신경망은 음악을 연주하는 임무를 띠고 있다. 우리는 관악대의 임무를 잔디 깎기, 케이크 굽기, 또는 세차하기로 변경할 수 없다. 이 악대는 어떤 특정 작업을 전문적으로 수행한다. 인공신경망에서는 이를 보통 **최적화 함수 정의하기**(defining an optimization function) 라고 부른다.

결국 이 관악대는 훌륭하게 연출되고 잘 편성된 공연을 출력 계층에 제공한다. 이렇게 될 때, 이 신경망은 훗날을 위해 모델을 만들고 저장한다. 이 모델은 자신감 점수와 더불어 모든 밴드 멤버들 위치, 악기, 동작에 대한 설명만큼 단순하다. 이 신경망이 이러한 모델을 가지게 되면, 당신은 그 모델을 통해 수많은 곡을 전달할 수 있으며, 그 모델은 각 노래가 그 모델과 매치되는지 여부를 당신에게 확실하게 알려줄 수 있다.

당신도 보다시피, 인공신경망의 진정한 이점은 스스로의 훈련을 통해 입력물을 이해하고 난 다음, 방대한 양의 데이터를 살펴보면서 입력물을 식별해낼 수 있다는 것이다.

퍼셉트론의 몰락과 부상

아마도 당신은 ML이 요즘처럼 주목받기까지 시간이 왜 그렇게 오래 걸렸는지 궁금해할 수도 있을 것이다. 결국 아서 새뮤얼은 1959년에 혁명적인 체커 프로그램을 만들어냈다. 당시 ML은 AI의 지배적인 형태가 될 기세였고, ML은 순풍을 타고 있었다.

그러나 막상 ML에게 일어난 일은 심볼릭 접근방법과 같은 다른 혁신적인 것들에게 밀려나는 것이었다. 1980년대 후반과 1990년대 초반이 되어서야 연구자들은 ML에 대해 다시 생각하기 시작했다.

ML이 흥했다가 몰락하고 다시 부상하는 이러한 ML의 역사는 슬프기도 하고 흥미롭기도 하다. 이러한 굴곡의 역사는 ML 분야를 구축하는 데 중요한 역할을 한 연구자들이 얼마나 적었는지를 보여 준다.

1958년 코넬대학교의 프랭크 로젠블랫(Frank Rosenblatt) 교수는 인공신경망의 초기 버전을 만들었다. 그는 노드와 뉴런을 사용하는 대신 퍼셉트론(perceptron)을 사용했는데, 그는 이것들을 함께 연결하여 복잡한 형태의 기계 지능을 만들었다.

로젠블랫은 이러한 퍼셉트론이 AI로 가는 가장 유망한 경로라고 생각했다. 그는 마크 I 퍼셉트론(Mark I Perceptron)이라는 기계를 만들었다. 이 기계는 수천 개의 퍼셉트론으로 연결된 하나의 신경망 기계였다. 이 기계는 작은 카메라들을 장착하고 있었으며 두 이미지의 차이점을 구별하는 방법을 배우도록 설계되어 있었다. 유감스럽게도 마크 I은 수천 번의 시도가 필요했고, 심지어는 그러한 시도 후에도 기본적인 이미지조차 구별하는 데 어려움을 겪었다.

로젠블랫이 마크 I 퍼셉트론을 연구하는 동안 MIT의 교수인 마빈 민스키(Marvin Minsky)는 심볼릭 접근방법을 강력하게 밀어붙이고 있었다. 민스키와 로젠블랫은 AI에 대한 최선의 접근방법이 무엇인지에 대해 열정적으로 토론했다. 그들의 토론은 마치 가족 간의 논쟁처럼 보였다. 그들은 같은 고등학교를 다녔고 수십 년 동안 서로 알고 지내온 사이였다.

1969년 민스키는 **퍼셉트론 : 전산 기하학 원론**(*Perceptrons : An Introduction to Computational Geometry*)라는 책의 공동 저자가 되었다. 그는 이 책에서 AI에 대한 로젠블랫의 퍼셉트론 접근방법을 단호하게 논박하면서 이 접근방법이 몇 가지 간단한 논리적 기능을 포함하지 못했다는 것을 입증해 보였다. 안타깝게도 이 책이 출간된 지 몇 년 후 로젠블랫은 보트 사고로 유명을 달리했다. 퍼셉트론을 옹호하던 로젠블랫이 이렇게 사라지자, 퍼셉트론 접근방법을 지원해오던 자금도 상당 부분 사라지게 되었다.

민스키는 나중에 자신이 저술한 퍼셉트론 책에 한때 그의 라이벌이었던 로젠블랫에 대한 헌사를 포함시켰지만, 이미 때는 너무 늦었다. 로젠블랫이 사라짐으로써 퍼셉트론과 인공신경망은 거의 10년에 걸친 침체기로 빠져들게 되었다.

　　로젠블랫의 마크 I 퍼셉트론이 오래 가지 못한 이유 중 하나는 인공신경망이 더 어려운 문제를 해결할 수 있도록 해주는 핵심 구성요소인 은닉층(hidden layer)을 포함하지 않았기 때문이다.

　　은닉층이 없는 상태에서 로젠블랫의 퍼셉트론은 풀 수 있는 문제가 선형 문제로 한정되었다. 문제로부터 해답에 이르기 위해서는 직선이 필요했다. 이 직선을 사용하여 기계는 두 그룹으로 분류할 수 있다. 예를 들어, 개들은 직선의 이쪽 편에 그리고 고양이들은 직선의 저쪽 편에 놓일 수 있도록 직선으로 분류할 수 있다(그림 2.5).

　　은닉층을 사용하면 인공신경망은 비선형 문제를 해결할 수 있다. 따라서 당신이 다른 품종의 개를 확인하고 싶어 하는 경우, 당신은 이 문제를 해결하는 데 필요한 역할을

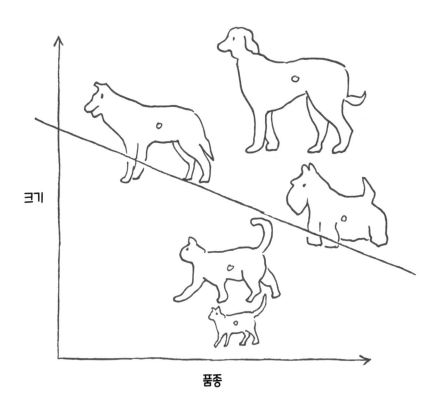

그림 2.5　하나의 선형 문제

각 계층에 분할하여 배정할 수 있다. 예를 들어, 첫 번째 계층에는 코를 살펴보는 역할을 배정할 수 있을 것이다. 두 번째 계층에는 눈을 살펴보는 역할을 배정할 수 있을 것이다. 이러한 계층들은 각각 자신의 역할의 관점에서 당신의 개가 어떤 특정 품종에 속할 가능성을 알려줄 수도 있을 것이다.

이 다층 신경망의 주요 과제 중 하나는 하나의 계층이 학습한 내용을 그다음 계층에게 가르치도록 만드는 것이 어렵다는 것이다. 1980년대 중반 카네기멜론 대학교의 제프 힌튼(Geoff Hinton) 교수는 다층의 뉴런들이 어떻게 효율적으로 훈련될 수 있는지 보여주었다. 그는 입력물이 신경망을 통과할 때 은닉층이 더 많은 지식이 축적할 수 있도록 은닉층을 훈련하는 새로운 방법을 포함시켰다.

이로 인해 그의 인공신경망은 훨씬 더 복잡한 문제를 해결할 수 있게 되었다. 그러나 이러한 초기 인공신경망들은 계속해서 어려움을 겪었다. 그것들은 속도가 느렸고, 문제를 해결할 만큼 '똑똑'해지기 위해서는 발생하는 문제들을 검토하는 과정을 여러 차례 거쳐야 했다.

나중에 1990년대에 힌튼은 딥러닝(deep learning)(그림 2.6)이라 불리는 새로운 분야를 연구하기 시작했는데, 딥러닝은 입력층과 출력층 사이에 더 많은 은닉층들을 두는 접근 방법을 사용한다. 추가된 은닉층들은 인공신경망에 더 큰 학습 능력을 제공한다. 또한 딥러닝 개척자들은 역전파(backpropagation)와 같은 새로운 학습 촉진 방법들을 개발했는데, 역전파는 노드들이 지식을 더 빠르게 확산시킬 수 있도록 해준다.

또한 딥러닝망은 클러스터링을 사용하여 패턴을 식별하기도 한다. 딥러닝망은 클러스터링을 사용함으로써 범주들을 생성하고, 그다음 이 범주들로 새로운 정보들을 분류할 수 있다. 예를 들어, 당신이 고양이를 다른 동물들과 구별하기 위해 딥러닝망을 사용하고 싶어 한다고 가정해 보자. 당신은 다양한 동물들 사진 100만 장을 그 네트워크에 로드할 수 있을 텐데, 그러면 그 네트워크는 유사한 특성을 가진 동물들을 보여주는 여러 그룹의 사진들로 클러스터링할 것이다. 그 이후엔 당신이 그 네트워크에 사진을 로드할 때마다, 그 네트워크는 해당 사진을 해당 그룹에 추가하거나 또는 동물 사진이 아닌 것

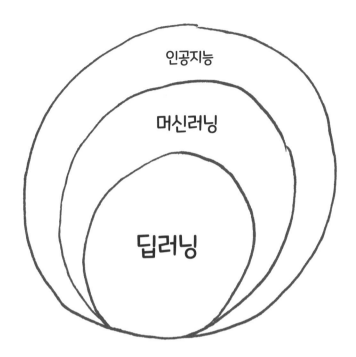

그림 2.6   딥러닝

으로 판단하여 폐기할 것이다.

딥러닝망은 실제 고양이에 대해 전혀 하는 것이 없어도 이 작업을 수행할 수 있다. 사실, 딥러닝망은 우리가 '고양이'라는 레이블 정보를 제공하더라도 그 레이블조차도 이해하지 못할 것이다. 대신 딥러닝망은 비슷한 특성을 가진 이미지들을 단지 그룹화만 할 뿐이다. 수염처럼 보이는 픽셀 그룹이 생성될 수도 있고, 또는 꼬리처럼 보이는 픽셀 그룹이 생성될 수도 있다. 딥러닝망은 이러한 그룹들을 살펴보고 클러스터링한다. 그러고 나면, 사람이 들어와서 이 클러스터에 '고양이'라고 레이블을 붙일지도 모른다.

빅데이터의 도래

ML과 딥러닝의 부상을 촉진시키는 요인은 종종 빅데이터로 언급되는 방대한 양의 데이터에 대한 사용 가능성이다. 당신이 고양이 사진을 식별하는 AI 프로그램을 만들고 싶다면, 당신은 온라인에서 수백만 개의 고양이 이미지에 액세스할 수 있을 것이다. 이러한 가능성은 다른 종류의 데이터들에 대해서도 마찬가지이거나 또는 더욱 높을 수 있다. 많은 조직은 방대한 양의 데이터에 액세스할 수 있는데, 이러한 데이터들의 예로는 충전 카드 거래, 웹사이트에서의 사용자 행동, 온라인 게임에서 발생되는 데이터, 출판된 의학 연구결과물, 위성 이미지, 온라인 지도, 인구조사 보고서, 유권자 기록, 경제 데이터, 그리고 기계-생성 데이터(자신의 작동 상태나 문제점들을 보고하는 센서들을 갖춘 기계들로부터 나오는) 등을 들 수 있다.

이러한 보물 같은 데이터들은 ML에게 심볼릭 시스템을 통해 엄청난 이점을 제공한다. 컴퓨터가 정확한 응답을 제공할 수 있도록 만들기 위해서는, 사람 전문가가 패턴과 추론 스키마를 식별하고 입력하는 것보다 신경망이 기가바이트의 데이터들을 철저히 분석해서 보고하는 것이 훨씬 쉽고 빠르다.

어떤 면에서 ML의 진화는 온라인 검색엔진의 진화와 유사하다. 초기에 사용자들은 야후!와 같은 웹사이트 디렉터리(인간이 만들고 유지 관리하는)를 참조해서 그들이 찾고 있던 것을 찾을 수 있었다. 웹사이트 소유자는 자신의 사이트를 야후에 전송하고 자신이 속하고 싶은 카테고리를 요청하면 되었다. 그러면 야후 직원은 요청 사이트를 심사하여 그것을 야후 디렉터리에 추가해주거나 또는 그 요청을 거부한다. 이러한 프로세스는 시간이 많이 걸리고 노동 집약적이지만, 그렇다 하더라도 웹에 웹사이트들이 상대적으로 적었던 시절에는 잘 작동했다. 그러나 수천 개였던 웹사이트들이 수백만 개로 급증하고 이후 10억 개의 임계치를 넘어서자, 야후 시스템은 생각보다 빨리 제기능을 하지 못하게 되었다. 인간은 야후 디렉터리를 최신 상태로 유지할 수 있을 정도로 빠르게 일을 처리할 수 없었던 것이다.

1990년대 중반 야후는 웹페이지를 찾고 분류하는 검색엔진을 개발한 구글이라는 작은 회사와 파트너 관계를 맺게 되었다. 구글의 첫 번째 검색엔진은 백링크들(어떤 특정 페이지에 링크된 페이지들)을 조사하여 그 해당 페이지에 대해 검색 관련 성과 사이트인지도를 파악하여 그에 따른 순위를 자신의 검색 결과에서 제시하였다. 그 이후로 구글은 페이지의 순위(또는 관련성)를 결정하기 위해 추가적인 알고리즘들을 개발했다. 예를 들어, 같은 검색 구문을 입력하거나 같은 링크를 클릭하는 사용자가 많을수록, 해당 페이지의 순위가 높아진다. 이러한 접근방식은 인공신경망의 뉴런들이 자신의 연결관계들을 강화하는 방식과 유사하다.

구글이 AI에 가장 열광하는 회사 중 하나라는 사실은 우연이 아니다. 구글의 전체 비즈니스는 기계를 사용하여 방대한 양의 데이터를 해석하는 데 기반을 두고 있다. 로젠블랫의 퍼셉트론은 선명도가 낮은 소수의 이미지들만 살펴볼 수 있을 정도의 처리 능력밖에 발휘하지 못했다. 그러나 이제 우리는 사용자가 무엇을 검색하든 가장 관련성이 높은 콘텐츠를 찾기 위해 방대한 양의 데이터를 분류하는 속도가 적어도 100만 배 이상 빠른 프로세서를 보유하고 있다.

딥러닝 아키텍처는 훨씬 더 강력한 능력을 갖춤으로써 기계가 불과 몇십 년 전만 해도 거의 감지할 수 없었던 데이터 패턴들을 식별할 수 있도록 해준다. 신경망이 더 많은 계층을 가지고 있으면, 대부분의 사람들이 알아차리지 못하는 세부적인 사항들까지도 감지할 수 있다. 이러한 딥러닝 신경망이 엄청 많은 양의 데이터를 읽어 들여서 새로운 연결관계를 엄청 많이 생성하는 바람에 심지어는 이 프로그램이 패턴을 어떻게 발견해내는지도 제대로 알 수가 없다.

딥러닝 신경망은 고양이가 된다는 것이 무엇을 의미하는지를 알아내는 데 필요한 계산과 데이터가 함께 뒤섞여 소용돌이치는 블랙박스와 같다. 딥러닝 신경망이 어떻게 결정에 도달하는지 아는 사람은 아무도 없다. 그것은 수염인가? 귀인가? 아니면 고양이에 관해 우리 인간이 볼 수 없는 그 어떤 것인가? 어떤 의미에서 딥러닝망은 고양이가 된다는 것이 무엇을 의미하는지에 대한 나름대로의 모델을 생성한다고 볼 수 있는데, 그 모델은 현재 시점에서는 인간이 복사하거나 읽을 수만 있지 이해하거나 해석할 수는 없다.

2012년 구글의 딥마인드 프로젝트가 바로 그러했던 것이다. 개발자들은 1만 6,000개의 프로세서에서 실행되는 10억 개 이상의 연결관계들이 있는 네트워크에 유튜브 동영상으로부터 무작위로 추출한 1,000만 개의 이미지를 제공했다. 개발자들은 이러한 이미지 데이터들에 레이블을 지정하지는 않았다. 그래서 이 네트워크는 고양이, 사람, 또는 자동차가 무엇을 의미하는지 알지 못했다. 대신 이 신경망은 이미지들을 살펴보고 나름대로의 클러스터들을 제시했다. 많은 동영상에는 매우 유사한 클러스터가 하나 포함하고 있음이 발견되었다. 그 클러스터는 이 신경망에게 그림 2.7과 같이 보였다.

지금 당신은 인간으로서 이것을 고양이의 얼굴로 인식할 수 있다. 신경망에게 이것은 많은 동영상에서 흔히 볼 수 있는 무엇인가에 불과했다. 어떤 의미에서 신경망은 고양이에 대한 나름대로의 해석을 창안해낸 것으로 볼 수도 있다.

사람은 대상물을 살펴보고 이것은 고양이라고 신경망에게 알려줄 수도 있겠지만, 이는 신경망이 이 동영상들에서 고양이를 찾는 데 필요한 것은 아니다. 실제로 신경망은 74.8%의 시간 동안 '고양이'를 식별할 수 있었다. 카토 연구소(Cato Institute)의 줄리언 산체스(Julian Sanchez)는 앨런 튜링의 경우에서 그랬던 것처럼, 이것을 '푸링 테스트(Purring Test)'라 불렀다.

만약 당신이 AI 작업을 시작하기로 결정했다면, 당신은 인간이 감지할 수 없는 것들

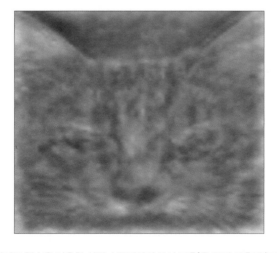

그림 2.7   대규모의 '비지도 학습을 이용한 상위 수준에서의 특성 구축'을 통해 도출된 '고양이'

을 신경망은 감지할 수 있다는 사실을 받아들일 필요가 있다. AI는 인간의 지능과 같지 않으며, 설사 우리가 AI와 같은 결론에 도달하더라도 우리가 결코 AI와 같은 과정을 거친 것은 아니다.

요점 정리

- 머신러닝은 컴퓨터가 특별히 프로그래밍되지 않은 작업을 수행하도록 하는 과학이다.
- ML의 주요 이점은 방대한 양의 데이터를 분석하여 사람들이 찾을 수 없을 것으로 생각되는 패턴들을 찾아내는 데 사용될 수 있다는 점이다.
- 방대한 양의 데이터에 대한 가용성 증가는 머신러닝의 발전을 촉진시키고 있다.
- 인공신경망은 하나의 입력층, 다수의 은닉층, 하나의 출력층, 이렇게 3개(또는 그 이상)의 계층에 배열된 다양한 노드들을 연결하여 인간의 뇌처럼 기능하도록 설계된다.
- **퍼셉트론**은 초기 인공신경망의 하나의 노드로서 인간 뇌의 뉴런과 유사한 기능을 하는 인공 뉴런이다.
- 딥러닝은 다수의 은닉층들을 포함하는 인공신경망을 의미한다.

3

AI에 대한 최고의 접근방법

당신은 인공지능(AI) 프로그램 개발을 시작하기 전에 전문가 시스템 또는 머신러닝(ML) 중 어떤 것이 당신에게 더 적합한지를 비롯한 몇 가지 선택을 해야 한다. 전문가 시스템에 비해서는 ML이 확실히 더 진보된 기술임에도 불구하고, 전문가 시스템이 더 적합한 경우들도 종종 있다. 만약 당신이 ML 방향으로 가기로 했다면, 지도 학습과 비지도 학습 중 어떤 것을 사용할지, 역전파를 사용하여 시스템을 미세 조정할지, 회귀분석을 사용하여 각기 다른 요인들의 중요성을 평가할지 등과 같은 사항들을 추가적으로 고려해야 한다. 이 장은 이러한 선택사항들을 다루므로, 당신이 이 장을 공부하고 나면 보다 전문성 있는 선택을 할 수 있게 될 것이다.

전문가 시스템 vs. 머신러닝

AI 프로젝트를 시작하기 전에 가장 먼저 해야 할 일은 전문가 시스템(규칙 기반 시스템)

을 사용할지 머신러닝을 사용할지를 결정하는 것이다. 기본적으로 이러한 선택은 데이터의 양, 데이터의 변동, 그리고 데이터로부터 솔루션을 추출하는 명확한 절차가 존재하는지 여부에 따라 결정된다. 전문가 시스템은 순차적으로 풀어갈 수 있는 문제를 다룰 때, 그리고 솔루션을 찾는 단계들이 한정적일 때 가장 적합하다.

한편 ML은 순차적 단계로 그대로 진행하는 것 이상의 처리를 원할 때 가장 좋다. 즉, 여러분이 대용량의 데이터를 이용하여 예측을 수행하거나 여러분에게 인사이트를 제공하게 될 수도 있는 패턴들(심지어는 여러분이 이러한 사실조차 모를 수도 있는)을 식별할 필요가 있을 때, 즉 여러분이 해결하고자 하는 문제가 어떤 일정 수준의 불확실성을 가지고 있을 때 ML이 가장 좋다.

자동 전화 시스템의 관점에서 생각해 보자(그림 3.1).

구형 전화 시스템은 일종의 전문가 시스템과 같다. 메시지는 전화를 건 사람에게 판매는 1번, 고객 서비스는 2번, 기술 지원은 3번, 교환원과 통화하려면 4번을 누르라고 알려 준다. 그다음 이 시스템은 전화를 건 사람이 누른 번호에 따라 전화를 해당 부서로

전문가 시스템　　　　　　　　　**자연어 처리**

그림 3.1　전문가 시스템과 자연어 처리에 기반한 자동 전화 시스템

연결해준다.

　더 새로워지고 발전된 전화 시스템은 자연어 처리(natural language processing, NLP) 기술을 사용한다. 누군가가 전화를 걸면 메시지는 전화를 건 사람에게 용건이 무엇인지 물어본다. 전화를 건 사람이 "내 안드로이드 스마트폰에 문제가 있습니다"라고 말하면 그 시스템은 전화를 기술 지원 부서로 연결해준다. 만약 전화를 건 사람이 "스마트폰을 업그레이드하고 싶어요"라고 말한다면, 이 시스템은 전화를 영업팀으로 연결한다.

　NLP의 문제는 전화 건 사람이 어떤 내용을 어떤 스타일로 말할지 미리 알 수 없다는 데 있다. 어떤 사람은 화가 난 채로 전화를 해서는 "3일 전에 너희에게서 산 그 스마트폰은 완전 쓰레기야"라고 말할 수도 있다. 당신은 이러한 경우가 처리하기에 더욱 어려운 상황이라는 점을 쉽게 이해할 수 있을 것이다. 자동 전화 시스템은 우선 정확하게 음성을 인식할 수 있어야 하고, 그다음 해당 음성의 의미를 올바르게 추론함으로써 발신자를 적절한 부서로 연결시켜 줄 수 있어야 한다.

　전문가 시스템을 사용하는 경우에는 가능한 모든 진술과 질문을 수동으로 입력해야 하며, 발신자가 중얼거리거나 사투리로 말하거나 또는 다른 언어로 말할 때 문제가 발생할 수 있다.

　따라서 이러한 경우라면, ML이 더 나은 선택이 될 것이다. ML을 사용하면 시스템이 스스로 패턴을 생성하여 시간이 지남에 따라 더 똑똑해진다. 이 시스템은 누군가가 전화를 걸어 "새 스마트폰이 마음에 들지 않아 반품하고 싶어요"와 같은 말을 하였고 이러한 통화들이 판매팀으로 연결되었다가 결국 고객 서비스팀으로 연결이 되는 경험을 하게 되면, 다음에 누군가가 전화를 걸어 또 '반품'이란 단어를 언급하는 경우, 그 시스템은 이 통화가 판매 부서가 아닌 고객 서비스 부서로 바로 연결되어야 함을 알 것이다.

　AI 프로그램을 시작할 땐 적용 상황에 가장 적합한 접근방법을 고려하라. 만약 당신이 한정된 입력사항들을 바탕으로 컴퓨터가 수행해야 하는 어떤 특정 작업을 설명하는 의사결정 나무나 순서도를 그릴 수 있다면, 전문가 시스템이 아마도 최선의 선택일 것이다. 이러한 결정은 시스템 설정과 배치를 더 용이하게 하고, 시간과 비용 그리고 복잡한 시스템을 다루는 데 따르는 골칫거리들을 줄일 수 있게 해줄 수 있다. 반면 당신이 계속해서 변동되는 방대한 양의 데이터를 입력물로 처리해야 하는 시스템을 다루어야 한다면, 아마도 최선의 선택은 ML이 될 것이다.

일부 AI 전문가는 이 두 가지 접근방법을 혼합하여 사용하기도 한다. 그들은 전문가 시스템을 사용하여 몇 가지 제약 조건을 정의한 다음, ML을 사용하여 다양한 답변을 살펴본다. 결국 당신은 AI 시스템을 개발하는 데 전문가 시스템, ML, 또는 이 둘의 조합이라는 세 가지 선택사항을 고려할 수 있는 것이다.

지도 학습 vs. 비지도 학습

기계도 사람과 마찬가지로 지도 또는 비지도 학습 과정을 통해 배울 수 있다. 지도 학습 (supervised learning) 방식에서는 사람이 데이터에 레이블(label)을 지정한다. 이 방식을 따를 때, 기계는 레이블을 통해 인간이 데이터에 대해서 내린 정의를 알 수 있다는 이점이 있다. 인간 트레이너는 기계에게 고양이 사진 더미를 주고 "이것은 고양이입니다"라고 알려 준다. 비지도 학습(unsupervised learning) 방식에서는 기계가 데이터를 어떻게 분류할지를 스스로 알아낸다.

앞 장에서 다룬 관악대 신경망의 예를 고려해 보라. 당신은 그 악대가 어느 곡이든 모두 분류할 수 있기를 원하고 있지만, 그 악대는 여러 장르에 익숙하지 않다고 가정해 보자. 당신이 그 관악대에게 멀 해거드 밴드의 곡을 줄 때, 당신은 그 관악대가 그 곡을 컨트리 음악으로 식별할 수 있기를 기대할 것이다. 당신이 그 관악대에게 레드 제플린 앨범을 줄 때에는, 그 관악대가 그것을 록으로 인식할 수 있기를 기대할 것이다.

당신은 그 관악대를 지도 학습을 통해 훈련시키기 위해, **훈련 세트**(training set)라고 하는 임의로 선정된 데이터들을 제공한다. 이 경우, 당신은 두 가지 훈련 세트(하나는 컨트리 음악으로, 다른 하나는 록으로 구성된)를 제공한다. 또한 당신은 각각의 훈련 세트에 컨트리와 록이라는 레이블도 지정한다. 그런 다음 당신은 그 관악대에게 새로운 곡들을 제공하고 그것을 분류하도록 지시한다. 만약 그 악대가 실수를 하면, 당신은 그것을 수정해주어야 한다. 시간이 흐름에 따라, 그 악대(그 기계)는 새로운 곡들을 이 두 가지 영역으로 정확하게 분류하는 방법을 배우게 될 것이다.

그러나 모든 곡이 그렇게 쉽게 분류될 수 있는 것은 아니다. 일부 오래된 록 음악들은 포크 음악과 매우 비슷하게 들린다. 또한 일부 포크 음악들은 블루스 음악처럼 들리기도 한다. 이러한 경우 당신은 비지도 학습을 원할지 모른다. 비지도 학습을 통해 당신은 관악대에게 클래식, 포크, 록, 재즈, 랩, 레게, 블루스, 헤비메탈 등 매우 다양한 장르의 곡들을 제공할 수 있다. 그런 다음 당신은 그 악대에게 그 곡들을 분류하도록 지시한다.

그 관악대는 재즈나 컨트리 또는 클래식과 같은 용어들을 사용하지 않을 수도 있다. 대신 그 악대는 비슷한 곡들을 한데 묶어 독자적인 레이블들을 붙이는데, 그 레이블들과 분류된 곡 그룹들은 당신이 익숙한 장르들과는 얼마든지 다를 수 있다. 예를 들어, 그 관악대는 재즈와 블루스를 구분하지 않을 수도 있으며, 재즈 곡들을 쿨과 클래식, 이렇게 두 가지 범주로 나눌 수도 있다.

관악대가 자체적으로 범주를 만드는 것에는 장점과 단점이 있다. 이 악대는 인간이 상상한 적이 없는 그러한 범주들을 만들 수도 있는데, 이러한 범주들은 실제로 기존 범주들보다 훨씬 정확할 수도 있다. 한편, 이 악대(인공신경망)는 자신의 용도에 비해 범주들을 너무 많이 또는 너무 적게 만들 수도 있다.

당신이 나름대로의 AI 프로젝트를 시작한다고 할 때, 데이터 범주를 어떻게 나눌지 생각해 보라. 만약 이미 잘 정의되어 있는 범주를 가지고 있으며 기계가 그 범주를 사용하기를 원한다면, 아마도 지도 학습을 계속해서 사용하고 싶을 것이다. 그러나 이와 달리 데이터들을 어떻게 그룹화하고 분류하는 것이 좋을지에 확신이 없다면 또는 데이터들을 새로운 시각으로 바라보고 싶다면, 아마도 당신에게는 비지도 학습이 더 좋은 접근방법이 될 것이다. 이 접근방법은 컴퓨터로 하여금 당신이 아마도 간과하기 쉬운 유사점들과 차이점들을 식별할 수 있도록 해줄 수도 있을 것이다.

오차 역전파

나는 어린 시절 친구와 함께 작은 젤리빈 봉지를 찢어서 같이 먹던 기억이 생생하다. 우리는 봉지 하나를 가지고 함께 먹는 것에 익숙했다. 친구가 2개를 먹으면, 나도 2개를 먹었다. 그렇게 우리는 봉지가 바닥날 때까지 같이 먹었다.

우리가 젤리빈을 먹으면서 길을 내려갈 때, 나는 그 친구가 검은 젤리빈은 먹지 않고 있다는 것을 알아차렸다. 친구가 그러는 바람에 젤리빈의 높이가 봉지 바닥에 가까워질수록 검은 젤리빈의 수는 증가했다. 나는 그 친구에게 왜 검은 젤리빈은 남겼는지 물어보았다.

그 친구는 내가 검은 젤리빈을 가장 좋아한다는 것을 알고 있어서, 나를 위해 그것들을 모두 아껴 둔 것이라고 말했다. 사실 나는 검은 젤리빈은 먹어본 기억이 전혀 없었는데, 그 친구가 그렇게 얘기를 하니 그것을 먹어보고 싶은 생각이 들었다. 나도 모르게 나는 검은 젤리빈 2개를 꺼내서 내 입에 던져 넣고는 씹기 시작했다. 그런데 이 작은 젤리빈들은 내가 지금까지 먹어본 것들 중에 가장 맛이 이상했다. 마치 비누와 살충제 그리고 양초를 섞은 놓은 것과 같은 맛이 났던 것이다. 나는 그것들을 봉지에 뱉고 말았는데, 이로 인해 봉지 안의 젤리빈을 못 먹게 되어버렸다.

그날 이후로 나는 색이 짙은 젤리빈들을 경계하기 시작했다. 나는 2개의 검은색 젤리빈을 한꺼번에 먹어서 기대치 않은 이상한 맛을 느끼게 된 것이 아닌가 하는 생각이 들어, 이러한 계산 착오를 수정하기 위해 색상표의 밝은 쪽 끝에 해당하는 젤리빈부터 차례로 먹어 보기 시작했다.

내 친구들과 가족들은 색상의 위치를 더 아래쪽으로 이동해 보라고 권했다. 녹색, 빨간색, 그리고 심지어는 보라색과 같이 좀 더 실험적인 색상의 젤리빈들을 탐색하였다. 더 어두운 색상의 젤리빈이 이상하게 느껴지지 않을 때마다 색상의 위치를 하나씩 더 어두운 방향으로 옮겨갔다.

그 당시에는 그런 생각을 하지 못했지만, 실제로 나는 일종의 **역전파**(backpropagation)

를 수행하기 위해 **경사하강법**(gradient descent)을 사용하고 있었던 것이었다. 역전파(줄여서 backprop)는 뉴런 간의 연결의 가중치를 조정해 나가면서 기울기 감소를 최적화하기 위해 널리 사용되는 방법이다. 이러한 알고리즘은 인공신경망의 다이얼을 조정해서 점차적으로 더 정확한 출력을 생성한다.

경사하강법을 이해하려면 흰색에서 검은색으로의 어두워지는 진행과정을 보여주는 색상표를 상상해 보라(그림 3.2 참조).

젤리빈 예제에서는 점점 더 어두운 색상을 따라 점진적으로 이동했다. 나는 방금 먹은 젤리빈이 이상한 맛이 아니라는 것을 알기 전까지는 더 어두운 색으로 넘어가지 않았다. 즉, 색상표를 따라 색상을 약간씩 조정해 나가면서 젤리빈을 맛보았는데, 젤리빈을 맛볼 때마다 나는 내가 올바른 방향으로 가고 있는지 확인할 수 있었다.

경사하강법과 역전파의 원리는 인공신경망에서 이와 같은 조정들을 가능케 한다. 인공신경망이 젤리빈 메뉴를 확장하는 방법을 학습하고 있다면, 그 학습은 흰색 젤리빈으로부터 시작하여 색상표를 따라 점점 더 어두운색의 젤리빈을 향해 진행되어 나갈 것이다. 이 인공신경망은 결국 검은색 젤리빈을 맛볼 때까지 각각의 맛을 테스트할 텐데, 검은색 젤리빈을 맛본 지점에서는 역전파 알고리즘이 시작되며 신경망에게는 색상표 상에서 너무 멀리 갔다는 것을 알려 준다(역전파는 일반적으로 지도 학습에만 사용된다는

경사하강법

그림 3.2　경사하강법

점을 기억하기 바란다).

이러한 알고리즘은 각 연결의 가중치 조정을 통해 진행된다. 인공신경망의 각 뉴런에는 가중치(일반적으로 0~1)를 가지고 있는데, 이 가중치는 이전 또는 후속 뉴런에 대한 연결관계의 강도를 나타낸다. 연결관계가 강할수록 가중치는 1에 가까워진다. 연결관계가 약할수록 가중치는 0에 가까워진다. 신경망은 시간이 흐르면서 이러한 연결들의 가중치를 조정해 나가면서 상이한 패턴들을 계속해서 매치시켜 나간다. 강한 연결은 연결관계가 명확한 경우를 의미한다. 반면, 약한 연결은 연결관계가 미약하거나 아예 없는 경우를 의미한다(그림 3.3 참조).

지도 학습을 사용하는 경우, 신경망이 실수를 했을 때, 즉 매치되는 항목을 식별하지 못하거나 잘못 식별했을 때, 이를 신경망에게 알릴 방법이 필요하다. 신경망이 보라색 젤리빈을 검은색 젤리빈으로 착각했다고 가정해 보자. 역전파 알고리즘은 신경망이 미래에 이와 동일한 실수를 반복할 가능성을 줄이기 위해 뉴런들 간의 연결들에 대한 가중치를 조정한다.

내 친구들과 가족들이 내가 점점 더 어두운색의 젤리빈을 먹도록 나를 유도했던 것을 기억하라. 이는 인공신경망에게도 마찬가지다. 인간이 흰색과 검은색 젤리빈을 구별하고 난 다음에는 신경망이 색상표를 조정해 나가면서 수용할 수 있는 젤리빈들을 늘려나갈 수 있도록 신경망을 도와야 한다.

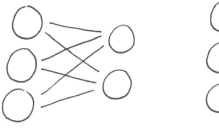

그림 3.3   약한 연결과 강한 연결

회귀분석

지도 학습에 기반한 ML이 수행할 수 있는 작업은 분류(classification)만 있는 게 아니다. 당신은 인공신경망을 사용하여 회귀분석(regression analysis)이라는 작업도 수행할 수 있다. 회귀분석의 목적은 하나의 종속변수와 하나 이상의 독립변수들 간의 관계를 파악하는 것이다.

회귀분석을 이해하기 위해서는 아이들 파티에서 볼 수 있는 소시지 모양의 풍선을 상상해 보라. 그 풍선의 한쪽 끝을 쥐면 다른 쪽 끝은 부풀어 오른다. 쥐었던 손을 떼면 그 풍선은 원래의 모습으로 되돌아온다. 양쪽 끝을 누르면 가운데가 부풀어 오른다. 이 상황에서 한쪽 끝을 놓으면 불룩한 부분이 손을 놓은 쪽으로 이동한다. 풍선을 쥐는 행위는 독립변수이다. 팽창은 종속변수이다. 각각의 팽창은 풍선을 쥐는 위치에 따라 달라진다.

이제 일반적인 아이들 파티에서 무슨 일이 일어나는지 생각해 보자. 어떤 우스꽝스럽게 생긴 생일 풍선 마술사는 풍선 5~6개를 함께 비틀어 다양한 풍선 동물들을 만들 것이다. 꽉 쥐는 것과 부풀어 오르는 것 간의 관계가 훨씬 더 복잡해졌다. 당신이 기다란 풍선의 몸을 쥐어짜면 아마도 꼬리가 부풀어 오를 것이다. 머리를 쥐어짜면 두 다리가 부풀어 오를 수도 있다. 하나 이상의 독립변수들이 변경될 때마다 하나의 종속변수가 변경된다. 이들 간의 관계를 예측하는 것은 때로는 쉬울 수도 있고 때로는 매우 어려울 수도 있다.

나는 한때 신용카드 회사에서 일한 적이 있었는데, 그 회사는 고객의 청구대금 지불과 관련한 문제가 발생할 조짐을 사전에 발견하고자 노력하고 있었다. 그 업무의 담당자들은 인공신경망을 바탕으로 한 회귀분석을 사용하여 서로 다른 변수들 간의 관계를 찾고자 했다. 분석 결과, 그들은 많은 고객들이 청구대금을 지불하는 데 어려움을 겪기 직전에는 주로 생활필수품을 구입하는 데 신용카드를 사용하기 시작한다는 점을 발견하였다. 일반적으로, TV나 컴퓨터와 같이 고가품 구매에 주로 카드를 쓰던 고객이 갑자기 식료품과 기름을 구입하거나 전기요금을 지불하기 위해 카드를 사용하기 시작했다. 또한 그 신용카드 회사는 5달러 미만의 소액 구매가 많은 사람들이 청구대금을 지불하는 데 어려움을 겪을 가능성이 높다는 점도 발견했다.

　종속변수는 개인이 신용카드 청구대금을 지불할 만큼 충분한 돈이 있는지 여부로 설정되었다. 독립변수는 고객이 구매한 품목들과 지불 금액으로 설정되었다. 인공신경망은 그 신용카드 회사에 귀중한 인사이트를 제공하는 종속변수와 독립변수 간의 관계를 파악해 주었다.

　분류 기법과 관련해서 종속변수로는 고양이, 개, 사과, 또는 재즈 음악과 같은 레이블이나 범주를 들 수 있다. 회귀분석에서 종속변수는 소득, 키, 체중, 인구와 같이 수치들을 취하는 경우가 대부분이다.

　회귀분석을 통해 얻은 정보는 역전파를 통해 얻은 정보와 다르지만, 인공신경망을 사용하는 방식은 비슷하다. 패턴을 식별하려면 여전히 엄청난 양의 데이터가 필요하다. 인공신경망은 이러한 데이터들을 검사하여 사람이 찾으려고 생각을 해본 적이 없는 그러한 패턴들을 식별해준다. 차이점은 역전파(신경망을 이용한)가 분류 알고리즘이라는 것이다. 따라서 분류 기법을 사용하여 레이블이나 범주를 예측할 수 있다. 회귀분석은 독립변수와 종속변수 간의 관계를 찾아냄으로써, 신경망이 종속변수의 행위를 예측할 수 있도록 해준다.

　당신은 AI 프로젝트를 시작할 때 그 프로젝트가 분류 및 연결과 같은 작업들을 필요로 하는지 고려할 필요가 있다. 분류가 필요한 경우에는 회귀분석보다 역전파가 더 나은 선택이다. 연관성에 대한 식별이 필요한 경우에는 회귀분석을 선택하라.

　그러나 역전파를 사용하든 회귀분석을 사용하든 인공신경망은 패턴만 보여줄 수 있을 뿐이다. 답을 제공해주는 것도 아니며 설명을 제공해주는 것도 아니다. 예를 들어, 신용카드 사례에서 신경망은 고객이 5달러 이하의 구매에 카드를 사용하기 시작하면 향후에 신용카드 청구대금 지불에 어려움을 겪는 경우가 많이 발생한다는 패턴은 알려주지만, 그 이유는 설명하지 않는다. 네트워크가 패턴을 파악한 후 그에 대한 이유를 알아내는 것은 인간의 몫이다.

　아마도 언젠가는 인공신경망들이 이러한 패턴들이 존재하는 이유에 대해 스스로 자기 의견을 생성할 수 있게 될 것이다. 그러나 현재로서는 이러한 연관성을 보여주는 패턴들에서 의미를 찾아내는 것은 인간의 몫이다.

요점 정리

- 전문가 시스템은 일관된 입력 데이터를 가지고 있고 입력에서 출력에 이르는 과정의 단계들이 명확할 때 사용하기가 가장 좋다.
- 머신러닝은 다양한 형태의 엄청나게 많은 데이터를 가지고 있고 결과가 어떻게 나올지 확신할 수 없을 때 사용하기가 가장 좋다.
- 지도 학습은 인간이 기계를 가르치는 방식이다. 비지도 학습은 기계가 스스로 학습하는 방식이다.
- 경사하강법 및 역전파는 지도 학습에 기반한 ML에서 사용되는 알고리즘으로서, 기계가 데이터를 분류하는 방법을 정밀하게 조정해 나갈 수 있도록 해준다.
- 회귀분석을 통해 기계는 하나의 종속변수와 하나 이상의 독립변수들 간의 관계를 파악할 수 있다.
- 분류하고 레이블을 지정하는 작업을 하기 위해서는 역전파를 사용하라. 연관관계를 파악하기 위해서는 회귀분석을 사용하라.

4

주요 AI 응용 분야

이 장의 주제

- 지능형 로봇
- 자연어 처리
- 사물인터넷(IoT)

기계가 지도 학습 및 비지도 학습을 통해 방대한 양의 데이터를 분석, 분류, 정렬하고 자신의 능력을 연마한다는 사실은 정말 놀랍지만, 첨단의 데이터 고속처리 기술이 실제 작업에 적용되는 것은 더욱 인상적이다. 예를 들어, 시리나 알렉사와 같은 개인용 디지털 비서들은 자신들의 대부분의 시간과 자원들을 데이터 처리에 소모하고 있는 강력한 데이터 처리기들이지만, 하루가 끝나면 이것들이 얼마나 열심히 잘하고 있는지에 대해서는 관심을 가져주는 사람들이 아무도 없다. 그러나 사람들은 자신이 말하는 내용을 이해하고 지능적으로 반응해줄 수 있는 이러한 기계들을 필요로 한다.

이 장에서 당신은 인공지능(AI)과 머신러닝(ML)을 위해 사용되는 세 가지 중요한 요소들, 즉 로봇과 자연어 처리(NLP)에 대해서 그리고 **사물인터넷**(Internet of Things, IoT)을 통해 생성되는 방대한 양의 데이터와 연계된 AI에 대해 살펴보게 될 것이다. 여기서 사물인터넷이라고 하는 것은 자동차나 온도조절기와 같은 일상적인 개체들에 내장된 디지털 장치들 간의 인터넷을 통한 상호연결 기술을 의미한다.

지능형 로봇

AI의 가장 실용적이고 눈에 띄는 응용분야 중 하나는 기계를 사용하여 상자 포장, 제품 조립, 자동차 페인팅, 바닥 청소와 같은 기존의 육체 노동을 대신 수행하는 로봇공학 분야이다.

최근까지 로봇공학은 고도로 전문화된 기계를 만드는 데에만 국한되어 있었다. 내가 자란 지역의 자동차 공장에서는 여러 대의 특수 로봇들을 고용했다. 그것들은 가장 힘센 사람조차도 할 수 없는 그런 일들을 해냈다. 어떤 로봇들은 조립라인에서 자동차를 쉽게 들어 올려줌으로써, 사람들이 차 아래에서 부품을 설치할 수 있도록 해주었다. 이러한 로봇들이 인상적이기는 하지만, 그것들이 해낼 수 있는 일들에는 한계가 있었다. 그것들은 반복적인 작업에 적합하고 위험한 작업에는 더욱 적합하지만, 그것들은 여전히 프로그래머가 무엇을 해야 하는지 '알려'주어야만 한다.

로봇공학과 AI를 결합하면 달라지는 주변 환경에 적응해 나갈 수 있고 더 특별한 일들을 수행하는 방법을 배워 나갈 수 있는 기계가 탄생할 수 있다. 예를 들어, 많은 로봇 청소기들은 이제 일종의 심볼릭 AI를 사용하여 여러 방을 측량해서 전체 바닥을 청소하는 데 가장 효과적인 경로를 결정한다. 이러한 청소기들은 충전된 전력이 일정 수준 이상으로 떨어지면, 스스로 기지로 돌아와서 충전 장치에 도킹할 수도 있다. 그것들은 계단이나 기타 장애물을 조심해서 피해 다니기 때문에, 당신이 산산이 부서진 청소기 잔해가 있는 집으로 퇴근해서 돌아가게 되는 경우는 발생하지 않을 것이다.

더 복잡한 예는 자율주행차이다. 최신 자율주행차들은 인공신경망을 활용하고 있으며 그 신경망에 데이터를 공급하는 다수의 복잡한 센서들을 갖추고 있다. 신경망은 성공적인 운전 패턴들을 찾는다. 초기 버전의 자율주행차에는 운전대와 가속 페달 그리고 브레이크 페달이 있었으며 신경망을 대신해서 운전을 할 수 있는 사람이 필요했다. 이 접근방식은 신경망이 실수를 했을 때 운전자가 그 신경망을 바로잡아줄 수 있는 일종의 지도 학습을 제공했다. 최근 GM은 운전대나 기타 수동적 제어장치들이 없는 자율주행차를 선보인 바 있다.

새로운 로봇 프로젝트를 시작하기 위해서는 우선 가장 적합한 AI 유형이 무엇일지 고려해야 한다. 이때 고려할 수 있는 옵션은 기본적으로 그림 4.1과 같이 세 가지가 있다.

- **전문가 시스템** : 프로그래밍을 통해 로봇에게 어떤 작업을 수행해야 하는지 그리고 어떻게 수행해야 하는지를 알려주어야 한다.
- **지도 학습** : 로봇에게 무엇을 해야 하는지 가르치고 로봇이 실수를 하면 정정한다.
- **비지도 학습** : 데이터와 알고리즘을 제공하면 기계는 스스로 작업 수행 방법을 학습한다.

예를 들어, 당신은 처방약을 제조하는 로봇을 만들고 싶어 한다고 가정해 보자. 그 로

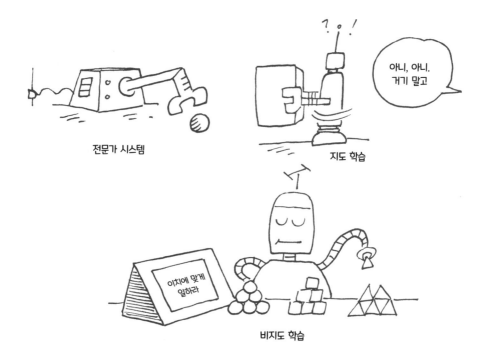

전문가 시스템

지도 학습

아니, 아니.
거기 말고

이치에 맞게
일하라

비지도 학습

그림 4.1 세 가지 AI 옵션

봇은 처방전을 읽고 해석하고, 올바른 약을 올바른 양만큼 병에 채우고, 병에 레이블을 붙이고, 그것을 고객에게 전달할 수 있어야 한다. 당신이 어떤 고정된 위치들에다가 약 제들을 배치했다고 가정하면, 이런 일들은 제대로 잘 진행될 수 있을 것이다. 당신이 로 봇에게 필요한 명령들을 구체적으로 제공하면, 로봇은 이 작업들을 수행할 수 있다. 이 러한 가능성이 있을 때, 당신은 비지도 학습을 사용하고 싶지는 않을 것이다. 즉, 당신 은 로봇이 고객에게 해를 끼칠 수도 있는 실수들을 해가면서 그런 실수로부터 로봇이 배워 나가는 상황을 원치 않을 것이다.

　한편, 자율주행차의 경우 차가 A 지점에서 B 지점으로 이동하기 위해서는 엄청난 양 의 데이터가 필요하다. 이 데이터들은 카메라, 레이더, 소나(SONAR), GPS, 라이다 (LIDAR) 등을 비롯한 다양한 센서들로부터 나온다. 이미 많은 사람이 구글 지도와 같 은 프로그램이 알려주는 길을 따라 출발지에서 목적지까지 찾아가듯이, 자율주행차도 그러한 방식으로 길을 찾아갈 수 있다. 그러나 이 외에도 자율주행자는 도로 표지판들 을 읽고 해석하며 주변 물체들을 분류하고 운전 상황에 대응하는 등 다른 많은 작업들 도 수행할 수 있어야 한다. 아무도 자율주행차가 마주칠 수 있는 모든 가능한 변수들을 프로그래밍해줄 수는 없으므로, 자율주행차는 운전자가 가르쳐 주는 방식(지도 학습) 또는 스스로 학습하는 방식(비지도 학습)을 통해 배워 나갈 수 있어야 한다.

　당신은 은퇴한 노인들에게 처방약을 제공하는 로봇을 만들고 싶어 한다고 가정해 보 자. 아마 당신은 자율주행차에 사용하는 것과 동일한 기술을 꼭 사용하고 싶지는 않을 것이다.

　구글은 자율주행차를 로봇공학의 문제가 아니라 빅데이터의 문제로 생각한다는 유 명한 말을 한 바 있다. 자동차로 하여금 좌회전이나 우회전을 하게 하는 것은 자동차로 하여금 언제 좌회전이나 우회전을 해야 하는지를 이해하도록 만드는 것에 비해 상대적 으로 쉽다. 로봇공학 프로젝트에 사용할 AI 유형을 선택할 때, 데이터가 로봇 작동을 위 해 하게 될 역할을 생각해 보라. 만약 당신이 방대한 양의 데이터와 엄청나게 많은 변수 들을 보게 된다면, 아마도 ML을 사용해야 할 것이다.

자연어 처리

인간으로서 우리는 업무를 위한 의사소통을 더 잘하기 위해 항상 노력하고 있다. 따라서 우리가 기계도 그러기를 바라는 것은 놀랄 일이 아니다. 기계는 여러 면에서 우리 인간보다 업무 의사소통을 훨씬 더 잘한다. 인터넷을 통해 하루에 수십억 번 보여주고 있듯이, 두 대의 기계가 서로 통신하는 것은 상당히 쉽다. 때때로 패킷 손실이 발생할 수도 있지만, 일반적으로 데이터는 별 문제없이 전송된다. 반면, 인간은 더 완벽한 이해 수준에 도달하기 위해 항상 고군분투한다. 당신은 누군가가 당신이 말하는 내용의 10%를 완전히 이해하도록 만들 수 있다면, 당신은 매우 뛰어난 전달자다.

그런데 중요한 문제는 우리는 기계들끼리 통신하는 방식과 동일한 방식으로는 기계와 통신할 수 없다는 것이다. 고맙게도 우리는 '매트릭스'에 나오는 네오와는 다르다. 우리는 머리 뒤쪽에 우리를 네트워크에 직접 연결시켜주는 포트가 없다. 기계와 인간이 서로 통신하기 위해서는, 기계가 우리 인간 세상에 더 나은 방식으로 존재해야 한다.

AI 프로그램은 자연어 처리(NLP)를 이용하여 기계로 하여금 인간과 대화하는 것을 가능케 한다. 만약 당신이 시리, 알렉사, 또는 코타나를 만났거나 스마트폰에서 음성-텍스트 변환(speech-to-text)을 사용해본 적이 있다면, 이미 당신은 NLP를 경험한 것이다. 당신이 말할 때, 컴퓨터는 단어와 구를 식별하는 과정을 수행하는데, 이를 통해 컴퓨터는 마치 당신이 말한 것을 이해하는 것처럼 보일 수 있다.

NLP는 상호작용을 훨씬 더 인간적으로 만들어준다. 예를 들어, 만약 당신이 와플 레시피가 필요하다면, 구글에 '최고의 와플 레시피'를 입력하여 검색할 수도 있겠지만, NLP를 사용하고 있는 상황이라면, "나는 곧 아침을 요리하려고 하는데, 브렉퍼스트 눅에서 제공하는 것과 같이 크고 폭신한 와플을 만들 수 있는 좋은 요리법을 알려줄 수 있니?"라고 말할 수도 있을 것이다. 이러한 질문을 예상하고, 질문자가 무엇을 원하는지 이해하고, 훌륭한 벨기에 와플 레시피를 하나 이상 제공할 수 있는 그러한 전문가 시스템을 만드는 것은 불가능할 것이다.

그러나 인공신경망은 이러한 일을 처리할 수 있을 것이다. 인공신경망은 당신의 말에서 아침 식사, 레시피, 와플과 같은 몇 가지 핵심 단어를 골라내어 당신에게 와플 레시피를 알려줄 수 있을 것이다. 또는 브렉퍼스트 눅에 초점을 맞추어 지역 레스토랑 목록을 줄줄이 말해줄 수도 있을 것이다. 또는 레시피와 크고 폭신한 와플에 초점을 맞추어, 당신이 벨기에 와플 레시피를 원한다는 것을 알아낼 수도 있을 것이다. 인공신경망은 심지어 당신에게 와플 종류를 물어볼 수도 있고 "벨기에 와플 레시피를 검색해 드릴까요?"와 같은 질문으로 응답할 수도 있을 것이다.

만약 신경망이 잘못된 답을 제공한 경우, 당신이 단순히 "아니야, 나는 벨기에 와플 레시피가 필요해"라고 말한다면, 그리고 다음 번에 그 인공신경망이 또 그와 비슷한 대화를 하게 되고 이를 깨달을 수 있다면, 그때에는 그 인공신경망이 주변 레스토랑 목록이 아닌 벨기에 와플 레시피를 제공할 것이다.

AI에 관심을 가지고 있는 많은 조직도 무료로 커뮤니케이션 서비스를 제공하고 있는데, 그 서비스들은 기계의 언어를 이용하여 대화를 분석한다. 그 서비스들은 당신이 말하는 내용에는 그다지 많은 관심이 없고, 그보다는 당신이 말하는 방식을 분석하는 데 비중을 둔다. 구글은 이메일 및 음성 메일의 익명화된 버전에 접근할 수 있다. 애플은 아이메시지를 제공한다. 마이크로소프트에는 스카이프가 있다. 이러한 서비스들은 AI 프로그램에게 다양한 유형의 아주 소중한 인간들의 의사소통 내역들을 제공한다. AI 프로그램들은 ML을 사용하여 인간이 자연어를 사용하는 방식에 대한 패턴들을 식별하고 결론을 도출할 수 있다.

자연어 처리는 단순히 단어를 이해하기 위한 것이 아니다. 맥락과 의미를 이해하는 데에도 초점을 맞춘다. 몇 년 전 구글에서 가장 많이 검색된 검색어 중 하나는 "사랑이란 무엇인가?"였다. 그 당시에는 이러한 질문을 구글에 넣으면 긴 목록의 결과물들을 얻을 수 있었다. 그 결과물들의 대부분은 짝짓기 의식 그리고 연결된 느낌의 중요성에 관한 것들이었다. 이러한 결과는 데이터베이스 전체를 대상으로 키워드와 매칭시키는 네트워크를 통해 기대할 수 있는 그런 유형의 응답들이었다.

NLP는 기계가 더 넓은 세계를 더 잘 이해할 수 있도록 만들어준다. 이제 당신이 시리나 알렉사에게 "사랑이란 무엇인가?"라고 묻는다면, 그것들은 아마도 당신이 사랑의 낭만적 개념에 더 관심이 있다는 것을 이해할 수 있어서, 당신은 더 시적이고 철학적인 답변을 얻을 수 있을 것이다. 당신이 이러한 인공신경망들과 사랑에 대해 이야기할 때, 그것들은 당신이 정말로 알고 싶은 것에 대해 더 많이 배우기 시작할 것이다.

사물인터넷

사물인터넷(Internet of things, IoT)이란 인터넷과 연결되어 있고 서로 간에도 연결되어 있는 다수의 그리고 그 숫자가 증가하고 있는 기기들의 집합을 의미한다(그림 4.2). 이러한 기기들로는 사용자의 일상 습관을 학습하여 사용자가 편안함을 유지할 수 있도록 온도를 자동으로 조정해주는 스마트 온도조절기, 사용자의 일상 활동을 추적하고 신체단련 목표를 달성할 때 이를 알려줄 수 있는 스마트 시계, 식료품이 떨어져 갈 때 식료품을 주문해줄 수 있는 스마트 냉장고를 들 수 있다. 어떤 기기들은 심지어 당신의 건강을 모니터링하고 당신이 병원에 가봐야 할 때를 알려주기도 한다.

사물인터넷(IoT)

그림 4.2   IoT 기기

어떤 기기들은 서로 통신할 수도 있다. 예를 들어, 당신의 스마트 시계는 당신이 집에 가까워지면 현관문의 잠금 상태를 해제하거나 거실에 들어갈 때 음악을 켜도록 스마트 도어락에게 지시할 수 있다.

당신도 상상할 수 있듯이, 이러한 스마트 기기는 방대한 양의 매우 가치 있는 데이터를 생성한다. 따라서 많은 IoT 기업은 AI 프로그램에 막대한 투자를 하고 있다. 조직들은 AI를 통해 이 데이터를 분석함으로써 문제점들에 대해 신속하게 대응하거나 새로운 기회들을 활용하는 것을 가능케 해주는 패턴들을 식별해낼 수 있다. AI와 결합된 IoT 자동차는 차의 운행을 모니터링할 수 있고 이를 바탕으로 점검 서비스를 받아야 하는 시점에 대한 패턴을 보여줄 수 있다. 당신은 이제 의사의 진료실에 있는 것과 거의 같은 정확도를 가진 심전도 센서들을 구입할 수 있으며, 이 기기들을 통해 심장의 전기적 활동을 확인할 수 있다.

이러한 IoT 장치들은 많은 기업이 그것들을 스마트폰 케이스나 시계에 내장할 정도로 그 가격이 저렴하다. 이러한 기업들은 비지도 ML 방식의 신경망을 사용하여 데이터들로부터 패턴을 파악할 수 있다. 이러한 신경망은 수천 또는 심지어 수백만 명의 참가자들의 심전도 데이터들을 검토하여 임박한 건강 문제를 정확하게 예측할 수 있는 패턴을 찾아낼 수 있다.

아직은 AI가 이러한 센서들을 통해 중대한 질병에 대한 획기적인 예방 조치나 치료법을 직접 찾아내는 수준에 이르지는 못했을 수 있으나, 적어도 의사들이 예방 조치나 치료법을 제시하는 데 도움을 줄 수 있는 인사이트를 제공하는 패턴들은 찾아낼 수는 있다. 또한 이러한 기기들은 당신에 대한 데이터들이 어떤 걱정되는 패턴과 일치될 때 이를 알려줄 수 있으므로, 당신은 건강 상태가 더 나빠지기 전에 의사에게 진료를 받을 수 있다.

신경망은 블랙박스에서 작동한다는 것을 기억하라. 아마도 신경망을 제외하고는 기계가 실제 패턴을 어떻게 식별하는지는 아무도 모를 것이다. 우리는 지능적인 기계를 만들 수는 있지만, 여전히 그것들이 '생각하는' 방식을 완전히 이해하지는 못한다.

요점 정리

- 머신러닝을 로봇공학, 자연어 처리, 사물인터넷에 적용함으로써 실질적인 이점을 많이 얻을 수 있다.
- 지능형 로봇은 달라지는 주변 환경에 적응해 나갈 수 있고 추가 작업을 수행하는 방법을 배울 수 있다.
- 기계는 단어와 말하는 패턴을 식별해내고 분석함으로써 사람들과 더 효과적으로 의사 소통하는 방법을 배울 수 있다.
- IoT 기기들은 ML을 통해 서로 더 효과적으로 커뮤니케이션할 수 있고 다른 기계가 패턴들을 식별하는 데 사용할 수 있는 방대한 양의 데이터들을 제공할 수 있다.
- ML이 발생 가능한 문제들에 대해 인사이트를 제공해 줄 수 있는 패턴을 식별해 낼 수 있음에도 불구하고, 우리가 그 문제들에 대한 답변과 해결책을 얻기 위해서는 여전히 인간의 지능이 필요하다.

5

빅데이터에 대한 AI 활용

제2장에서 언급했듯이, 데이터의 폭발적인 성장과 가용성은 인공지능(AI)의 발전을 이끌어왔다. 방대한 양의 데이터가 없으면 알렉사나 시리와 같은 디지털 개인 비서들은 사람이 말하는 것을 이해하거나 적절한 응답을 할 수 없다. 인공신경망에 정보가 더 많이 제공될수록, 그것은 더 빨리 학습하고 더 뛰어난 능력을 가지게 된다.

당신은 어떤 AI 프로그램 개발을 시작하기 전에 그 프로그램에서 데이터들이 수행하게 될 역할과 당신이 그 데이터들을 어떻게 사용할지에 대해 생각해 봐야 한다. 예를 들어, 당신은 인사이트를 얻기 위해 단순히 데이터를 분석하고자 하는 것인지, 아니면 데이터를 분석하고 예측할 수 있는 기계를 필요로 하는 것인지를 결정해야 한다. 이러한 결정을 내리기 위해서는 당신은 빅데이터, 데이터 과학, 데이터마이닝을 비롯한 몇 가지 주요 개념을 이해할 필요가 있다.

이 장은 AI 프로그램에서 데이터가 수행하는 역할에 대해 설명하고 당신이 현재 접근할 수 있는 방대한 양의 데이터들과 점점 증가하는 미래의 데이터들을 최대한 활용하기 위해 AI를 어떻게 적용할지에 대해 현명한 결정을 내리는 데 도움을 줄 것이다.

빅데이터 개념에 대한 이해

빅데이터는 패턴, 추세, 연관성을 밝히기 위해 컴퓨터로 분석할 수 있는 거대한 데이터 세트를 의미하는 용어로 사용 중이다. 그러나 이 용어가 만들어진 최초의 보고서로 돌아가서 보면, 이러한 용어를 사용한 저자들은 '빅데이터'를 하나의 전문용어로 생각하지 않았음을 알 수 있다. 그들은 "우리는 빅데이터(BIG-DATA)와 관련된 문제점을 가지고 있다"가 아니라 "우리는 커다란(BIG) 데이터 관련 문제점을 가지고 있다"라고 설명하는 데 사용했음을 알 수 있다.

여기서 말하는 문제란 우리가 생성되는 방대한 양의 데이터를 저장하고 처리하는 데 어려움을 겪고 있음을 가리키는 것이다. 회사가 온프레미스 데이터웨어하우스를 업그레이드한 지 불과 얼마 되지도 않아서 그 데이터웨어하우스가 회사의 용도에 부족한 상태가 될 수도 있다. 이러한 문제점은 그 데이터웨어하우스가 그 회사로 유입되는 데이터의 양과 다양성을 따라잡을 수 없거나, 그러한 데이터들을 바탕으로 보고서를 생성할 수 있는 처리 능력을 충분히 갖고 있지 못한 경우에 종종 발생한다. 현재 많은 회사들은 하루가 끝날 때 보고서 작성을 시작하므로, 처리할 데이터의 양이 많은 회사들에서는 보고서가 다음날 아침이나 오후에 완료될 수도 있다. 또한 많은 직원이 동시에 데이터를 쿼리하는 회사들에서는 결과를 얻기까지 몇 시간씩 기다려야 하는 경우가 발생하기도 하고, 만약 보고서 생성 시스템이 데이터 처리 능력 부족으로 다운되거나 정지하게되면, 그 작업 절차를 처음부터 다시 시작해야 할 수도 있다. 이러한 회사들(예 : 증권 거래소) 중 다수는 경쟁력을 유지하기 위해 실시간으로 보고에 의존하고 있다.

문제가 커지고 있다. 한 추정에 따르면, 향후 10년 이내에 전 세계에는 1,500억 개 이상의 네트워크 센서가 존재하게 될 것이며, 각 센서는 1년 365일 24시간 내내 데이터를 생성하게 될 것이라 한다. 페이스북, 트위터, 구글, 온라인 쇼핑 사이트들, 온라인 게임

사이트 등등에서 사람들이 하루에 생성해내는 모든 데이터를 상상해 보라.

여기서 주목할 점은 빅데이터가 문제이자 기회라는 것이다. 당신이 방대한 분량의 데이터 세트를 가지고 작업을 해야 할지 아니면 좀 더 소박한 방식으로 작업을 해야 할지를 결정해야 한다는 점에서는 문제로 인식될 수 있다. 당신은 웹사이트 사용을 모니터링하거나 분석하기 위해 또는 마케팅 캠페인의 효과를 측정하기 위해서라면, 단지 더 작은 분량의 데이터들을 사용하기만 하면 된다. 반면, 방대한 분량의 데이터 세트를 분석해야 하는 경우(예 : 감기 치료제 찾기)라면, 당신은 데이터 저장 및 처리에 대한 계획을 세워야 한다. 그러나 빅데이터는 기회이기도 하다. 빅데이터가 없다면, AI는 패턴을 찾아내고 예측 작업을 수행하는 데 필요한 분량만큼 데이터를 활용할 수 없을 것이다.

데이터 과학자와의 협력

만약 당신이 빅데이터를 필요로 하는 AI 프로그램을 개발 중이라면, 데이터 과학자와 협력하거나 최소한 상담이라도 하는 것이 현명할 것이다. 데이터 과학자는 일반적으로 비즈니스 의사결정 지원을 목적으로 한 데이터 수집, 분석, 해석과 관련된 지식을 익히기 위해 프로그래밍, 데이터 관리, 통계학을 비롯한 다양한 분야에 대해 교육을 받는다.

데이터 과학자는 머신러닝(ML)의 도움을 받아서 일을 할 수도 있고 그렇지 않을 수도 있다. 예를 들어, 데이터 과학자는 당신이 데이터로부터 추출하고자 하는 것(어떤 질문에 대한 대답이나 문제점에 대한 해결책, 또는 시스템 오류에 영향을 미칠 가능성이 있는 요인들에 대한 인사이트)에 대해 더욱더 명확한 그림을 만들어낼 수 있도록 돕기 위해 당신이 전혀 생각해 본 적이 없는 질문을 할 수도 있다. 그런 다음 데이터 과학자는 해당 목표를 달성하기 위해 데이터를 수집, 분석, 해석하는 도구를 사용하거나 권유할 수 있다. 또는 데이터 과학자는 당신이 해당 데이터에서 찾고 있는 것이 무엇인지 정말 모르고 있다는 점을 발견해내기도 하고, ML 시스템 개발을 통해서 당신이 이전엔 얻으려고 생각하지 못했던 인사이트를 얻을 수 있는 그런 패턴들을 파악할 수 있도록 도와줄 수도 있다.

간단히 말해서, 데이터 과학자는 당신이 데이터와 분석 니즈를 평가하는 것을 도와주고 당신이 데이터를 최대한 활용할 수 있는 방법을 알려줄 수 있다.

머신러닝과 데이터마이닝 : 차이점은 무엇인가

당신은 데이터로 작업할 때(데이터의 양과 관계없이) 많은 용어를 접하게 될 것이다. 그 중 종종 혼동되는 두 가지 용어가 있는데, 그것은 데이터마이닝과 머신러닝이다(그림 5.1).

- 데이터마이닝은 데이터로부터 유용한 정보 또는 인사이트를 추출하는 방법이다(당 신은 데이터를 마이닝하는 것이 아니라 해당 데이터로부터 정보와 인사이트를 마 이닝하는 것이라는 점에 유의하라).
- 머신러닝(ML)은 구체적으로 프로그래밍되지 않은 작업을 컴퓨터가 수행하도록 만 드는 과학이다.

데이터마이닝은 ML을 사용하여 데이터로부터 유용한 정보나 인사이트를 추출할 수

데이터마이닝

머신러닝

그림 5.1   데이터마이닝 vs. 머신러닝

있지만 항상 그런 것은 아니다.

　ML과 데이터마이닝 간의 또 다른 주요 차이점은 그것들이 사용하는 기술이다. ML의 경우에는, 먼저 모델을 훈련시킨 다음 일반적으로 파이썬(Python)이나 R을 포함한 여타의 프로그래밍 언어들로 작성된 ML 프레임워크 중 하나를 사용한다. 데이터마이닝은 일반적으로 시각화 및 비즈니스 인텔리전스 도구들을 포함하여 훨씬 더 광범위한 도구들을 사용하는데, 그중 많은 도구는 스프레드시트 응용프로그램이 수행하는 방식과 비슷하긴 하지만 더 정교한 방법으로 데이터를 추출, 정렬, 요약, 표현한다.

데이터마이닝에서 머신러닝으로의 도약

데이터마이닝에서 ML로의 도약은 처음 드는 생각만큼 그렇게 어렵지는 않다. 당신이 이미 빅데이터를 가지고 작업을 해서 인사이트들을 추출해내고 있다면, 당신은 이미 빅데이터를 관리하는 데 필요한 전문지식을 가지고 있는 것이다. 당신은 데이터를 사용하여 보고서 및 시각적인 정보를 생성할 수 있는 많은 소프트웨어를 찾아낼 수 있다. ML은 단지 데이터에서 의미를 추출하기 위한 또 하나의 도구일 뿐이다.

　당신의 조직에는 이미 데이터 관리 팀이 있고 그 팀의 구성원들은 대규모의 데이터를 대상으로 하는 작업에 익숙해져 있을 가능성이 높다. 그들은 아마도 이러한 데이터들을 다루기 위해 파이썬 프레임워크를 다운로드하는 데 익숙할 것이다. 그들은 ML을 사용하려면 데이터를 다른 방식으로 바라볼 필요가 있다. 그들은 인사이트를 얻기 위해 데이터를 직접 마이닝하는 대신, 기계나 신경망이 스스로 패턴을 찾을 수 있도록 그것들을 훈련시키면 된다.

　나는 대규모의 빅데이터 프로젝트로 수년간 어려움을 겪었던 몇몇 회사에서 일한 적이 있다. 그 회사들은 ML로의 도약이 빅데이터로의 도약만큼이나 어려울 것이라고 생각했다. 그러나 실제는 ML로의 도약은 빅데이터로의 도약보다 훨씬 작은 걸음이었다. 팀들은 이미 파이썬과 R을 알고 있었고 대용량의 데이터 작업에 익숙해져 있었던 것이다.

가장 어려운 과제는 팀들을 데이터에 대해 다르게 생각하도록 만드는 것이다. 팀들은 훈련 세트를 만들고 인공신경망에서 뉴런(노드)의 가중치를 재조정해야 했다. 이는 팀들이 빅데이터 도구를 사용하는 데 익숙해져 있는, 데이터와의 직접적인 상호작용과는 달랐다.

주의 사항 : 만약 당신의 조직이 빅데이터를 활용하고 있다면, 당신은 반짝이는 새 망치가 있다고 해서 모든 것이 못이 되는 것은 아니라는 점을 명심하라. 빅데이터를 보유하고 있는 조직은 ML의 가능성에 현혹되는 경향이 있지만, ML이 항상 최선의 선택은 아니다. AI 프로젝트는 규모가 작을수록 심볼릭 접근방법으로 더 잘 수행될 수 있다. 당신이 빅데이터를 가지고 있다고 해서 ML이 항상 가장 좋은 출발점이라고는 가정하지 말라.

적합한 접근방법 취하기

데이터와 관련된 프로젝트를 계획할 때 가장 좋은 방법은 데이터 과학, 데이터마이닝, 그리고 ML과 같은 용어들과 이것들 간의 차이점들을 무시하는 것이다. 대신 당신이 대답하려고 하거나 해결하려고 하는 문제에 초점을 맞추어 데이터 과학자와 협력하거나 상담을 함으로써 최선의 접근방법을 찾기 바란다. 다음은 몇 가지 일반적인 가이드라인들이다.

- 만약 당신이 어떤 특정 기간 동안 당신의 웹사이트에 방문한 사람 수와 같이 데이터로부터 현상에 대한 이해를 추출해야 하고 그 이해부터 어떤 명확한 아이디어를 얻어야 하는 경우라면, 기본적인 비즈니스 인텔리전스 소프트웨어와 결합되어 있는 데이터베이스나 데이터웨어하우스만으로도 충분할 것이다.

- 만약 당신이 빅데이터를 활용하고 있으며 질문에 답하거나 특정 문제를 해결하는 방법에 대해 명확하게 이해하지 못하고 있는 경우라면(또는 심지어는 머릿속에 어

떤 질문이나 문제 인식도 가지고 있지 않은 경우라면), 아마도 당신은 어떤 ML 유형(지도 학습 또는 비지도 학습)을 사용하는 것이 좋을 것이다. 비지도 학습을 사용하면, 당신은 모든 데이터들을 기계에 쏟아 넣고 그것이 생산하는 결과를 볼 수 있다.

다음과 같이 생각해 보라. 당신이 병원을 경영하고 있는 상황에서 치료가 성공적으로 이루어진 환자들에 대한 패턴들을 찾아보려 한다고 상상해 보라. 당신은 여러 각도에서 이 문제에 접근할 수 있을 것이다(그림 5.2).

한 가지 옵션은 자체 데이터 과학 팀을 구성해서 분석에 필요한 데이터 유형들을 파악하는 것이다. 예를 들어, 팀의 한 멤버는 "어떤 의사 선생님의 성공률이 가장 높나요?" 또는 "어떤 치료 후 프로그램에서 치료받은 환자가 의사를 가장 적게 재방문하는 것으로 나타났나요?"와 같은 질문을 할 수 있을 것이다. 그러면 데이터 과학 팀은 관련

데이터 과학 팀   머신러닝

그림 5.2 데이터 과학 vs. 머신러닝

데이터 세트를 선택하고, 데이터를 분석하고, 보고서를 생성하고, 알아낸 결과에 대해 논의한다. 그 보고서는 추가 분석을 필요로 하는 추가 질문들을 제시할 수도 있다. 이러한 프로세스 전체는 반복적으로 긴밀하게 수행되는 하나의 인간 상호작용의 과정으로 볼 수 있다.

또 다른 접근방법은 인공신경망에서 비지도 학습 방식의 ML을 사용하는 것이다. 당신이 유용한 패턴을 찾아낼 수 있기를 바라면서 인공신경망에 모든 데이터를 쏟아 넣을 것이다. 찾아낸 패턴들에 대해 그것들의 적절성을 파악하고 적절한 패턴들의 이면에 있는 원인들을 밝혀내는 것은 당신과 당신 팀의 몫이다.

이러한 각각의 접근방식들은 나름대로의 고유한 장점과 단점을 가지고 있다. 데이터 과학 팀은 자신들의 인사이트를 뒷받침하고 있는 데이터들에 대해 더 많이 알게 될 것이다. 그들은 데이터들에 대해 직관적인 느낌을 얻고 더 흥미로운 질문을 하기 시작할 것이다. 인공신경망을 갖춘 ML은 예기치 않은 패턴들을 찾아낼 가능성이 더 높다. 그러한 ML은 일반적으로 인간이 데이터를 바라보는 방식과는 다른 방식으로 데이터를 바라본다. 이러한 ML의 접근법은 해석이 안 되는 패턴들, 즉 기계에는 이해가 되지만 인간에게는 이해가 되지 않는 그런 패턴들도 찾아낼 수 있다.

인공신경망 사용의 가장 큰 단점은 특정 패턴이 존재하는 이유를 설명할 수 없다는 점이다. 예를 들어, 인공신경망은 병원에서 사용하는 어떤 종류의 항생제가 특정 감염 치료에 있어 다른 항생제보다 성공률이 더 높다는 점을 보여줄 수 있지만, 그 이유를 설명하지는 못한다. 그 이유에 대한 진실은 그 다른 항생제가 효과는 더 좋았지만 그 어떤 항생제가 부작용이 더 적었기 때문에 환자들이 이 항생제를 계속 사용했을 가능성이 더 컸기 때문일 수도 있다.

인공신경망의 또 다른 단점은 기계가 결과를 내보내 주기는 하지만, 그 결과를 검토하는 사람이 그 의미를 해석할 수 없는 경우가 발생할 수 있다는 것이다. 즉, 분석 결과는 기계에게는 이해되지만, 사람에게는 그렇지 못하다는 것이다. 따라서 우리는 역설계를 통해 신경망이 왜 그런 식으로 작동하는지를 이해하려고 시도해볼 수 있다. 그러나 신경망이 사용한 '규칙'이 해석 불가능하여, 우리는 신경망이 왜 그런 결과를 생성했는지 이해하지 못할 수 있다.

데이터 과학 팀은 데이터에 대해 훨씬 더 좋은 느낌을 가졌을 수 있다. 그들은 질문을 하고 인간의 학습과 이해 활동을 통해 핵심적인 인사이트를 찾았을 것이다. 그들은 헤아릴 수 없이 많은 가능성을 고려하는 대신, 분석의 범위를 의사, 의약품, 또는 수술과 같이 과거에 가장 성공률이 높았던 패턴들로 좁혔을 것이다.

요점 정리

- '빅데이터'는 패턴, 추세, 연관성을 밝히기 위해 컴퓨터로 분석할 수 있는 거대한 데이터 세트를 의미한다.
- 빅데이터는 커다란 기회들과 문제점들을 동시에 제공하는데, 지식과 인사이트를 제공할 수 있다는 점은 기회로 볼 수 있고, 데이터에 대한 저장, 관리, 처리와 관련된 이슈들은 문제점으로 볼 수 있다.
- 데이터 과학자와의 협력을 고려하라. 데이터 과학자는 당신의 데이터와 분석 니즈를 평가하고 해당 데이터들로부터 지식과 인사이트를 추출하기 위한 최상의 접근 방법을 제시할 수 있다.
- 데이터마이닝은 데이터로부터 유용한 정보 또는 인사이트를 추출하는 모든 방법을 의미한다.
- 머신러닝은 컴퓨터로 하여금 구체적으로 프로그래밍되지 않은 작업을 수행하도록 하는 과학이다.
- 머신러닝을 사용한 데이터 분석으로의 발전은 빅데이터 수집과 관리로의 발전보다 훨씬 쉽다.
- 신경망을 통한 머신러닝은 빅데이터를 사용할 수 있을 때 그리고 질문에 답하는 방법이나 어떤 특정 문제(또는 심지어는 당신이 염두에 두고 있지도 않은 질문이

나 문제)에 대한 해결 방안을 도무지 알 수 없을 때 사용할 수 있는 최상의 접근방
법이다.

- 일반적인 비즈니스 인텔리전스 소프트웨어는 당신이 얻고자 하는 인사이트에 대
한 개념이 꽤 명확할 때 사용할 수 있는 최상의 접근방법이다.

6

접근방법에 대한 고찰

이 장의 주제

- 과업에 적합한 기술 선택
- AI 필요성 여부에 대한 판단
- 머신러닝 또는 전문가 시스템 선택에 대한 올바른 접근방법

인공지능(AI)은 1950년대 초반부터 존재해왔다. AI에 대한 관심은 AI에 대한 과대선전의 시기와 이후 이어지는 실망과 무관심 시기, 즉 'AI의 겨울'을 거치면서 오르고 내리는 흥망성쇠의 시간을 겪어왔다. 현재 머신러닝(ML)과 인공신경망은 길고 뜨거운 여름을 경험하고 있다. 대용량의 데이터 세트를 사용하는 딥러닝에 대한 관심과 활동은 역대 최고의 수준으로 보인다.

그러나 모든 사람들이 데이터와 패턴 매칭이 AI로 가는 가장 확실한 길이라고 생각하는 것은 아니며, AI 분야의 사람들 중에서 기계가 결국에는 세계를 정복하려는 의지를 가진 존재가 될 것이라고 기대하는 사람은 별로 없다. 사실, 현장에 있는 대부분의 사람들은 현재의 AI 진전을 약한 AI의 진전으로 보고 있다. 즉 기계들이 매우 제한적인 범주의 작업들 대해 그저 성능이 더 나아지고 있는 것으로만 바라본다는 것이다. 이러한 AI들은 차를 운전하고, 온도조절기를 조정하고, 우리가 생활용품이 부족할 때 그것들을 주문해 줄 수 있다. 또한 의료 데이터를 통해 질병의 근본적인 메커니즘을 식별해내고

효과적인 약물 및 치료 계획을 세우는 데 도움을 줄 수도 있다. 그러나 그 효과는 인간이 AI들에게 무엇을 먹이느냐에 따라 크게 달라질 수 있다.

인간으로서 당신의 역할은 주어진 작업을 수행하는 최선의 접근방법을 결정하는 것인데, 그 최선의 접근방법이 반드시 AI나 ML일 필요는 없다. 사실 덜 지능적인 옵션이 더 나은 해결책이 될 수도 있다. 적절한 접근방법을 선택하는 데 필요한 몇 가지 가이드라인은 다음과 같다.

- 당신이 많은 데이터를 가지고 있고 그 데이터들로부터 패턴을 찾아야 한다고 해서 꼭 AI가 필요한 것은 아니다. 때로는 차트 작성 기능이 있는 스프레드시트 소프트웨어만으로도 충분할 수 있다. 이러한 소프트웨어의 예로는 어떤 데이터들을 대상으로 쿼리하고 그 결과를 표나 차트와 같은 의미 있는 방식으로 표현할 수 있도록 해 주는 엑셀이나 비즈니스 인텔리전스 소프트웨어를 들 수 있다.

- AI는 지능적인 인간 행동을 모방한 기계의 능력이다. 대상 작업에 따라, 당신은 다음 단계로 무엇을 해야 할지 알려주는 프로그램, 즉 전문가 시스템을 개발하는 과정을 통해 기계를 '훈련'시킬 수도 있다. 당신은 꼭 ML을 사용할 필요는 없다.

- ML은 객체를 분류하거나, 객체를 그룹화하거나, 미래 결과를 예측해야 할 때 가장 적합하다. 이러한 작업들 중 하나가 기계가 관여해야 하는 작업이 아니라면, ML이 가장 적합하다고 할 수 없다. 기계의 역할은 단지 패턴들만 찾아내는 것에 그치는 것이 아니다. 기계는 분류, 클러스터링, 또는 예측을 위해 패턴들로부터 의미를 찾으려고 한다. 예를 들어, 당신이 증권 거래소에 상장된 다양한 기업들에 대한 데이터들을 기계에 투입하면, 그 기계는 어떤 회사의 주식이 언제 상승하거나 하락할 가능성이 있는지를 알려주는 패턴을 찾아낼 수도 있을 것이다.

- 신경망은 데이터들에 대해 선을 긋는 것만으로는 해결할 수 없는 비선형 문제에 가장 적합하다. 예를 들어, 얼굴, 문자, 음성에 대한 인식은 모두 자연어 처리와 함께 비선형 문제들이다. 당신은 이러한 문제들을 정성스럽게 만든 몇 가지의 "if-then" 문장만으로는 해결할 수 없다. 대신 당신은 신경망을 사용하여 지도 학습으로 **분류**하거나 비지도 학습으로 **클러스터링**하는 방식으로 해결할 수 있을 것이다. 명심해야 할 점은 신경망에는 엄청난 양의 데이터와 상당한 많은 훈련이 필요하다는 것이다. 그래서 당장은 큰 투자가 필요하지만, 아마도 그 투자는 나중에 큰 이익으로 돌아올 수 있을 것이다.

끝으로, 일부 대기업들이 어떤 작업을 수행하기 위해 ML을 사용하고 있다고 해서 ML이 당신의 회사나 어떤 특정 문제에 가장 적합한 접근방법이라고 가정하지 말라. 예를 들어, 당신이 패스트푸드점에서 고객주문을 받는 기계를 만들고 싶다면, ML은 자연어 처리(NLP)를 하는 데 매우 유용하지만 사람들의 주문 패턴을 판별하는 데는 필요하지 않을 것이다. 당신은 고객이 무슨 메뉴를 주문하든지 간에 그것들과 매치시킬 수 있는 메뉴 아이템과 옵션(예 : 케첩, 겨자, 피클) 그리고 가격표를 작성함으로써 기계가 계산서를 발급할 수 있도록 하기만 하면 된다. 당신은 ML을 사용해서는 고객의 말을 해석하는 데 도움을 받을 수 있고, 전문가 시스템을 사용해서는 주문을 기록하고 처리하는 데 도움을 받을 수 있을 것이다.

일반적으로 AI 프로젝트를 시작할 때 다음과 같은 질문들을 고려할 필요가 있다. 대상 작업을 수행하려면 순차적 추론이 필요한가, 아니면 상세한 패턴 매칭만 필요한가? 쉽게 설명할 수 있는 순차적 추론 및 문제의 경우에는 심볼릭 접근방법을 고수하는 것이 바람직하다. 세금 환급 신청, 대출 신청 분석과 신청에 대한 거부 또는 승인 결정, 또는 의료 처방 오류 확인과 같은 작업들이 그 대상이 될 수 있다. 이러한 작업들은 모두 if-then 의사결정, 조치, 기호와 같은 부분들로 나누어질 수 있는 그런 문제들이다.

쉽게 설명할 수 없는 문제나 보기 드문 패턴을 다루어야 하는 과제들이라면, ML을 선택하라. 이러한 과제들은 방대한 양의 데이터로부터 패턴이나 관계를 찾아서 해결할 수 있는 신경망이 주로 다루는 유형이다.

당신이 신경 써야 할 사항은 올바른 문제에 대해 올바른 접근방법을 적용하는 것이다. 당신이 세금 환급 신청을 위한 AI 프로그램 개발에 딥러닝을 사용한다면, 몇 가지 알기 어려운 문제들을 만나게 될 수 있다. 우선 대부분의 의사결정이 블랙박스 안에서 이루어진다는 점을 들 수 있다. 그러나 기계가 세금 환급에 대한 결정을 내릴 때 당신은 기계의 논리를 꼭 알 필요는 없을 것이다.

또한 이와 같은 시스템은 업데이트하기 어려울 수 있다. 기계가 자체적으로 모델과 알고리즘을 생성하도록 만들면, 사람이 시스템에 들어가서 그것들을 변경하기가 어렵다.

이러한 다양한 AI 접근방식들에 대한 강점과 약점에 대해 더 많이 생각할수록 더 효과적인 접근방식을 찾을 가능성은 커질 것이다. AI의 최근 추세가 당신에게 가장 강력한 접근방식 또는 심지어는 가장 가치 있는 접근방식을 제공할 것이라고 가정하지 말라.

당장으로서는 약한 AI가 강력하긴 하지만 한정된 방식의 도구이다. 이 도구를 통해 당신이 원하는 것을 알아내는 데 시간을 더 많이 할애할수록, 당신은 결과에 더 만족할 수 있게 될 것이다.

요점 정리

- 빅데이터로 작업한다고 해서 반드시 머신러닝이 필요한 것은 아니다. 일반적인 데이터베이스 도구나 스프레드시트 또는 보다 지능적인 비즈니스 인텔리전스 소프트웨어만으로도 원하는 작업이 가능할 수도 있다.
- 귀납적 추론을 통해 대용량의 데이터를 기반으로 결론을 끌어내거나 예측을 하기 위한 프로그램을 개발하고자 한다면, 인공신경망에 기초한 머신러닝 기법을 사용하라.
- 일반적으로 인간이 담당하는 작업을 기계가 수행할 수 있도록 프로그램을 개발하고자 한다면, 전문가 시스템 접근법을 이용하라.

Part II
머신러닝

7

머신러닝이란 무엇인가

머신러닝(ML)은 오랫동안 존재해 왔다. 이는 당신이 머신러닝이라는 용어 자체가 약간 구식이라는 점 때문에 알아차렸을 수도 있을 것이다. 당신은 컴퓨터를 기계라고 부르는 소리를 자주 듣지는 못했을 것이다. 머신러닝이라는 용어는 1959년 컴퓨터의 개척자 아서 새뮤얼이 컴퓨터가 특정 작업을 수행하도록 명시적으로 프로그래밍되는 대신 컴퓨터가 자신의 행동을 학습할 수 있을지 궁금해하면서 시작되었다. 이것은 대부분의 컴퓨터 과학자들이 컴퓨터를 바라보던 기존 시각, 즉 컴퓨터란 무엇을 해야 하는지를 정확히 지시받는 존재라고 바라보았던 시각에 큰 변화를 초래했다.

심지어 오늘날에도 컴퓨터가 하는 일의 대부분은 프로그래머가 작성한 명령어들에 따라 수행된다. 대부분의 프로그램들은 컴퓨터에게 정확히 무엇을 해야 하는지 알려주어야 한다. 그래서 프로그래머들은 은행 애플리케이션과 같은 소프트웨어를 만들 때 명확한 사고를 해야 하는 것이다. 예를 들어, 당신이 프로그래머라면 다음과 같은 작업을 생각해볼 수 있다. 즉, 고객이 계좌의 잔고를 초과하는 금액을 인출하려고 하면 거래를 취소시키도록 할 수 있을 것이다. 이는 컴퓨터에 대한 명백한 지시이다. 즉, 컴퓨터에게 네가 이것을 보게 된다면, 이런 식으로 조치를 취하라고 지시를 내리는 것이다.

그러나 ML에서는 완전히 다른 방식의 프로그램이 수행된다. ML에서 당신은 작업을 구체적으로 명확하게 정의하지 않는다. 컴퓨터가 무엇을 해야 하는지 컴퓨터에게 명확하게 알려주는 대신, 당신은 해결하고자 하는 문제를 분석하고 해결하는 데 필요한 데이터들과 도구들을 컴퓨터에 제공해 주면 된다. 그런 다음 당신은 컴퓨터가 학습한 내용을 기억하도록 함으로써 컴퓨터가 그 문제에 대해 적응하고 발전해 나갈 수 있도록 만들면 되는 것이다(그림 7.1).

곰곰이 생각해보면, ML이 학습하는 원리는 인간이 문제를 푸는 법을 배우는 것과 별반 다르지 않다. 몇 년 전, 나는 아내와 이케아에서 컴퓨터 책상을 하나 구입했다. 우리

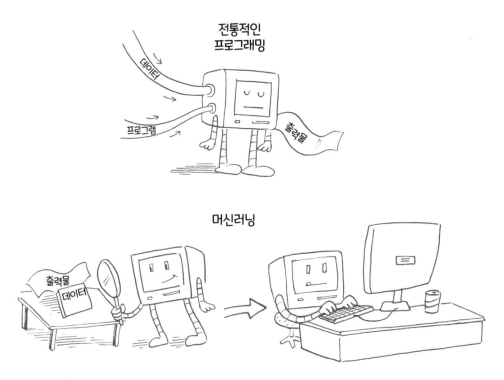

그림 7.1 전통적인 프로그래밍 vs. 머신러닝

는 집으로 가져가려고 책상이 포장된 상자를 우리 차 뒤쪽에 힘들게 집어넣었다. 집에 와서 상자를 열자 모든 부품이 보였는데, 그때 바로 우리는 실수를 했다는 것을 깨달았다. 예상했던 것보다 조립 작업이 훨씬 많이 필요했던 것이다. 그러나 나는 차마 아내에게 괜한 일을 했다고 얘기할 수 없었기에, 나는 휴먼러닝(human learning)을 시작했다.

우선 나는 조립 완성품이 어떤 모습이 되어야 하는지 떠올리기 위해 설명서를 대충 훑어보았다. 나는 주요 부품들을 바닥에 배열해 놓고 상대적인 위치를 파악한 다음, 부품들이 들어 있는 포장들을 뜯고, 다월(결합재)과 나사를 그것들이 들어갈 구멍을 가지고 있는 부품들과 매치시키기 시작했다. 나는 종종 확인을 위해 설명서를 살펴봤고, 내가 실수를 하면 옆에 있던 아들이 바로잡아주었다.

조립 부품들 중에는 예전에 본 적이 없는 이상하게 생긴 연결장치들이 몇 개 있었지만, 일단 그중 하나가 어떻게 작동하는지 시행착오를 통해 알게 되었고, 그 후에는 그 방식을 염두에 둠으로써 다른 유형의 연결장치들도 쉽게 설치할 수 있었다. 이렇게 더 많이 배워 나갈수록 설명서를 보거나 아들의 조언을 구하는 일이 점점 더 줄어들었다.

이와 같은 휴먼러닝은 더 커다란 과정의 일부였다. 나는 도전에 직면하면 그것을 극복하면서 그 도전에 대처하기 위한 규칙들을 만들어 나갔다. 내가 만든 규칙이 어떤 특정 부품이나 연결장치에 대해 적용되지 않으면, 그 피드백을 받아서 규칙을 수정해 나갔다. 또한 나는 이렇게 규칙들을 개발하고 수정해 나가는 과정을 통해 학습한 내용을 나의 기억공간에 저장해 나갔다(그림 7.2).

내가 이 조립 프로젝트를 마친 후에는 같은 제조사와 모델의 컴퓨터 책상을 조립하는 데 걸리는 시간이 아마도 이전보다 절반 이하로 줄어들게 되었을 것 같은데, 이는 조립 과정에서 배웠던 내용들을 유사한 조립 프로젝트에서 다시 사용할 수 있었기 때문이다.

ML에도 유사한 접근방식이 적용된다(그림 7.3). 사람은 기계에게 데이터와 그 데이터를 처리하는 알고리즘을 어떤 방식으로든 제공한다. 알고리즘이란 일정한 수의 단계들을 거쳐 어떤 문제를 해결할 수 있는 일련의 규칙들이다. ML의 알고리즘에는 기계가 하나의 모델을 생성하고, 어떤 예제에 대해 그 모델을 테스트한 다음, 그 결과를 반영하

휴먼러닝

그림 7.2   휴먼러닝

여 그 모델을 미세 조정하는 단계들을 수행하는 규칙들이 포함되는데, 기계는 이렇게 조정된 모델을 통해 향후 제공되는 데이터들을 정확하게 해석할 수 있게 된다. 기계가 생성하는 모델은 매우 복잡한 형태가 될 수 있기 때문에, 인간은 그 모델을 완전히 이해할 수도 있고 그렇지 못할 수도 있다.

    기계도 사람과 마찬가지로 경험(환경 또는 데이터 입력)이나 시행착오(실수) 또는 사람(훈련 및 수정)을 통해 뭔가를 배울 수 있다. 나는 컴퓨터 책상을 조립할 때, 설명서를 참조하여 부품을 조립했는데, 이 경험으로부터 다른 부품들을 어떻게 설치해야 하는지를 깨달을 수 있었다. 또한 내가 실수를 했을 때는 나는(또는 내 아들이) 수정 방안을 제시했고, 나는 이를 통해 배울 수 있었다. 이와 마찬가지로, 기계의 경우에도 작은 데이

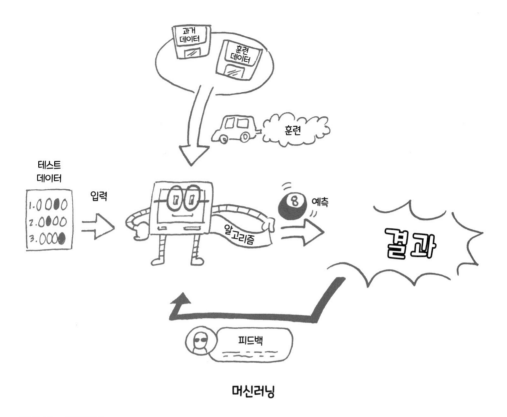

그림 7.3 머신러닝

터 세트를 가지고 시작하여, 데이터들을 산포도와 같은 차트로 표현하고, 그 데이터 세트를 설명하는 선을 그려서 모델을 생성할 수 있다. 더 많은 데이터가 제공되면, 그 기계는 다시 산포도를 작성하고 아마도 선을 다시 조정하여 더 정확한 모델을 생성해낼 수 있을 것이다. 이 기계는 그 모델을 더 정확하게 만들어 나가기 위해 이러한 과정을 여러 차례 반복적으로 수행할 수도 있다. 그런 다음 그 기계는 최종 모델을 저장해 놓고, 산포도에서 미래 시점에 해당하는 점이 어느 위치에 나타날 가능성이 있는지를 예측하는 데 그 모델을 사용할 수 있을 것이다.

기계와 나는 둘 다 새로운 지식과 전문성을 발전시켰다. 나는 책상을 조립하는 방법을 배웠고, 기계는 정확하게 예측하는 방법을 배웠다.

기계는 어떻게 학습하는가

ML에는 다음과 같은 여섯 가지의 기본 구성요소가 포함된다.

- 학습자 : 기계
- 데이터 : 기계를 훈련시키고 테스트하기 위한 입력물이기도 하며 훈련 후에는 기계를 사용하여 해석하기 위한 입력물
- 알고리즘 : 수용 가능한 범주의 결과를 예측하기 위해 입력 데이터를 수신하고 분석하는 수학 공식
- 파라미터 : 알고리즘이 작동하는 방식에 영향을 미치는 조건. 기계가 알고리즘 작동을 제어하기 위해 돌릴 수 있는 다이얼로 생각할 수 있음
- 하이퍼파라미터(hyperparameter) : 데이터를 통해서는 학습될 수 없고 인간 작업자의 몫으로 남겨진 파라미터. 이것은 일반적으로 정확한 ML 알고리즘을 선택하거나, 조정 척도(k-means 클러스터링의 k와 같은)를 제시하거나, 또는 심층 신경망의 은닉층 개수를 설정하는 것과 관련됨
- 모델 : 파라미터를 가지고 있으며 입력 데이터를 처리하고 해석하는 방법을 기계에 알려주는 알고리즘

그림 7.4는 ML의 작동 방식을 보여 준다.

1. 하이퍼파라미터를 설정함으로써 ML 알고리즘을 확정한다.
2. 일반적으로 입력물–출력물 쌍의 형태로 기계에게 데이터를 제공하라. 입력물–출력물 쌍을 질문과 답변으로 생각해 보라. 훈련하는 동안, 당신은 그 기계에게 질문들과 답변들 모두를 제공한다.
3. 기계는 알고리즘을 사용하여 입력물에 대한 계산을 수행하고, 필요에 따라 모델의 파라미터들을 조정하여 그 입력물과 관련된 출력물을 생성한다.
4. 기계는 훈련 데이터를 처리할 때, 주어진 입력물을 기반으로 출력물을 가장 정확

머신러닝

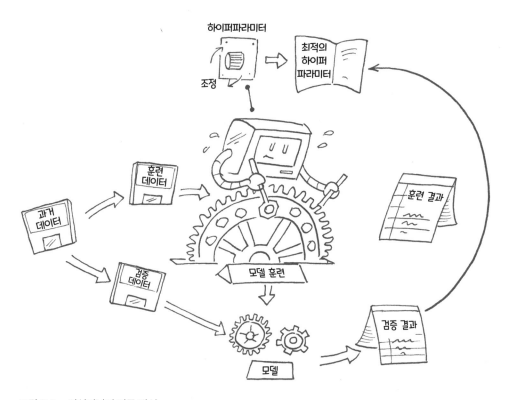

그림 7.4　머신러닝의 작동 방식

하게 계산하는 알고리즘과 파라미터들로 구성된 모델을 생성한다.

5. 기계에게 출력물이 알려져 있지 않은 입력물을 제공하면, 그 기계는 이제 계산(출력물 예측)을 할 수 있다.

다음의 간단한 예를 살펴보자. 주택의 크기와 가격 사이의 직접적인 상관관계를 보여주는 다음과 같은 입력값-출력값 쌍이 있다고 가정해 보자.

　1,000 평방피트 = $150,000

　1,500 평방피트 = $225,000

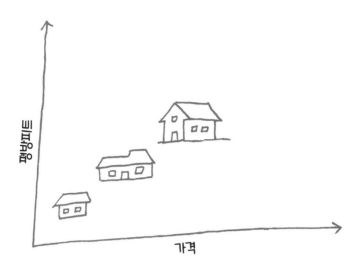

그림 7.5　처음 세 가지 데이터 쌍에 대한 그래프

<blockquote>2,000 평방피트 = $300,000</blockquote>

당신이 이 값들을 그래프로 그린다면(그림 7.5), 직선을 얻게 될 텐데, 이 직선은 선형
방정식(알고리즘) $y = mx + b$를 사용하여 설명될 수 있을 것이다. 여기서 x는 평방피트
(입력변수), y는 가격(출력변수), m은 직선의 기울기, b는 직선이 y축과 교차하는 지점
이다. 이 알고리즘에서 m과 b는 파라미터들이다. 주어진 입력값들과 출력값들을 고려
하면, 직선의 기울기(m)는 1.5이고 직선은 0(영)에서 y축과 교차한다. 따라서 기계의 초
기 모델은 $y = 1.5x + 0$이 된다.

그림 7.6은 네 번째 데이터 쌍을 추가한 것이다.

이제 기계에 3,000 평방피트 = $475,000와 같은 입력값–출력값 쌍이 입력되었다고
가정해 보자. 그 점을 그래프에 그리면 앞에서 그린 직선 위에 있지 않으므로, 기계의
모델이 100% 정확하지 않다는 것을 알 수 있다.

그 기계는 모델을 수정하기 위해, 하나 또는 두 개의 파라미터들을 조정할 수 있다.
직선의 기울기(m) 또는 y절편(b) 중 하나를 변경할 수도 있고 두 개를 모두 변경할 수도

그림 7.6 예측값 쌍을 가진 그래프

있다. 이것이 기계가 '학습'하는 방식이다.

데이터로 작업하기

컴퓨터 과학의 많은 부분은 여전히 컴퓨터에게 다양한 입력물에 대한 대응 방법을 알려주는 명령들을 작성하는 것을 다루고 있다. 당신은 사용자가 프로그램을 실행할 때마다 컴퓨터의 시계가 그 시간을 확인하여 화면에 표시해주는 '타임'이라는 간단한 프로그램을 작성할 수 있을 것이다. 여기서 입력물은 명령이고 출력물은 미리 결정된 응답이다.

기존의 프로그래밍 방식은 입력물을 출력물에 직접 연결시킬 수 있을 때에는 훌륭하지만, 입력물이 다양한 상황에서 기계가 이를 해석해야 하는 경우 또는 당신이 정확한 출력물을 염두에 두고 있지 않은 경우(기계가 출력물을 알아내기를 원할 때)에는 쓸모가 없다. 이러한 경우들이라면, 당신은 프로그래밍에 대한 보다 유연한 접근방법이 필요하다. 즉, 당신에게는 ML이 필요한 것이다.

스팸 메일을 탐지하는 프로그램을 만든다고 상상해 보라. 이러한 스팸 메일 메시지에는 일반적으로 원치 않는 광고가 포함되어 있는데, 심지어 멀웨어가 포함되어 있는 경우도 있다. 당신은 비아그라, 추첨, 또는 다이어트와 같은 단어들을 수신 메일의 제목에서 검색해 주는 스팸 메일 식별 필터를 쉽게 만들 수도 있을 것이다. 이러한 이메일 프로그램은 자동으로 이러한 스팸 메일의 메시지들을 삭제하거나 스팸 폴더로 이동시킬 것이다. 당신의 필터는 분명 많은 스팸 메시지들을 차단하겠지만, 속아 넘어가기도 쉽다. 예를 들어, 스팸 메일 발송자가 복권에서 문자 o 대신 영(0)을 사용할 수도 있다. 또한 필터는 합법적인 이메일에 대해 잘못된 양성반응 결과를 얻는 바람에 스팸으로 판정할 수도 있다. 예를 들어, 당신의 친구가 새로운 체중 감량 프로그램에 대한 이메일 메시지를 보내준 경우, 그 메일을 스팸 폴더로 이동시킬 수도 있다.

당신은 ML을 사용하면, 방대한 양의 이메일 데이터로부터 식별된 스팸 메시지들의 일반적인 패턴들을 판별해 줄 수 있는 훨씬 더 정확한 스팸 차단기를 만들 수 있다. 스팸 차단기는 이메일 메시지의 발송지, 제목이나 문장의 단어들, 메시지에 포함된 이미지의 수 또는 유형, 당신이 과거에 응답했던 이메일 메시지 등을 확인하여, 어떤 수신 메시지가 스팸이고 합법적인지 정확하게 판별할 수 있다.

지도 학습 ML에서는 세 가지 유형의 데이터가 사용된다(그림 7.7).

- **훈련 데이터**: 훈련 데이터는 기계가 인사이트를 추출하거나 미래의 입력물을 기반으로 예측 작업을 수행하는 데 사용할 수 있는 패턴, 즉 모델을 개발하는 데 있어 알고리즘과 함께 사용된다. 스팸 메일 예에서, 훈련 데이터로는 스팸으로 알려진 이메일 메시지들과 합법적인 것으로 알려진 메시지들이 사용될 수 있다.

- **테스트 데이터**: 테스트 데이터는 기계가 모델을 학습한 후에 그 모델의 성능을 평가하는 데 사용된다. 테스트 데이터에는 훈련 데이터가 포함되지 않는다. 스팸 메일의 예에서, 테스트 데이터로는 이메일 메시지들(일부는 스팸이고 일부는 합법적인)이 사용될 수 있는데, 이 데이터들은 기계가 스팸 메일과 그렇지 않은 메일을

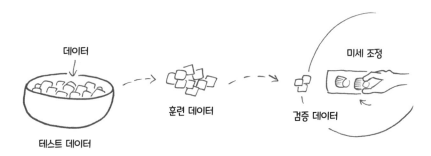

지도 학습에서 사용되는 세 가지 유형의 데이터

그림 7.7   지도 학습에서 사용되는 세 가지 유형의 데이터

정확히 구분할 수 있는지 확인하기 위해 사용된다.

- 검증 데이터 : 검증 데이터는 훈련 데이터의 일부로서 ML 모델의 파라미터들을 조정하는 데 사용된다. 스팸 메일 예에서, 검증 데이터로는 원본 데이터인 이메일 메시지의 일부가 사용될 수 있다. 이러한 이메일은 모델이 스팸 메시지를 '스팸'으로 올바르게 식별하는지 확인하는 데 사용하기 위해 미리 따로 보관된다.

당신은 기존 프로그래밍을 사용하면 다음과 같은 프로그램을 만들 수 있을지도 모른다. 즉, 이메일에 이러저러한 단어들이 포함되어 있으면 스팸 폴더로 보내고, 그렇지 않으면 받은 편지함으로 보내는 프로그램(그림 7.8). 이러한 단어들 중 하나라도 변경되면, 당신은 프로그램을 다시 작성해야 한다. 반면 ML을 사용하면, 기계가 스팸의 특성들을 식별 및 학습하여 스팸을 판별할 수 있는 모델을 생성한다. 이러한 특성들이 변경되거나 기계가 스팸으로 표시한 이메일을 사용자가 문제없는 이메일로 표시하면, 그 기계는 스스로 자신의 모델을 수정한다. 즉, 기존의 프로그램들은 학습할 수 없지만 ML을 사용하는 기계들은 학습할 수 있다.

ML은 좋든 싫든 여전히 사람의 개입이 필요할 수 있다는 점을 명심하라. 프로그래머는 알고리즘과 데이터를 제공하며, 기계는 스팸과 스팸이 아닌 것을 결정한다. ML의

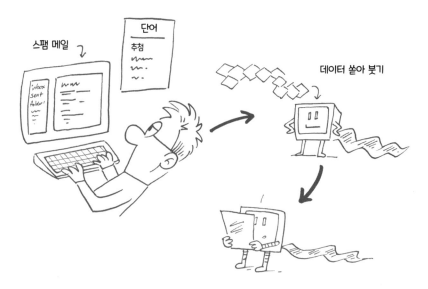

머신러닝의 스팸 메일 탐지

그림 7.8   머신러닝의 스팸 메일 탐지

단점 중 하나는 사람이 데이터를 선택해야 하는데, 만약 이러한 데이터 선택에 있어 어떤 종류의 편향이 있으면 그 편향이 기계로 전달된다는 것이다. 또한 이와 마찬가지로, 사람이 잘못된 알고리즘을 선택하게 되면 기계가 적절한 판별을 할 수 없게 된다는 것이다. 기존 프로그래밍과 ML의 공통점이 있다면, 그것은 바로 GIGO(garbage in, garbage out)이다.

머신러닝의 적용

ML은 이미 많은 산업 분야에서 널리 사용되고 있다. ML은 잠김 방지 브레이크, 비행기의 자동 조종, 검색엔진, 제품 추천, 지도 및 운전 경로, 스팸 검색기, 언어 번역, 개인 정보 비서, 날씨 지도 등에 사용되고 있다. 어떤 조직이 데이터들을 많이 가지고 있으며 그 데이터들을 이해하고 사용하는 데 있어 더 나은 방법을 찾고 있다면, 그러한 조직은

ML 기술의 이점을 누릴 수 있다.

그동안 많은 회사가 사용자를 잘 이해할 수 있도록 도와주는 ML 기반의 플랫폼 환경을 구축함으로써 매우 수익성 있는 비즈니스를 구축해 올 수 있었다. 구글, 페이스북, 애플, 링크드인, 트위터는 모두 ML을 이용하여 당신이 관심을 가질 만한 데이터들에 액세스할 수 있도록 해 준다. 일부 회사들은 당신의 검색 기록이나 개인적 또는 업무적 네트워크에 대한 분석까지 함으로써 심지어 프라이버시를 침해하기도 한다. 이러한 회사들은 당신에 대한 분석을 많이 할수록 당신에게 더욱 맞춤화된 서비스를 제공할 수 있게 된다. 이러한 이유로 페이스북은 당신에게 완전히 고유한 뉴스 피드 서비스를 제공할 수 있는 것이다. 또한 두 사람이 동일한 검색어를 가지고 구글링해도 서로 전혀 다른 결과를 얻게 될 수가 있는데, 이 역시 이러한 이유 때문이다.

당신은 웹사이트에서 '추천하기'와 같은 버튼을 만날 때, 언제든 ML의 이점을 누릴 수 있는 가능성이 있다. 아마존은 당신의 이전 구매를 검토하고 ML을 사용하여 당신이 좋아할 만한 다른 제품을 추천할 수 있다. 넷플릭스는 당신의 영화 취향을 파악하여 당신이 좋아할 만한 다른 컨텐츠를 제안하기 위해 노력한다. 유튜브는 당신이 시청한 내용을 파악하여 당신에게 관련 동영상들을 추천한다. 이러한 온라인 서비스들은 모두 ML을 사용하여 당신을 평생 고객, 즉 평생 사용자로 만들려고 애쓰고 있다.

어떤 다른 조직들에서는 자동 번역 서비스를 제공하기 위해 ML을 사용하기도 한다. 유튜브는 ML을 사용하여 동영상을 번역하여 자막을 제공할 수도 있다. 또 어떤 사이트들은 이와 비슷한 ML 기술을 사용하여 자막을 다른 언어로 번역해서 제공해 주기도 한다. 또 다른 서비스들은 ML로 구동되는 자연어 처리(NLP)를 통해 자막을 사람 목소리와 비슷하게 들리는 합성 음성으로 번역해서 제공해 주기도 한다.

컴퓨터는 ML을 통한 AI의 힘을 활용함으로써 방대한 데이터 세트를 처리하고 그 데이터로부터 귀중한 정보를 추출한다. 컴퓨터는 인간이 스스로는 감지할 수 없고 찾을 생각조차 할 수 없는 연결관계를 데이터들로부터 찾아낼 수 있다. 우리는 이러한 지능적인 컴퓨터들이 어떻게 그러한 연결관계들을 찾아냈는지 때로는 이해할 수도 있지만 그렇지 못할 때도 종종 있다.

ML의 가장 흥미로운 점 중 하나는 ML이 휴먼러닝, 즉 사람의 학습 방식을 그대로 따라하지 않는다는 점이다. ML은 연결관계들을 찾아내고, 결정을 내리고, 더 큰 이해를 얻는 데 있어, 완전히 다른 방식을 사용한다. 따라서 당신이 조직에서 ML을 사용할 계획이라면, 당신은 기계가 학습하는 방식에 대해 생각하기 시작해야 한다. 그래야 비로소 당신은 당신이 원하는 작업을 기계가 수행하도록 하는 데 필요한 데이터의 수집을 시작할 수 있게 될 것이다.

ML은 기업이 대규모 데이터 세트를 보유하기 전까지는 실제로 속도를 낼 수 없는데, 이는 결코 우연이 아니다. 데이터는 ML을 작동시키는 연료이기 때문이다. 그래서 ML을 사용했던 초기의 회사들을 보면 대규모의 데이터 세트에 접근할 수 있었던 회사들이 ML의 혜택을 크게 누릴 수 있었던 것이다. 데이터는 기계가 무엇을 학습하는지, 얼마나 잘 학습하는지, 얼마나 빨리 학습하는지와 관련하여 중요한 역할을 한다. 일반적으로 데이터가 많을수록 그리고 데이터가 더 적절할수록 기계가 유용한 인사이트를 더 빨리 제공하기 시작할 것이다.

따라서 당신은 ML 프로젝트를 시작하기 전에 당신의 데이터에 대해 충분히 생각해야 한다. 데이터의 품질은 높은가? 데이터의 양은 컴퓨터가 새로운 것을 배울 만큼 충분한가(그림 7.9)? 데이터의 범위는 당신이 기계에게 요청한 작업이 무엇이든 간에 그것들을 수행하는 데 필요한 만큼 충분히 다양한가? 데이터의 범위가 넓을수록 흥미로운 것을 찾아낼 수 있는 가능성이 높아진다. 당신은 당신의 컴퓨터 프로그램이 열쇠 구멍을 통해 문제를 바라보길 원치 않을 것이다. 당신이 ML 기술을 사용할 계획이라면, 다양한 고품질의 데이터를 수집하기 위한 전략들을 생각해 볼 필요가 있다.

다양한 학습 유형

많은 사람은 ML을 잠시 사용되어 온 그 어떤 것에 대한 또 다른 이름으로 생각하기도

그림 7.9 기계는 데이터의 양이 많을수록 더 많이 배울 수 있다

한다. 또 다른 어떤 사람들은 ML을 통계학과 동의어이거나 데이터 과학에 대해 이야기하는 하나의 새로운 방식에 불과하다는 오해를 하기도 한다. 이러한 오해를 피하기 위해서는 당신이 ML을 생각할 때 학습이라는 용어에 집중할 필요가 있다. ML은 분명 통계학을 사용하고 있으며 통계학과 ML은 모두 데이터 과학의 구성 요소이지만, ML은 이 두 분야 중 그 어느 것과도 동일하지는 않다. 학습이라는 특성 때문에 우리는 ML을 고유한 영역으로 볼 수 있다.

ML을 이해하는 핵심은 학습의 의미에 초점을 맞추는 것이다. 사람들이 새로운 무엇인가를 배우기 위해 사용하는 전략들은 무엇인가? 이러한 전략들을 기계에 어떻게 적용할 수 있는가? 당신이 학습에 초점을 맞춰서 ML을 바라보면, ML이 문제 해결을 위한 또 하나의 매우 다른 접근방법이라는 것을 깨달을 수 있을 것이다.

당신이 체스 게임을 배우고 싶어 한다고 상상해 보자. 당신은 이 게임을 여러 가지 방식으로 배울 수 있을 것이다. 당신은 체스 교사를 고용하여, 다양한 체스 말의 종류들과 그것들을 체스 판에서 어떻게 움직일 수 있는지 설명을 통해 배울 수도 있을 것이다. 또는 체스 교사와 시합을 해가면서, 자신의 움직임을 지도받고 전략들을 추천받는 방식으로 배울 수도 있을 것이다. 당신은 체스 게임에 대한 숙련도가 높아짐에 따라 지도 없

이도 게임을 할 수 있게 될 것이며, 아마도 심지어는 자신만의 전략도 스스로 개발할 수
있게 될 것이다(그림 7.10).

또 다른 방법은 공원에 가서 사람들이 어떻게 게임을 하는지 보는 것이다. 당신은 어
정쩡하게 서서 게임하는 사람들의 어깨 너머로 그들이 체스 판 위에서 말들을 어떻게
움직이는지 관찰할 수 있을 것이다. 당신이 이 작업을 충분히 오랫동안 한다면 이 게임
을 이해하게 될 수도 있을 것이다. 체스 말들의 이름은 모를 수도 있지만, 관찰을 통해
그 말들의 움직임과 여러 전략들을 이해하게 될 수도 있을 것이다.

당신은 이러한 두 가지의 접근방법을 조합하여 시도해 볼 수도 있다. 체스 교사가 당
신에게 기본 규칙을 설명해 주고 나면, 당신은 다른 사람들이 어떻게 게임을 하는지 관
찰하는 것이다. 교사를 통해서는 이 게임을 전반적으로 이해하고 다양한 말의 이름을
익히고, 게임 관찰을 통해서는 새로운 전략들을 익히고 자신의 실력을 향상시킬 수 있

비지도

수많은 횟수의 체스 게임

룩*

지도 학습

*체스 말의 한 종류

그림 7.10 지도 학습 vs. 비지도 학습

을 것이다.

이러한 세 가지 학습 방법은 기계가 자주 사용하는 방법과 유사하다.

- **지도 학습**(supervised learning) : 여기에서 당신은 기계의 교사처럼 행동한다. 당신은 기계가 따라야 할 지침들과 더불어 일부 훈련 데이터를 제공하고, 기계가 실수를 했을 때는 이를 기계에게 알려 준다.
- **비지도 학습**(unsupervised learning) : 당신이 기계에게 데이터를 제공하면 기계는 스스로 해당 데이터로부터 패턴을 발견하고 데이터 해석에 필요한 규칙들과 전략들을 파악한다.
- **준지도 학습**(semi-supervised learning) : 이 접근방법은 지도 학습과 비지도 학습을 결합한 것이다. 당신이 기계를 약간만 훈련시켜서 기계가 전반적인 내용을 이해하게 되면, 그다음부터 기계는 데이터에 대한 검토를 기반으로 자신이 스스로 규칙들과 전략들을 개발한다.

이와 같은 접근방법들은 각각 강점과 약점을 가지고 있다. 지도 학습을 위해서는 지식이 풍부한 트레이너가 필요하다. 체스 예에서는 체스의 고수나 게임을 잘 알고 가르칠 수 있는 사람이 필요하다. 그러나 이 접근방법은 체스와 같이 1,500년 된 게임에는 적합하지만, 기계가 획기적인 프로젝트를 수행할 수 있도록 훈련시킬 사람을 찾는 데는 어려움을 겪을 수 있다.

당신이 비지도 학습을 사용하는 경우에는 많은 데이터에 액세스해야 한다. 체스의 경우, 당신은 공원이나 마을 센터에서 사람들이 게임을 하는 모습을 지켜보면서 게임을 배우거나, 아니면 유명한 게임을 화면으로 보여주는 컴퓨터 프로그램을 통해 게임을 배울 수 있다. 당신은 초보자가 아닌 훌륭한 선수의 게임을 보고 싶어 할 것이다. 당신이 기계에게 양질의 데이터를 확실히 제공하는 것이 비지도 ML에 대한 도전과제라 할 수 있다. 쓰레기가 투입되면, 쓰레기가 나온다는 것을 기억하라.

당신이 준지도 학습을 사용하는 경우에는 도전과제가 두 배로 늘어날 것이다. 당신은 자격을 갖춘 트레이너를 찾아야 하고, 양질의 데이터를 기계에 입력해야 한다. 당신이 이러한 노력 중 하나라도 실패하면, 아마도 기계의 성과에 대해 실망하게 될 것이다.

당신이 어떤 접근방법이 가장 효과적인지 결정할 수 있다 하더라도, 종종 실제 사용 가능한 방법을 통해 최선을 다해야 하는 경우들이 발생할 수 있다. 만약 당신이 트레이너를 찾을 수 없다면, 더 많은 그리고 더 나은 데이터를 확보해야 한다. 당신이 훌륭한 데이터를 충분히 확보할 수 없다면, 뛰어난 트레이너를 찾아야 한다. 준지도 학습은 트레이너와 충분한 양의 질 높은 데이터, 이 두 가지 모두를 확보할 수 있는 경우에만 수행 가능하다.

기계의 다양한 학습 방법에 대한 보다 심층적인 논의는 다음 장을 참조하라.

요점 정리

- 전통적인 컴퓨터 프로그래밍 방식에서는 컴퓨터(기계)가 정확히 무엇을 어떻게 해야 하는지를 알려주는 명령어들을 작성한다.
- 머신러닝 방식에서는 데이터 해석 방법을 학습하는 하나 이상의 알고리즘(규칙들의 집합)을 기계에 제공한다. 그런 다음 기계에 훈련 데이터를 제공한다. 그러면 기계는 알고리즘과 훈련 데이터를 사용하여 해당 데이터를 해석하는 모델을 생성한다. 데이터가 추가로 더 제공되면, 기계는 모델을 조정하는 과정을 통해 미래의 데이터를 정확하게 해석하는 방법을 '학습'해 나갈 수 있다.
- 기존의 프로그래밍 방식은 입력물을 출력물에 직접 연결시킬 수 있을 때 효과적이지만, 기계가 스스로 입력물과 출력물 간의 관계를 알아내기를 원하는 경우에는 쓸모가 없다.
- 기계는 훈련 데이터를 사용하여 데이터에서 인사이트를 추출하거나 미래 입력물을 바탕으로 한 예측 모델을 개발한다. 기계는 테스트 데이터를 사용하여 모델을 검증하고 미세 조정을 한다.

- ML은 더 개인화된 서비스, 더 나은 제품 추천, 대화형 지도 및 주행도로 안내, 개인용 디지털 비서, 스팸 방지 유틸리티 등의 형태로 이미 사용자들에게 혜택을 제공하고 있다.

- 기계는 지도, 비지도, 준지도 학습과 같이 다양한 방식들을 통해 학습한다.

- 데이터는 ML을 구동시키는 연료이다.

8

머신러닝의 유형

이 장의 주제

- 지도 학습
- 비지도 학습
- 준지도 학습
- 강화 학습

사람들은 읽기, 듣기, 관찰하기, 감지하기, 느끼기, 놀기, 상호작용하기, 비교하기, 경험하기, 추론하기, 가르치기, 시행착오 등등을 통해 온갖 종류의 방법을 배운다. 이러한 행위들은 현상적인 것에 불과하다. 보다 본질적인 관점에서, 과학자들은 뇌가 어떻게 작동하는지 알아내고 뇌가 새로운 것을 배우는 여러 가지 방법을 파악하려고 계속해서 노력 중이다.

기계에 있어서도 마찬가지이다. 기계들은 다양한 방법들과 그것들의 조합을 통해 배운다. 인공지능(AI) 전문가들은 그동안 기계가 학습할 수 있도록 여러 가지 방법을 개발했지만, 여전히 더 새로운 방법을 개발하고 다양한 기술들을 결합하는 방법을 이해하려고 노력하고 있다. 이 장에서는 몇 가지 일반적인 방법을 살펴보고자 한다.

지도 머신러닝

당신이 관련 데이터에 대해 충분히 알고 있다면 지도 학습을 통해 기계가 연결관계를 파악할 수 있도록 도울 수 있다. **지도 학습**에서는 알려진 결과와 해당 결과에 영향을 주는 변수 간의 연결관계를 기계에게 보여줄 수 있다. 예를 들어, 회사에서 집까지 운전하는 데 걸리는 시간은 기상 조건, 교통 상황, 시간에 따라 달라진다. 머신러닝(ML)에서는 집까지 운전하는 데 걸리는 시간을 **종속변수**라고 하고 여기에 영향을 미치는 조건을 **독립변수**라고 한다(그림 8.1).

당신은 각 변수(운전 시간, 기상 조건, 교통 상황, 시간)에 관한 열들이 포함된 데이터 테이블이나 스프레드시트를 만든 다음, 지난 달에 직장까지 운전한 데이터를 입력할 수 있을 것이다. ML에서는 이러한 테이블을 레이블링된 데이터(labeled data)라고 부르는데, 이는 모든 데이터들이 이름으로 식별되기 때문이다. 이러한 테이블과 여기에 포함된 데

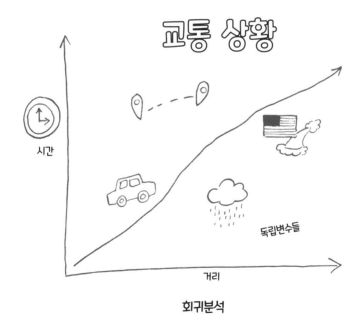

그림 8.1   독립변수와 종속변수

이터들은 훈련 데이터의 역할을 한다. 이러한 데이터들을 기계에 넣으면 기계는 패턴을 식별한다. 예를 들어, 교통량이 많을 경우에는 집까지 운전하는 데 걸리는 시간이 교통량이 적을 때보다 평균 30분이 더 걸리는 패턴이 식별될 수도 있다. 또한 이 기계는 퇴근 시간과 집까지 운전해서 가는 시간 간의 연관관계를 찾아낼 수도 있을 것이다.

기계(컴퓨터)는 모든 데이터를 검토하여, ⓐ 교통량이 적은지, 많은지, 보통인지, ⓑ 비가 오는지, 화창한지, 맑은지, ⓒ 직장에서 출발한 시간은 언제인지 등과 같은 조건들의 조합을 바탕으로 운전 시간을 예측할 수 있는 모델을 만든다. 이 모델은 입력한 조건에 따라서 실제 운전 시간과 10~15분 이내의 차이를 보이는 운전 시간을 예측할 수 있을 것이다. 이러한 예측 능력은 꽤 좋은 것으로 보일 수도 있지만, 당신은 더 정확한 답변을 원할 수도 있다.

이제 당신은 테스트 데이터를 기계에 공급할 수 있다고 해 보자. 그 테스트 데이터는 기계가 훈련 데이터를 통해 배우는 동안에는 기계에서 다루어지지 않는다. 테스트 데이터는 이전에는 관찰되지 않았을 수도 있는 시나리오를 따른다. 이상적으로는 종속변수를 확실하게 예측하기 위해서는 가능한 모든 독립변수를 사용하는 것이 좋다고 생각할 수도 있다. 그러나 독립변수의 수가 증가하고 독립변수가 숫자형 데이터를 가지는 경우, 독립변수가 취할 수 있는 값은 무한하다. 따라서 가능한 모든 훈련 데이터를 수집하고 활용하는 것은 불가능하다. 기계는 실제로 걸리는 운전 시간을 고려하지 않고, 단지 예측을 위해 생성한 모델을 사용할 뿐이다. 이 모델은 샘플 테스트 데이터를 통해 종속변수의 값을 예측하기 위해 다양한 방식으로 작동할 수 있다. 이 모델은 단순히 훈련을 통해 배운 규칙을 따라 작동하거나 독립변수들이 선형적으로 결합된 형태로 작동할 수도 있고, 아니면 독립변수들이 수학적으로 복잡하고 해석할 수 없는 방식으로 결합된 형태로 작동할 수도 있다. 기계는 예측 결과를 실제로 소요된 운전 시간과 비교할 수도 있다. 예측이 매우 정확하지 않은 경우에는 분석자가 하이퍼파라미터들을 조정한 후(또는 다른 새로운 알고리즘을 적용한 후) 기계가 다시 예측을 시도할 수도 있을 것이다. 이러한 과정은 모델이 실제 운전 시간에 훨씬 더 근접한 예측 결과를 생성할 때까지 여러 번 반복될 수도 있다.

지도 학습은 자동차 운전과 같이 어떤 새로운 것을 배우는 과정과 크게 다르지 않다
(그림 8.2).

운전을 배우는 과정은 가속, 제동, 정지, 회전, 후진과 같은 기본 사항들을 가르쳐 주
는 강사와 함께 작은 주차장에서 시작할 수도 있을 것이다. 운전에 관한 기본 사항들에
익숙해지면, 그 주차장을 벗어나 운행 지역을 동네로 확장하게 될 것이다. 그곳에서는

훈련 데이터 세트

테스트 데이터 세트

그림 8.2   훈련 데이터 세트 및 테스트 데이터 세트

신호등, 정지 표지판, 속도 제한 표지판 등을 만나게 될 것이며, 이에 대한 대처 능력의 향상을 요구받게 될 것이다. 골목길에 자신이 있으면 이제 넓은 길로 나가게 될 텐데, 거기서는 고속도로의 방향이나 고속도로의 진출입구를 찾아야 한다. 이처럼 당신은 운전에 관한 것들은 모두 한 번에 마스터할 수는 없다. 당신이 운전을 배워 나가는 과정은 자신의 마음속에 구축한 모델을 시간이 지남에 따라 점진적으로 조정해 나가는 과정이라 할 수 있다.

지도 학습의 핵심은 데이터[독립변수(입력) 및 종속변수(출력)에 대한 데이터]에 대해 충분히 알고 기계를 훈련시키는 것이다. 우리는 독립변수가 종속변수에 어떤 영향을 미치는지 알 수는 있지만, 그 영향의 실체가 무엇인지 또는 독립변수들의 조합이 종속변수에 어떤 과정을 통해 영향을 미칠지는 정확히 알지 못한다. 이러한 부분들이 바로 기계가 감당해야 하는 일이다. 기계는 모델을 생성한다. 당신이 기계에 데이터를 더 많이 입력할수록 기계는 모델이 데이터를 더 정확하게 반영할 수 있도록 모델을 조정한다.

비지도 머신러닝

비지도 머신러닝은 인간이 관찰과 시행착오를 통해 학습하는 방식과 같다. 그것은 아마도 사람들이 무엇인가를 배우는 데 있어 가장 자연스러운 방식일 것이다. 이러한 과정은 대부분의 유아가 기어 다니고, 걷고, 말하고, 손뼉치는 방법을 배우는 과정과 같다. 유아들이 보고 듣는 과정을 통해 개발된 두뇌는 패턴을 식별하고 추론하며 새로운 신경망을 만들어냄으로써, 학습한 내용을 이해하고 새로 습득한 지식을 사용하여 이러한 활동을 수행한다. 유아들은 기고, 걷고, 말하고, 손뼉치는 법을 배울 때, 보통 이러한 기술을 무엇이라고 불러야 하는지조차 모른다.

레이블링된 데이터(종속 및 독립 변수)를 활용하는 지도 학습과는 달리, 당신은 기계에게 레이블링되지 않은 데이터와 알고리즘을 제공하고 기계가 이를 해석하도록 할 수 있다. 레이블링되지 않은 데이터를 활용한다는 것은 하나 이상의 독립변수는 있지만 종속변수는 없는 상황을 의미한다. 부모가 자녀가 말을 시작할 때 무엇을 말할지 예측할 수 없는 것처럼, 당신은 기계가 무엇을 제시할지, 그 결과물은 어떤 형태일지 예측할 수 없다.

비지도 학습을 이런 식으로 한번 생각해 보라. 지난 몇 년간 핼러윈 데이가 되면, 매번 내 아들은 '트릭 오어 트릿(trick-or-treat, 과자 안 주면 장난칠 거예요)'을 외치며 돌아다녔다.

밤이 끝나갈 때 즈음이 되면, 아들은 수백 개의 서로 다른 작은 사탕들로 가득 찬 가방을 가지고 집으로 돌아온다(그림 8.3). 그리고 나서 아들이 가장 하고 싶어 하는 첫 번째 일은 자신의 선호도를 바탕으로 사탕들을 분류하는 것이다. 이러한 일을 머신러닝에서는 다중 클래스 분류 문제(multiclass classification problem)라고 한다.

나의 아들은 사탕을 분류하는 방법을 알기 전에, 지도 학습 또는 비지도 학습을 통해 사탕을 분류하는 방법을 배울 수도 있었을 것이다. 지도 학습 방식과 관련해서는, 나는 아들에게 초콜릿, 견과류가 든 초콜릿, 과일 카라멜, 일반 사탕, 박하사탕, 껌, 막대 사탕 등을 무리 지어 보여줌으로써 기본 지식들을 가르칠 수도 있었을 것이다. 나는 아들에게 레이블링된 각 데이터들에 대한 주요한 특성들을 설명해 줄 수도 있었을 것이다.

그림 8.3　트릭 오어 트릿 다중 클래스 분류 문제

박하사탕은 일반적으로 작으며 치약 냄새와 비슷한 냄새가 난다든지, 과일 카라멜은 물
컹물컹하다든지, 껌은 일반적으로 직사각형 모양으로 생겼다든지, 막대 사탕에는 막대
기가 붙어 있다든지 하는 그런 특성들 말이다. 나는 일부 사탕들을 여러 그룹들로 분류
하여 훈련 데이터 세트를 만들 수도 있을 것이고, 아들은 나머지 사탕들을 가지고 이러
한 그룹들로 분류하려고 시도할 수도 있을 것이며, 나는 아들이 실수를 했을 때 그 실수
를 정정해줄 수도 있을 것이다.

　다른 옵션은 비지도 학습을 사용하는 것이다(그림 8.4). 우리는 사탕을 테이블에 아
무렇게나 내려놓고 나는 아들에게 비슷한 사탕들로 그루핑하여 분류하라고 말한다. 이
접근방법을 사용하면, 나는 아들이 그 사탕들을 어떻게 그루핑하는지 알 수 없을 것이
다. 아들은 사탕들을 색깔, 모양, 크기, 딱딱한 정도, 냄새, 포장 등에 따라 분류할 수 있
을 것이다. 또는 아들은 내가 상상하지도 못했던 기준을 생각해 낼 수도 있을 것이다.
내 아들에게는 다른 나라에 생활하고 있는 조부모가 계시다. 매년 그 조부모께서는 그

그림 8.4　비지도 학습

지역의 다양한 가게들에서 구입했거나 친구들로부터 받은 사탕을 큰 가방에 넣어 내 아들에게 보내주신다. 어느 해, 내 아들은 장미와 오렌지 꽃으로 만든 사탕들을 대상으로 '향기 캔디'라는 그룹을 만들었다.

비지도 머신러닝을 사용하는 경우, 당신은 기계에게 데이터와 알고리즘을 제공함으로써 기계로 하여금 데이터에 대한 해석 방법을 익힐 수 있도록 할 수 있다. 제약회사들은 이러한 접근방법을 사용하여 약제들이 다른 질병 치료에도 사용될 수 있는지를 파악하려 노력하고 있다. 제약회사들은 기존의 어떤 관심 약제의 화학 성분들과 함께 다른 수천 가지 다른 약제의 화학 성분들을 기계에 제공할 수 있다. 그러면 그 기계는 비교 과정을 통해 그 특정 약제와 유사한 화학 성분을 가진 약제들의 목록을 뽑아 낼 수 있다. 그다음 제약회사는 이렇게 도출된 약제들이 치료에 사용될 수 있는 질병을 조사함으로써, 그 관심 약제가 일부 수정을 통해서 또는 수정 없이도 다른 질병을 치료하는 데 유용할 수 있는지 여부를 밝혀낼 수 있다. 대부분의 비지도 알고리즘은 유사성 개념을 바탕으로 역할을 수행한다. 이러한 알고리즘은 선택된 유사성 기준을 바탕으로 상이한 객체들을 그룹화할 수 있다. 적용된 유사성 기준을 고려할 때, 한 그룹 내의 객체들은 다른 그룹의 객체들보다 서로 더 유사해야 한다.

비지도 머신러닝 성공의 핵심은 방대한 양의 데이터에 엑세스하는 것이다. 기계가 접근할 수 있는 데이터가 많을수록 기계가 가치 있는 그룹화로 이어질 수 있는 패턴들을 더 쉽게 관찰하고 식별할 수 있게 되기 때문이다.

준지도 머신러닝

준지도 학습은 지도 및 비지도 머신러닝의 장점을 모두 갖춘 교차적 접근방식이다. 준지도 학습의 경우, 기계에게 초기 지시를 내리고, 이후 기계로 하여금 세부적인 사항들을 처리하도록 만든다. 본질적으로, 준지도 학습 시나리오를 따를 때, 레이블링된 데이터는 조금 필요한 반면 레이블링되지 않은 데이터는 많이 필요하다.

지금 당신은 음성 메일을 텍스트로 변환하는 머신러닝 프로그램을 만들고 싶어 한다고 가정해 보자. 음성 메일의 모든 단어들과 그 단어들에 대한 모든 소리에 레이블을 지정하는 것은 노동력이 너무 많이 필요한 작업이어서, 지도 학습만 사용하여 진행하기에는 매우 곤란할 것이다. 당신이 모든 가능한 말과 그 말에 대한 사람들의 다양한 변형을 모두 번역하기에 충분한 양의 훈련 데이터를 마련하는 것은 아마도 불가능한 일일 것이다. 한편, 기계가 텍스트와 오디오와 같이 서로 이질적인 데이터들의 패턴들을 스스로 식별해내지 못할 수도 있기 때문에, 전적으로 비지도 학습만 사용할 수도 없을 것이다.

이러한 맥락에서, 한 가지 가능한 해결책이 바로 준지도 학습을 사용하는 것이다. 준지도 학습은 지도 학습에서와 같이 레이블링된 소량의 훈련 데이터들(자주 사용되는 단어들과 구문들 그리고 그것들에 대한 음성들)을 가지고 시작하게 될 것이다. 당신은 기계에게 이러한 훈련 데이터들을 제공한 다음, 기계가 레이블링되지 않은 데이터들에서 패턴들을 찾도록 도와주는 가이드라인을 기계에게 제공하면 된다. 기본적으로 기계는 레이블링된 데이터들로부터 지식을 얻어 내고, 그다음 그 지식을 활용하여 레이블링되지 않은 데이터들을 해석하는 과정을 수행하게 되는 것이다.

준지도 학습에서 프로그램은 레이블링된 데이터를 사용함으로써, 일종의 귀납적 추론(inductive reasoning) 방식을 통해 어휘들을 늘려나갈 수도 있을 것이다. 훈련 데이터에 '포토'라는 단어와 '포토'라는 소리가 포함되어 있다면, 기계는 귀납적 추론을 통해 '포토그래피(촬영술)', '포토그래퍼(사진작가)', '포토카피(복사)' 또는 심지어 '포토 토피도(광자 어뢰)'라는 단어들까지도 그것들과 상응하는 음성들과 연결시킬 수 있을 것이다(그림 8.5).

기계는 단어와 음성 간에 새로운 연결관계를 맺을 때마다 모델을 개선하고 그 관계를 메모리에 추가한다.

그러나 귀납적 추론은 기계가 학습에 사용할 수 있는 유일한 형태의 추론 방식은 아니다. 기계는 데이터에 대해 자신이 이미 알고 있는 것들의 범주로 가능한 연결관계들을 한정시키는 **전환적 추론**(transductive reasoning)을 사용할 수 있다. 예를 들어, 음성 메

그림 8.5 준지도 학습

일에는 일반적으로 사람, 장소 또는 사물에 대한 정보가 포함된다. 이러한 음성 메일에는 날짜, 시간, 회신 번호가 포함될 가능성이 높다. 이러한 음성 메일 메시지의 전형적인 예로는 "안녕, 제프(Jeff). 다음 주 화요일에 우리 만나기로 한 것을 확인하기 위해 전화를 한번 했어요. 혹시 변동사항이 있으면 연락주세요"와 같은 것을 들 수 있다. 이러한 메시지는 당신이 레스토랑에서 들을 수 있는 주변 사람들의 수다를 무작위로 녹음한 오디오 샘플과는 매우 다르다. 전환적 추론은 레이블링되지 않은 데이터의 내용을 더 잘 추측하려는 노력을 통해 모델 개선을 추구한다.

준지도 학습은 그렇게 일반적이지는 않지만 특정 애플리케이션에서는 잘 작동된다. 준지도 학습은 데이터 세트가 너무 커서 지도 학습이 실용적이지 않을 때 그리고 기계가 유용한 그룹들을 만드는 것이 그렇게 어렵지 않을 때, 종종 잘 작동된다. 당신은 준지도 학습이 웹페이지를 서로 다른 범주들로 분류하거나 다양한 곤충 사진들을 그루핑하는 데 사용되는 경우들을 볼 수 있을 것이다.

준지도 학습에 대해서 기억해야 할 핵심은 다른 두 학습 방식 중 하나가 문제를 해결하는 데 어려움이 있을 때에만 준지도 학습이 의미가 있다는 것이다. 또한 귀납적 추론과 전환적 추론은 더 큰 오류 또는 잘못 레이블링된 데이터를 발생시킬 수 있다는 점도 명심해야 한다. 이러한 맥락에서 당신은 이러한 추론 방식들을 머신러닝 알고리즘의 출발점이 아니라 문제에 대한 해결방안으로 바라보려는 자세가 필요하다.

강화 학습

머신러닝의 유형 중 지난 몇 년간 많은 주목을 받은 것 중 하나가 바로 **강화 학습**(reinforcement learning), 즉 기계의 성과에 대해 보상 개념을 적용한 기법이었다.

내가 어렸을 때 비디오 게임을 하는 대부분의 사람들은 특히 '퐁(핑퐁의 줄임말)'이라는 게임을 좋아했다. 이 게임에서는 당신과 상대방(사람 또는 컴퓨터)이 중앙에 그어진 '네트(net)'의 양쪽에서 각자 수직선 형태의 막대기를 가지는데, 다이얼을 돌려 이 막대기를 위나 아래로 움직여서 자신에게 돌아오는 공을 상대방 방향으로 쳐낼 수 있다(그림 8.6).

2013년 구글의 딥마인드 프로젝트에서는 퐁 게임과 여러 아타리 게임을 가지고 컴퓨터에게 이 게임들을 어떻게 가르칠 수 있는지 실험을 하였다. 퐁 게임의 경우 컴퓨터가 공을 칠 때마다 그리고 상대방이 놓칠 때마다 보상을 해주는 보상 시스템을 설정했다. 그런 다음 컴퓨터가 자신을 상대로 게임을 하고 가능한 한 많은 보상을 얻을 수 있도록 만들었다. 그러자 컴퓨터는 빠르게 게임을 마스터하기 시작했고 결국엔 계속해서 인간 경기자를 이길 수 있게 되었다.

구글 팀은 더 정교한 보상이 필요한 더 복잡한 게임에 Q-러닝(Q-learning)이라는 것을 사용했다. 일종의 강화 학습 알고리즘인 Q-러닝에서는 일반적으로 환경이나 상태를 S로 표시하고, 상태에 응답할 수 있는 가능한 조치들은 A로, 그리고 수행 품질은

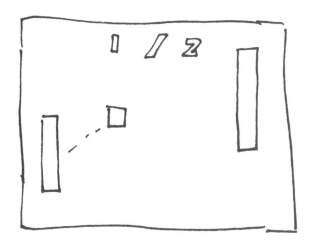

그림 8.6 퐁

Q로 표시한다.

　당신은 '스페이스 인베이더'와 같은 아타리 게임에서 외계인이 하늘에서 내려올 때 레이저 포로 외계인을 폭파시켜야 한다고 가정해 보자. 외계인을 폭파하는 것은 퐁 게임에서 막대기를 위아래로 움직이는 것보다 더 복잡하다. 당신은 움직이는 목표물을 조준하여 쏴야 한다. 이러한 게임 방법을 컴퓨터가 배울 수 있도록 만들기 위해서, 당신은 하강하는 외계인의 수와 하강 속도를 S로 지정하고, 컴퓨터가 하늘에서 외계인을 쏘는 행위는 A, 그리고 게임 점수를 Q로 지정하여, 컴퓨터가 Q를 향상시키도록 만들 수 있을 것이다. 컴퓨터는 외계인을 성공적으로 격추시킬 때마다 Q의 증가로 보상을 받는다. Q-러닝은 효과적인 전략을 개발할 때까지 반복과 보상을 통해 학습하는 반복 학습이다.

　2015년 구글의 딥마인드 프로젝트를 통해 탄생한 알파고 프로그램이 바둑에서 처음으로 인간을 이긴 것은 큰 뉴스 거리가 됐다. 이 업적은 그해의 가장 큰 과학적 진보 중 하나로 여겨졌다. 알파고는 고수들이 바둑을 어떻게 두는지 관찰하는 방식의 비지도 학습을 통해 바둑을 배웠다.

　2017년 10월 구글은 주로 Q-러닝에 의존해서 게임 방법을 이해하는 알파고 제로라는 알파고의 새로운 버전을 출시했다. 이 버전은 사람이 만든 데이터에 대한 관찰 과정도 없이 스스로 학습할 수 있었다. 단순히 바둑을 계속 두면서 Q가 높아질 수 있도록 상태를 변경하는 방식으로 새로운 조치들을 취해 나갔다. 어떤 의미에서는, 이 새로운 버전은 바둑을 완전히 혼자서 배웠다고 할 수 있다. 알파고 제로는 70시간의 학습만으로 최근 100번의 게임에서 승리한 알파고를 이기는 성과를 보여주었다.

특히 Q-러닝을 통한 강화 학습은 기계가 우리의 이해를 넘어선 수준으로 빠르게 성장하도록 만들었다. Q-러닝을 통한 강화 학습은 데이터를 수집하고 그다음 기계에게 훈련 데이터와 테스트 데이터를 제공하는 과정을 생략할 수 있도록 해준다. 기계는 반복적인 시행착오 과정을 통해 나름대로의 데이터를 생성한다.

요점 정리

- 지도 학습은 독립변수(입력)와 종속변수(출력) 간의 관계에 대해 일반적인 판단이 가능한 경우에 사용하라.
- 비지도 학습은 방대한 양의 데이터가 있고 그 데이터들이 어떻게 관련되어 있는지 확실하지 않은 경우에 사용하라. 즉, 기계가 관련성들을 식별해주기를 원할 때 사용하라는 것이다.
- 준지도 학습은 기계가 이해해야 하는 레이블링된 데이터의 양이 적고 레이블링되지 않은 데이터가 많은 경우에 사용하라.
- 강화 학습은 기계가 복잡한 작업을 스스로 반복해서 학습하도록 만들고 이를 통해 기계의 처리 성과를 향상시키고 싶을 때 사용하라.

9

주요 머신러닝 알고리즘

HBO 드라마인 '실리콘 밸리'를 보면, 등장인물 중 한 명이 머신러닝(ML)을 사용하여 현실의 문제를 해결하는 내용이 나온다. 그 인물이 자기 앞에 놓여 있는 음식을 스마트폰으로 찍으면, 머신러닝을 사용하는 앱은 그 음식이 핫도그인지 아닌지를 알려 준다. 그는 그 앱에 "Not Hotdog"라는 아주 적절한 이름을 붙였다. 그는 소량의 핫도그 사진 훈련 세트로 기계를 훈련시킨 다음, 다양한 온라인 출처에서 나온 수백만 개의 다양한 음식 사진 공급을 활용한 테스트 과정을 거쳐 이 앱을 개발했다.

이 앱은 재미를 위해 만든 것이긴 하지만, 전형적인 ML 문제를 보여주는 좋은 사례라 할 수 있다. 이 문제의 경우, 개발자는 지도 학습을 사용하여 **이진 분류**(binary classification) 방식을 수행했는데, 이는 2개의 분류(이 사례의 경우에는 핫도그인지 아닌지)를 의미한다.

지도 학습은 다양한 유형의 문제를 다룰 수 있지만, 주로 다음과 같은 두 가지 유형의 문제를 다룬다.

- **분류** : 분류 문제는 기계가 새로운 입력물이 어떤 그룹에 속하는지를 판별할 것을 요구한다. 분류 문제는 이진(binary) 분류와 다중(multiclass) 분류로 세분화할 수 있다. 이진 분류 문제를 다룰 때, 기계는 핫도그인 경우와 핫도그가 아닌 경우, 이 두 영역만 고려한다. 다중 분류 문제는 하나의 사진에 자동차, 건물, 개, 집, 개집 등이 포함되어 있는지 여부와 같이 두 가지 이상의 대상을 다룬다.

- **회귀** : 회귀 문제는 기계가 입력된 데이터를 기반으로 어떤 근사값을 도출하는 것을 요구한다. 예로는 주가를 예측하는 ML 프로그램을 들 수 있다. 여기서 질문에 대한 대답은 특정 영역이나 범주가 아니고, 연속 범위에 있는 값이다.

분류와 회귀의 차이점을 바라보는 또 다른 포인트는 분류의 경우 출력물이 클래스(class, 즉 범주 또는 부류) 레이블이 되는 반면, 회귀의 경우에는 출력물이 근사치 또는 확률이라는 것이다.

한편, 비지도 학습은 주로 클러스터링(clustering) 문제를 다룬다.

- **클러스터링** : 클러스터링 문제는 기계가 유사한 특성을 가진 데이터를 분리하여 그것들을 해당 클러스터들로 이동시키는 것을 요구한다. 즉 유사성을 기준으로 데이터들을 그룹화하는 것이다. 기계는 클러스터들을 들여보낼 것과 내보낼 것을 결정하면서 클러스터들을 형성해 나가는데, 이런 과정을 통해 인간이 감지하지 못했을 수도 있는 클러스터들이 종종 생성되기도 한다.

그림 9.1은 ML의 유형과 이 유형에 사용되는 알고리즘의 유형을 요약한 것이다.

모든 ML 문제는 하나 이상의 **알고리즘**을 사용하여 해결된다. 이전 장에서 정의한 바와 같이 알고리즘이란 문제를 해결을 위해 일정한 수의 단계들로 구성된 규칙들의 집합이다. 일반적인 머신러닝 알고리즘으로는 의사결정 나무(decision tree), *k*−최근접 이웃 (*k*-nearest neighbor, kNN), *k*-means 클러스터링, 회귀분석, 나이브 베이즈(näive Bayes)를 들 수 있는데, 이것들은 이 장의 뒷부분에서 상세히 다룰 것이다. 당신은 해결하려는

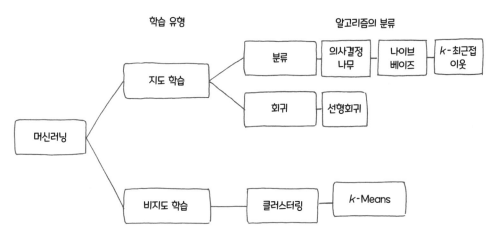

그림 9.1 머신러닝 유형과 각 유형별 알고리즘

문제 유형에 관계없이 이러한 알고리즘 중 하나 이상을 사용하게 될 것이다. 이와 관련하여 하나의 과제가 제시될 수 있는데, 그것은 바로 여러 알고리즘 중 어떤 것을 사용할지를 결정하는 것이다.

가장 일반적인 ML 과제 중 하나인 이진 분류부터 시작해 보자. 이진 분류를 사용하면 두 가지 가능한 결과만 얻을 수 있다(그림 9.2). 다음 주에 호텔방 예약이 가능한가, 가능하지 않은가? 오늘 오후에 주식시장이 오를까, 안 오를까? 이 사진에 핫도그가 포함되어 있는가, 포함되어 있지 않은가? 이러한 질문들은 각각 이것 아니면, 저것, 이렇게 두 가지 대답만이 가능하다. 때때로 대답은 단순히, '예' 또는 '아니요'가 될 수도 있다. 이러한 이진 분류 문제 해결에는 일반적으로 의사결정 나무 또는 나이브 베이즈와 같은 알고리즘이 사용된다.

거의 모든 이진 분류는 지도 학습을 사용한다. 이 방식은 우선, 기계에 두 가지 범주를 대상으로 한 훈련 데이터를 제공한 다음, 다시 테스트 데이터를 제공함으로써, 그 기계가 테스트 데이터를 두 가지 범주 중 하나로 분류하는 데 사용하는 모델을 테스트하고 미세 조정해 나갈 수 있도록 해준다.

다중 분류 방식은 3개 이상의 클래스들을 다루는데, 그 클래스(즉, 범주)의 최대 개수

그림 9.2　이진 분류

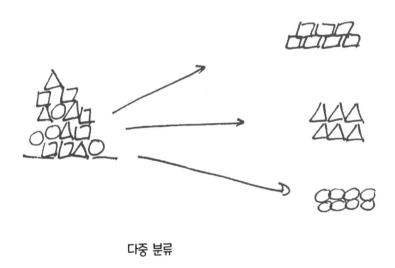

다중 분류

그림 9.3　다중 분류

에는 제한이 없다(그림 9.3). 예를 들어, 식료품 아이템의 이미지들에 대해 식사, 음료, 또는 디저트와 같이 미리 정의된 여러 범주들을 기반으로 분류하는 ML 프로그램을 고려해 보자. 이러한 분류 작업에는 다양한 통계 알고리즘들이 사용될 수 있을 것이다. 이러한 유형의 문제에 대해 가장 일반적으로 사용될 수 있는 알고리즘으로는 k-최근접 이웃, 나이브 베이즈, 의사결정 나무를 들 수 있다.

　회귀는 연속적인 값의 범위를 대상으로 어떤 값을 찾을 수 있도록 해준다(그림 9.4). 예를 들어, 호텔 관리자는 객실 예약 여부에 대해서는 이진 분류를 사용하여 예측해 볼 수 있지만, 어떤 특정 날짜에 예약될 객실 수는 회귀를 이용하여 예측해 볼 수 있다. 회귀 문제와 관련해서는 미리 정의된 결과나 클래스가 없다. 대신, 그 답은 어떤 연속적인 범위에 속한 어떤 값이 될 것이다. 당신은 통계 기법을 사용해서도 예약될 객실 수를 예측할 수 있다.

　이진 분류와 마찬가지로 회귀는 일반적으로 지도 학습의 한 형태를 사용한다. 회귀에서 기계의 훈련은 선형 회귀 다이어그램에서 나타나는 추세선을 생성하는 방식으로 이루어진다. 기계는 이러한 다이어그램을 생성하기 위해 지난 달에 예약된 객실 수와 같이 이미 기록되어 있는 데이터(훈련 데이터)를 바탕으로 차트에 점들을 표시한다. 그런 다음 기계는 그 점들을 관통하는 직선을 그린다. 이렇게 그려진 선형 회귀 다이어그램은 그 기계의 모델이 되는 것이다. 이와 같은 과정을 거쳐 기계에 모델이 생성된 다음

회귀

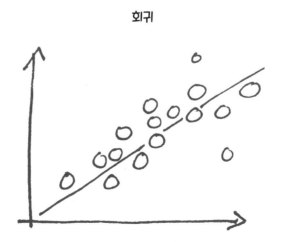

그림 9.4　하나의 명확한 추세선을 보여주는 회귀

에, 추가적인 데이터들을 제공하면 기계는 모델을 미세 조정하여 보다 정확한 예측을 수행한다.

이제 당신은 ML이 해결할 수 있는 문제에는 어떤 범주들이 있는지 알았으니, 다음 단계로는 이러한 문제들을 해결하는 데 사용되는 구체적인 알고리즘들을 살펴보자.

의사결정 나무

의사결정 나무는 어떤 행동 방침을 선택하거나 결론을 도출하기 위한 순서도이다. 이것은 지도 학습 이진 분류 문제에 자주 사용된다. 당신은 의사결정 나무를 작성할 수 있는 그래프 프로그램을 온라인에서 많이 찾을 수 있을 것이다.

당신은 의사결정 나무를 사용하여 어떤 결과를 초래하는 데 영향을 주는 여러 예측변수를 지정할 수 있다. 예를 들어, 당신은 누군가가 해변에 가려고 할지 아닐지를 예측하는 의사결정 나무를 만들고 싶어 한다고 가정해 보자.

우선 해야 할 일은 과거 조(Joe)의 선택을 기반으로 훈련 데이터를 생성하는 것이다. 당신은 하늘, 습도, 바람, 그리고 "조는 해변을 간다"와 관련된 레이블들이 기술된 4열 테이블(그림 9.5)을 만들고, 이 4열 모두에 데이터를 입력할 수 있을 것이다. 이 4개의 열 중 처음 3개의 열에는 예측변수의 값을, 그리고 네 번째 "조가 해변을 간다" 열에는 결괏값을 입력하면 된다. 당신은 데이터를 한번 훑어만 봐도 상관관계를 알아차릴 수 있을 것이다. 하늘이 화창하고 습도가 낮고 바람이 거의 없다면 조는 해변에 갈 것이다. 그러나 날이 습하고 비가 오면 바람과 상관없이 조는 해변에 가지 않을 것이다.

패턴을 발견하기 위해 항상 의사결정 나무가 필요한 것은 아니지만(특히 작은 문제 영역에서), 이 예를 가지고 패턴을 확인할 수 있는 의사결정 나무(그림 9.6)를 생성해 보자. 의사결정 나무를 만드는 과정은 우선 '하늘'에서 시작하여 세 가지 조건(맑음, 비, 또는 흐림)으로 분기하는 것부터 시작할 수 있을 것이다. 그다음엔 이 조건들 각각을 낮은 습도와 높은 습도, 이 두 가지의 조건으로 분기할 수 있을 것이다. 그리고 이러한 습

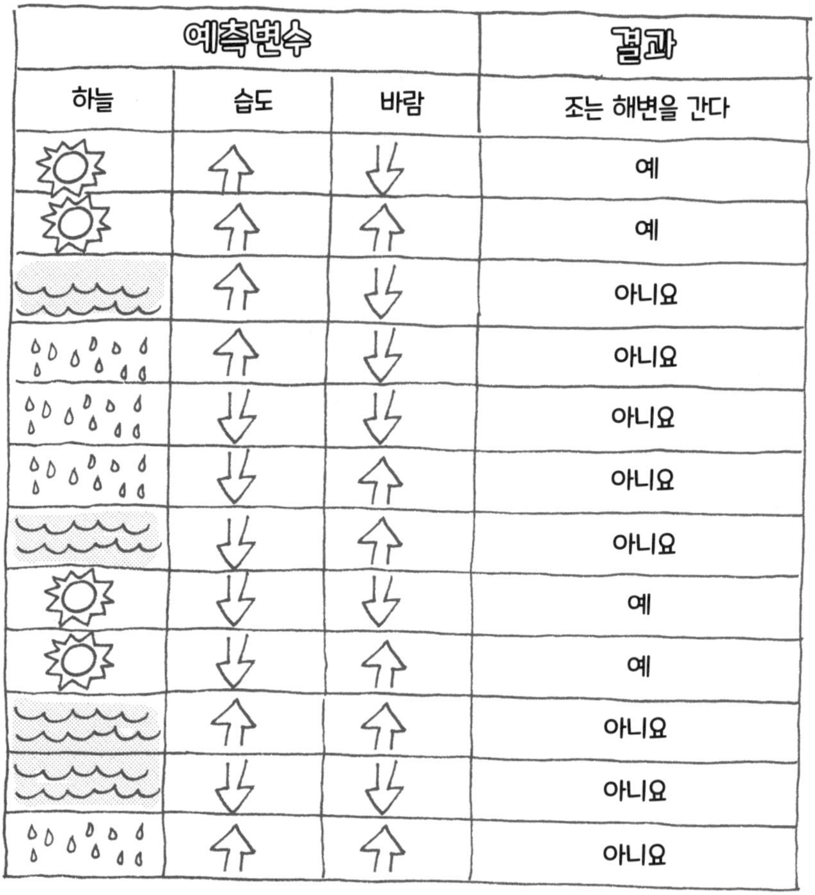

예측변수			결과
하늘	습도	바람	조는 해변을 간다
☀ (맑음)	↑	↓	예
☀ (맑음)	↑	↑	예
흐림	↑	↓	아니요
비	↑	↓	아니요
비	↓	↓	아니요
비	↓	↑	아니요
흐림	↓	↑	아니요
☀ (맑음)	↓	↓	예
☀ (맑음)	↓	↑	예
흐림	↑	↑	아니요
흐림	↓	↓	아니요
비	↑	↑	아니요

그림 9.5　예측변수와 결과로 구성된 4열 테이블

도 조건들 각각은 약한 바람과 강한 바람으로 또 다시 분기할 수 있을 것이다. 이러한 의사결정 나무를 활용하면, 의사결정 문제는 가지를 따라가는 방식을 통해 손쉽게 해결될 수 있다. 날이 화창하면, 해당 분기를 따라 다음 결정 지점인 낮은 습도 또는 높은 습도로 이동하면 되는 것이다. 그다음엔 그 습도에서 다시 약한 바람 또는 강한 바람으로 이동하면 된다. 그러면 경로의 끝에 있는 '예' 또는 '아니요' 결과에 도달하게 될 것이다.

　나무의 복잡성을 줄이기 위해 일부 가지들을 잘라내는 것도 가능하다. 예를 들어, 조가 하늘이 흐리거나 화창할 때만 해변에 간다면, 이 단계에서 조는 이미 결정을 내렸기

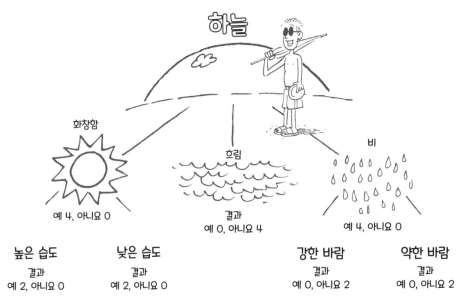

그림 9.6   의사결정 나무

때문에, 더 이상 비에서 낮은 습도/높은 습도 또는 약한 바람/강한 바람으로 분기할 필요가 없다. 그는 비가 올 때는 해변에 가지 않을 것이다.

의사결정 나무를 만들 때에는, '예' 또는 '아니요' 결과에 도달하는 경로가 깔끔해야 한다. 결과에 도달하는 과정에 어떤 애로점들이 있는 경우, 이 나무는 매우 큰 불확실성을 가지게 될 수 있다. 이는 '예' 또는 '아니요' 결과에 도달하는 데까지 너무 골치 아프고 시간도 너무 많이 소요될 수 있음을 의미한다. 한편, 도움이 되지 않는 예측변수가 보일 때는 그 변수 부분을 나무에서 제거할 수도 있다. 예를 들어, 조가 바람이 부는지 여부에 관계없이 해변에 간다면 해당 예측변수는 제거되거나 교체되는 것이 바람직하다.

k-최근접 이웃

k-최근접 이웃(*k*-nearest neighbor, *k*NN) 알고리즘은 유사성을 기반으로 데이터를 분류해주는 알고리즘인데, 다중 분류에 유용하다. *k*-최근접 이웃 알고리즘은 기본적으로 특정 특성에 따라 그 특성을 가진 것으로 이미 알려져 있는 것들을 그래프상의 점들로 표시해준다. 그런 다음 역시 같은 특성을 기반으로 그 그래프에 새로운 대상을 점으로 표시하고, 그것과 가장 가까운 이웃의 범주를 기반으로 그 새로운 대상을 분류한다. *k*는 최근접 이웃의 수를 나타낸다. *k* = 1은 1개의 가장 가까운 이웃을 의미하고, *k* = 2는 2개의 가장 가까운 이웃을 의미한다. *k* 값이 커질수록 범주의 크기도 더 커진다.

다음에 대해 생각해 보자. 나는 어렸을 때 시카고 시내에 있는 동물 보호소에서 일한 적이 있다. 당시 내게 가장 어려운 작업 중 하나는 보호소에 새로 들어온 개를 품종에 따라 분류하는 것이었다(그림 9.7). 개 품종의 수가 수백 가지가 되는 상황에서, 개들은 짝짓기 상대의 품종에 특별히 관심이 없으므로, 대부분의 개들은 여러 품종이 혼합되어 있었다.

우리는 보호소에 새로운 개가 들어올 때마다 그것을 기존에 알려져 있는 품종과 비교했다. 비교 기준으로는 머리의 모양, 색깔, 귀의 크기와 모양, 몸통의 모양과 크기, 꼬리

그림 9.7　새로 들어온 개

의 모양 등등과 같은 다양한 특성이 고려될 수 있다. 당시 우리는 개의 품종을 분류하기 위해 k-최근접 이웃에 해당하는 개념을 활용하고 있었다. 우리는 새로 들어온 개와 가장 유사한 품종이 어떤 것인지 또는 그 개와 가장 유사한 두 가지 품종은 어떤 것인지를 알아내고 싶어했다.

우리는 보통 새로운 개가 들어오면 그 개의 부모 중 하나가 보스턴 테리어인지 프렌치 푸들인지 알 수 없었다. 따라서 우리는 단순히 그 개와 가능한 가장 가까운 품종을 찾으려 노력했다. 우리는 품종을 모르는 새로 들어온 개와 이미 알려진 품종 간의 거리를 최소화하려고 노력했다. 그 거리의 차이가 작을수록, 그 두 가지는 더 긴밀하게 일치하는 것이고, 이것이 바로 최근접 이웃이 되는 것이다.

거리를 최소화시키는 것이 바로 k-최근접 이웃의 핵심 기능이다. 일치의 정도가 더욱 긴밀할수록, 기계의 예측은 더 정확해진다. 가장 가까운 이웃을 찾는 가장 일반적인 방법은 두 점 사이의 최단 거리인 유클리드 거리(Euclidean distance) 개념을 이용하는 것이다.

수백만 마리의 개를 품종에 따라 분류해야 하는 상황을 상상해 보라. 이 작업을 시작하기 위해 개의 체중과 털 길이처럼 예측변수 역할을 하는 두 가지 주요 특성을 기준으로 삼을 수도 있을 것이다. 체중은 x축으로 털 길이는 y축으로 설정한 평면 위에 이 두 가지 개의 특성을 점으로 표시할 수 있을 것이다. 이러한 상황에서, 자신이 알고 있는 품종들로 구성된 개 1,000마리에 대한 훈련 데이터 세트를 만들고 이것을 바탕으로 체중과 머리카락 길이를 기준으로 점들을 표시해 보자. 그다음, 동물 보호소에 새로 개가 들어오면, 그 개의 체중과 털 길이를 측정하고 그 결과를 이 차트 위에 새로운 점으로 표시한다. 이 점이 기존에 표시한 점들 중 하나와 겹치지는 않지만, 다른 여러 점과 근접한 위치에 놓일 수도 있을 것이다.

이 데이터 세트에 대해 $k = 5$를 적용하는 것으로 가정해 보자. 이는 보호소에 새로 들어온 개, 즉 미확인 개를 중심으로 이것과 가장 가까운 5개 점(즉, 이웃들)을 포함하는 원을 그리는 것을 의미한다(그림 9.8).

이제 다섯 마리의 가장 가까운 이웃들을 살펴보자(그림 9.9). 그들 중 세 마리는 셰퍼드이고 두 마리는 허스키임을 알 수 있을 것이다. 따라서 이제 당신은 그 미확인 개를 허스키-셰퍼드 믹스로 분류할 수 있다는 확신을 어느 정도 가질 수 있을 것이다. 이러한 작업이 테스트 객체에 대해 하나의 클래스를 결정해 주어야 하는 것이라면, 가장 가까운 이웃들이 어떤 클래스에 몇 개나 해당되는지를 계산하고, 가장 그 개수가 높은 클래스를 최종 결과로 선택하면 될 것이다. 이러한 맥락에서, 이 예에서 새로운 개는 셰퍼드로 분류될 수 있을 것이다.

k-최근접 이웃은 ML의 일반적이고 효과적인 알고리즘으로서 개의 품종을 식별하는 것보다 훨씬 더 고난도의 작업도 수행할 수 있다. 사실, 이 알고리즘은 금융 분야에서 최고의 주식을 찾고 미래 성과를 예측하기 위해 널리 사용되고 있다. 한편 kNN의 단점으로는 많은 계산 능력을 필요로 한다는 점을 들 수 있는데, 이로 인해 대용량 데이터 세트를 대상으로 kNN을 적용하는 경우에는 기계가 결과물을 산출해내는 데까지는 시간이 좀 걸릴 수도 있다.

그림 9.8   미확인 개 그리고 그것과 가장 가까운 이웃들

그림 9.9 다섯 마리의 최근접 이웃들

k - Means 클러스터링

ML의 또 다른 일반적인 알고리즘으로는 *k*-means 클러스터링(*k*-means clustering)을 들
수 있는데, 이것은 *k*-최근접 이웃(*k*NN)과 혼동되기 쉽다. 그러나 *k*NN은 지도 학습
ML 알고리즘인 반면, *k*-means 클러스터링은 비지도 학습 ML 알고리즘이라는 점에서
차이가 있다. 또 다른 차이점으로는, *k*-최근접 이웃의 *k*는 미확인 항목을 분류하는 데
사용되는 가장 가까운 이웃의 수를 나타내는 반면, *k*-means 클러스터링의 *k*는 기계가
생성하기를 원하는 그룹의 수를 나타낸다는 점을 들 수 있다.

  그럼, 이제 시카고의 동물 보호소로 다시 돌아가 보자. 보호소에는 모든 개가 매일 한 시간씩 함께 모여서 놀 수 있는 넓은 공간이 있었다. 개도 사람과 마찬가지로, 어울리고 싶어 하는 친구들이 있었다. 개들은 노는 시간마다 자발적으로 친한 개들끼리 다시 그룹을 형성했다.

이번에는, 보호소가 문을 닫게 되어 모든 개가 도시 전역에 걸친 세 군데의 다른 보호소로 흩어져야 하는 상황이 발생했다고 상상해 보자. 이송 준비위원들은 만나서 개들의 친교 관계를 바탕으로 개들을 세 그룹으로 나누기로 결정한다. 이에 따라, $k = 3$이 된다.

이 준비위원들은 이러한 결정을 k-means 클러스터링을 사용하는 기계에 전달한다. 이 기계는 시작을 위해, 우선 무작위로 선택된 세 마리의 개에 각기 다른 색상(빨간색, 노란색, 파란색)의 목걸이를 걸어준다(그림 9.10). 각각의 목걸이는 개의 친교 그룹을 기반으로 한 잠재적 클러스터를 나타낸다. 이 세 마리의 개들은 각 그룹의 중심점(centroid)이 되는 개들이다. 이 개들은 놀이방에 들어가 평소에 같이 놀던 그룹에 합류한다. 기계는 각 중심점 개에 가장 가까운 개들에게 동일한 색상의 목걸이를 걸어준다.

상상할 수 있듯이, 이러한 중심점 개들은 무작위로 선정되었기 때문에 기계의 클러스터들이 정확하지 않을 가능성이 매우 높다. 세 마리의 중심점 개들이 모두 같이 노는 집단에 속하는 바람에 기계의 클러스터링이 무의미해질 수도 있다. 다행히도 아직 기계가 작업을 완료한 것은 아니다. 기계는 다른 개들에게 색깔 있는 목걸이들을 걸어 놓고 거

빨강　　　　　**노랑**　　　　　**파랑**

그림 9.10 서로 다른 색상의 목걸이들

리를 측정하는 작업을 통해 클러스터링을 계속해서 반복적으로 시도한다(그림 9.11).
클러스터링 시도를 한 번 할 때 색깔은 하나만 사용할 수 있다.

  클러스터링 시도가 끝날 때마다, ML 알고리즘은 각각의 개와 중심점 개 사이의 분산
을 확인한다. 통계 기법을 사용하여 개들 간의 평균 거리가 하나의 클러스터로 취급하
기에는 너무 먼지 여부를 알 수 있다. 하나의 친교 그룹을 보다 일관되게 나타내기 위해
서는 클러스터링의 반복 작업이 끝날 때마다 매번 중심점 개를 재할당하는 추가 단계를
수행할 수도 있다. 세 마리의 중심점 개들이 식별된 후에는 다른 새로운 개들을 각 클러

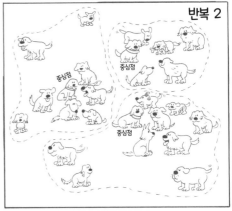

그림 9.11 클러스터링의 반복

스터에 할당하는 것이 매우 수월하게 수행될 수 있다. 새로운 개 한 마리가 놀이방에 들어오면 중심점 개와의 거리를 측정하여 어느 그룹에 합류했는지를 쉽게 판단할 수 있다.

개들 자체는 세 그룹으로 묶이지 않았음을 명심하라. 개들은 5개 또는 6개의 서로 다른 놀이 집단을 형성할 수도 있다. 그러나 ML 알고리즘은 가용할 수 있는 보호소가 3개뿐이라는 조건하에서 개들의 친교 관계를 가장 잘 반영할 수 있는 그룹들을 만들기 위해 최선을 다해야 한다. 또한, 이 예에서 *k*-means 클러스터링은 개들이 친교 그룹을 형성하기 때문에 작동할 수 있다는 점에도 주목하라. 개들이 이 그룹에서 저 그룹으로 쉽게 옮겨 다니면, 데이터가 **많이 중복되기** 때문에 클러스터링이 제대로 작동하지 못할 것이다.

k-means 클러스터링의 또 다른 문제는 이상치들(outliers), 즉 표준에서 멀리 떨어진 데이터 점들에 민감할 수 있다는 점이다. 어떤 개가 다른 어떤 개와도 어울리는 데 관심이 정말로 없다 하더라도, 어쨌든 그 개는 세 그룹 중 하나로 묶이게 될 것이다.

개들을 3개의 다른 보호소로 보내기 위해 개들을 3개의 그룹으로 분류하는 것은 아마도 매일 부딪히는 문제는 아닐 것이다. 그러나 *k*-means 클러스터링은 실제 ML 알고리즘 중 가장 일반적으로 사용되는 것 중 하나다.

k-means 클러스터링 활용 관련하여 보다 흥미로운 경우로는, 대규모 소매업체들이 충성도 프로그램에 초대할 사람들을 결정하거나 프로모션 제공 시기를 결정하는 경우를 들 수 있다. 이러한 업체들은 고객들이 충성도가 높은 고객, 충성도가 보통인 고객, 그리고 최저가 구매자라고 하는 3개의 클러스터로 나뉜다는 결과를 얻게 될 수도 있다 (그림 9.12). 그러면, 그다음에 소매업체들은 충성도가 보통인 고객을 충성도 높은 고객으로 끌어올리기 위한 전략을 세우거나 또는 충성도가 높은 고객을 로열티 프로그램에 초대할 수도 있을 것이다.

어떤 회사들에서는 새로 매장을 낼 위치를 결정하는 데 클러스터링을 사용하기도 한다. 조깅화를 판매해야 하는 경우라면, 클러스터링을 사용하여 달리기 하는 사람들이 많은 지역을 찾아낼 수도 있을 것이다.

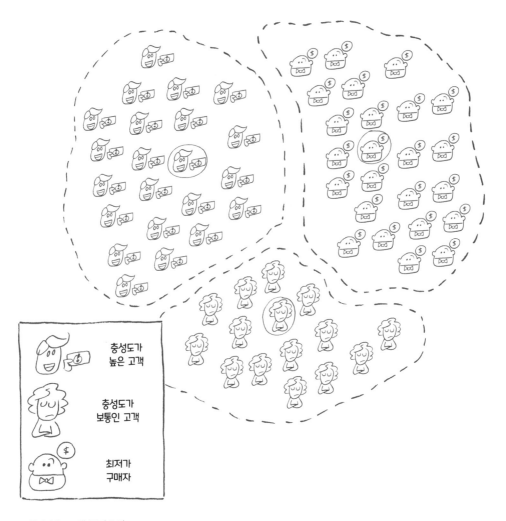

그림 9.12 고객 클러스터

k-means 클러스터링과 *k*-최근접 이웃은 모두 인스턴스 기반 학습(instance-based learning) 또는 지연 학습(lazy learning) 알고리즘으로 불리기도 한다는 점을 알아 두기 바란다. 당신이 자신의 모든 관측 데이터를 알고리즘에 잔뜩 투입하면, 이러한 알고리즘들은 커다란 관측 데이터 세트 속에서 답을 찾아낸다.

회귀분석

회귀분석(regression analysis)은 예측변수와 결과 간의 관계를 살펴보고 미래의 결과를 예측한다[예측변수는 입력변수(input variables), 독립변수(independent variables), 또는 회귀변수(regressors)라고도 한다]. ML을 사용하는 경우, 당신이 예측변수 및 이와 연관된 결과들이 포함된 기계 훈련 데이터를 기계에 제공하면, 기계는 예측변수와 결과 간의 관계를 설명하는 모델을 개발한다.

기계가 모델을 개발하고 나면, 당신은 테스트 데이터를 기계에 입력하고, 그 기계는 그 모델을 사용하여 당신이 제공한 예측변수의 새로운 값들을 기반으로 결과를 예측한다. 기계는 가장 정확한 예측 결과에 도달할 때까지 모델을 미세 조정하면서 결과를 예측하는 과정을 반복한다. 이러한 회귀분석의 접근방법은 일종의 지도 학습이다.

기계가 예측을 잘하는 모델을 갖추게 되면, 당신은 기계에 예측변수 값을 제공할 때마다 가장 가능성이 높은 결괏값을 알려줄 수 있게 될 것이다.

선형회귀(linear regression)는 ML 회귀 알고리즘의 가장 일반적인 유형 중 하나다. 선형회귀를 사용하면 예측변수와 결과 간의 관계를 보여주는 직선을 하나 만들 수 있다. 이상적으로 당신은 그 직선 주위에 밀집된 형태로 분포하는 모습을 보고 싶겠지만, 데이터 점들이 꼭 그 직선 위에 놓일 필요는 없다.

선형회귀 분석이 어떻게 수행될 수 있는지 살펴보자. 우선, 당신이 아이스크림 가게의 주인이라고 가정해 보자. 당신은 지난 1년 동안 판매 데이터를 수집해왔다. 그런 다음 그 지역의 기상 관측소에서 날씨 데이터를 구입한다. 데이터를 사용하여 x축과 y축이 있는 산포도(scatterplot) 차트를 만든다. x축에는 60°F에서 110°F 사이의 온도를 표시하고, y축에는 일일 매출액을 표시한다. 그리고 당신은 당일의 가장 높은 온도와 매출액을 차트에 점으로 표시한다. 그다음, 당신은 그 점들이 형성하는 패턴에 가장 근접한 직선을 그린다(그림 9.13). 이러한 선은 종종 **추세선**(trendline)이라고도 불린다.

당신은 이 산포도 다이어그램에서 명확한 추세선을 볼 수 있을 것이다. 온도가 높아

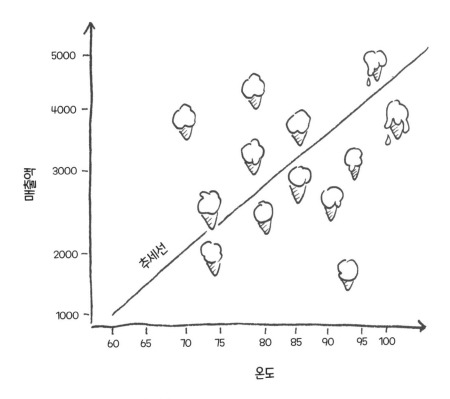

그림 9.13 아이스크림 매출에 대한 추세선

질수록 아이스크림 매출액이 증가한다. 추세선에서 멀리 떨어진 몇 개의 데이터 점들, 즉 이상치들도 볼 수 있다. 이는 지역 축제 때문일 수도 있고 누군가가 그날 가게에서 생일 파티를 했기 때문일 수도 있다. 일반적으로 이상치가 많을수록 아이스크림 매출액을 예측하는 것은 훨씬 더 어려운 일이 될 것이다.

그러나 아이스크림 예에서와 같이 이상치가 많이 있는 경우에도 선형회귀를 이용한다면 어렵지 않게 일일 매출액을 예측해 볼 수 있다. 산포도에서 점 하나를 살펴보자. 일기예보가 일주일 내내 약 95°F의 높은 온도를 예측하고 있는 상황이라면, 추세선을 이용하여 아이스크림 매출액이 약 3,500달러 정도가 될 것으로 예측해 볼 수 있다.

만약 당신이 회귀 사용을 고려하고 있다면, 데이터가 많을수록 추세선이 더 정확해지고, 예측도 더 정확하게 이루어질 수 있다는 점을 명심하라.

선형회귀에 대해 한 가지 흥미로운 점은 기계가 실제로 데이터에 대해 새로운 뭔가를 배우는 것이 없기 때문에, 이것이 진짜 ML인지에 대해 약간의 논쟁이 있다는 것이다. 선형회귀는 단지 데이터를 사용하여 표준 통계 모델을 만드는 것에 불과하다. 선형회귀와 관련해서는 학습보다는 예측이 더 중요하다.

어찌 되었건, 회귀는 미래의 결과나 행동을 정확하게 예측하는 데 널리 사용되는 방법이다. 핵심은 적합한 예측변수를 찾고 그것과 결과 간의 선형적인 관계성을 찾아내는 것이다.

나이브 베이즈

나이브 베이즈는 지금까지 다룬 ML 알고리즘들과는 상당히 다르다. 나이브 베이즈는 예측변수와 결과 사이에서 패턴을 찾으려고 하는 대신, 조건부 확률을 사용하여 서로 독립적인 각 예측변수들을 기반으로 특정 범주에 속할 가능성을 결정한다. 예측변수들이 서로 관련이 없다고 순진하게 가정하기 때문에, 순진의 뜻을 가진 나이브(näive)로 불린다. 나이브 베이즈는 이 장의 앞부분에서 설명한 알고리즘들과 다른 접근방식을 취하긴 하지만, 이것 역시 주로 이진 또는 다중 분류 문제에 사용된다.

시카고의 동물 보호소 얘기로 돌아가 보자. 보호소에 있는 개들을 모두 해당 품종들로 분류하고 싶다고 상상해 보라. 개 품종은 수백 가지가 있으며 보호소에 있는 개들은 대부분 혼종임을 기억하라.

나이브 베이즈 ML 알고리즘을 이용하면, 테리어, 하운드, 스포츠견과 같은 세 가지 클래스가 만들어질 수도 있을 것이다(그림 9.14).

각각의 클래스는 털 길이, 키, 체중과 같은 세 가지 예측변수에 의해 결정된다. 키가 큰 개는 키가 작은 개보다 무거울 가능성이 높기 때문에, 키와 체중은 밀접한 관련이 있는 것으로 볼 수 있다. 그러나 나이브 베이즈는 이러한 각 예측변수들이 서로 독립적이

그림 9.14 개 품종의 클래스

라고 간주한다. 그래서 '나이브(순진한)'라고 불린다.

　일단 당신이 클래스들과 예측변수들을 알고 있으면, 나이브 베이즈 ML 알고리즘은 **클래스 예측변수 확률**(class predictor probability)이라 불리는 작업을 시작할 수 있다. 이 작업은 각 예측변수에 대해 한 마리의 개가 어떤 특정 클래스에 속할 확률을 결정하는 작업을 의미한다. 예를 들어, 알고리즘은 먼저 개의 털 길이를 확인하고, 개가 테리어일 확률이 30%, 하운드일 확률이 50%, 스포츠견일 확률이 20%라고 결정한다. 그다음 개의 키를 확인하고, 개가 테리어일 확률이 40%, 하운드일 확률이 20%, 스포츠견일 확률이 40%라고 결정한다. 끝으로, 개의 체중을 확인하고, 개가 테리어일 확률이 30%, 하운드일 확률이 25%, 스포츠견일 확률이 45%라고 결정한다.

　그럼, 이제 당신은 아직 분류되지 않은 어떤 개에 대한 클래스 예측변수 확률이 표시된 테이블을 가지고 있다고 해보자. 당신은 이 테이블을 보면, 그 개가 아마 스포츠견인 줄 알겠지만, 너무 순진해지지는 말자. 대부분의 분류 문제들에서는 일부 예측변수들이 다른 예측변수들보다 더 큰 중요성을 가질 수 있으므로, 예측변수들에 대해 상대적 가중치를 할당할 수 있다. 예를 들어, 털에는 3을 할당하고, 키와 몸무게에는 2를 할당할 수도 있을 것이다.

가중 곱셈 함수는 각 예측변수의 값에다 그 해당 예측변수에 할당한 가중치를 곱한 다음, 그 결과들을 합하는 단계들로 구성된다. 즉, 범주의 가능성 = 합계(예측변수 값 × 가중치). 위의 예에서 아직 분류되지 않은 개의 경우, 다음과 같은 세 가지 방정식이 계산된다.

$$테리어일 가능성 = (.30 \times 3) + (.40 \times 2) + (.30 \times 2) = 2.3$$
$$사냥개일 가능성 = (.50 \times 3) + (.20 \times 2) + (.25 \times 2) = 2.4$$
$$스포츠견일 가능성 = (.50 \times 3) + (.70 \times 2) + (.85 \times 2) = 2.3$$

털 길이, 키, 체중에 대한 가중 예측변수 값을 모두 더하면 분류되지 않은 이 개가 사냥개일 가능성이 가장 높다는 것을 알 수 있다. 테리어나 스포츠견일 가능성은 이보다 적다.

위의 공식은 세 가지 클래스에 대한 확률이 모두 동일할 때 잘 작동한다. 즉, 이 예에서는 테리어, 하운드, 스포츠견이 모두 0.33의 확률로 관찰될 것으로 기대되는 상황을 의미한다. 이러한 확률은 **사전 확률**이라고 하는데, 이것은 우리가 어떤 종류의 물체를 관찰하기 전에 가지는 우리의 믿음이다. 나이브 베이즈 분류기(näive Bayes classifier)의 목표는 **사후 확률**을 찾는 것인데, 이것은 관찰을 통해 얻어진 특정 클래스의 발생 확률이다. 수학적으로, 사후 확률은 클래스의 사전 확률과 테스트 샘플이 그 클래스에 속할 가능성의 곱에 비례한다. 위 예에서 우리는 테스트 샘플이 주어졌을 때, 개가 테리어일 확률에 대해 물을 수 있다. 테스트 샘플을 가지고 각 클래스에 대한 사후 확률을 계산하고, 그 값들 중 최댓값을 가진 클래스에 할당하면 되는 것이다. 사후 확률이 동일할 가능성이 있는 경우라면, 확률에 상수 값을 곱해도 순서가 바뀌지 않기 때문에 사후 확률 계산만으로도 충분하다.

그러나 서로 다른 클래스에 대한 사전 확률들이 동일해야 할 이유는 없다. 예를 들어, 스포츠견이 동물 보호소가 있는 지역에서 더 많이 볼 수 있는 품종이라면, 개 분류 작업에서 다른 품종에 비해 스포츠견으로 판정될 가능성이 더 클 것이다. 테리어, 하운드, 스포츠견의 사전 확률이 예를 들어 0.25, 0.25 및 0.5일 수도 있다. 그다음엔 이 값들을 앞에서 계산한 세 품종에 대한 확률 값들과 곱해서 비례 사후 확률 값을 얻고 이 결괏값에 따라 개체를 분류하면 된다.

요점 정리

- 머신러닝은 분류와 회귀와 같은 두 가지 유형의 문제를 다루는 데 효과적이다.
- 분류 문제의 경우에는 클래스 레이블이 산출물이 되지만, 회귀 문제의 경우에는 근사치나 확률이 산출물이 된다.
- 의사결정 나무는 어떤 행동 과정을 선택하거나 결론을 도출하기 위한 순서도이다.
- k-최근접 이웃은 유사성을 기반으로 데이터를 분류하는 알고리즘으로 다중 분류에 유용하다.
- k-means 클러스터링은 데이터 점들을 k 값만큼의 클러스터들로 그룹화하는 알고리즘이다.
- 회귀분석은 예측변수와 결과 간의 관계를 살펴보고 미래의 결과를 예측한다.
- 나이브 베이즈는 조건부 확률을 사용하여 서로 독립적인 각 예측변수들을 기반으로 특정 클래스에 속할 확률을 찾아낸다.

10

머신러닝 알고리즘의 적용

영화 '모두가 대통령의 사람들'에서 워터게이트 스캔들의 핵심 제보자인 코드명 딥 스로트(Deep Throat)는 어두운 주차장에서 워싱턴 포스트 기자인 밥 우드워드를 만나 "돈을 따라가라"고 말했다. 그 기자는 돈을 따라감으로써 결국 진실을 찾을 수 있었다. 나는 머신러닝(ML) 알고리즘을 생각할 때면 이 문구가 생각난다. 머신러닝 알고리즘을 생각할 때는 돈의 뒤를 따라가는 대신, 당신은 '데이터를 따라가야' 한다(그림 10.1).

불행히도 실제 그렇게 하는 것은 말보다 어렵다. 사실, ML 활용에 있어 다루어야 할 중요한 과제 중 하나는 데이터와 관련하여 머신이 생성한 모델에 편향이나 분산이 있는지를 파악하는 것이다. 즉, 기계가 만든 모델이 데이터를 잘 반영하는지 여부를 파악할 필요가 있다는 것이다.

편향(bias)은 모델이 데이터의 복잡성에 비해 너무 단순할 때 발생하는 오차이다. 분산(variance)은 모델이 데이터의 단순성에 비해 너무 복잡할 때 발생하는 오차이다. 어떤

그림 10.1 "돈을 따라가라"의 머신러닝 버전

모델이 높은 편향을 가지고 있다면, 그 모델을 기반으로 한 예측은 일관되게 잘못된 결과를 제공할 것이다. 한편, 모델이 높은 분산을 가지고 있는 경우에는 예측이 일관된 결과를 제공하지 않을 것이다. 정확한 결과를 생성하는 모델을 만드는 과정은 흔히 **편향-분산 트레이드오프**(bias-variance trade-off) 또는 **편향-분산 딜레마**(bias-variance dilemma)라고 불리는 일종의 편향과 분산 간 절충 과정이라 할 수 있다. 모델은 항상 약간의 편향과 분산을 가질 수밖에 없으므로, 당신은 그저 그것들의 균형을 바랄 뿐이다.

다음은 편향과 분산의 예이다. 몇 달 전에 나는 아내와 함께 아들의 여름 캠프 장소를 방문했다. 거기서 캠프 직원들은 긴 주말 시간을 이용하여 부모들에게도 캠프 활동의 경험을 맛볼 수 있는 기회를 제공해주었다. 주말의 첫날 아침, 직원은 활 쏘는 방법을 보여주기 위해 우리 부부를 양궁장으로 데리고 갔다.

거기서 양궁 교관은 우리 부부 각자에게 활과 화살 5개를 주었다. 그는 우리에게 과녁을 쏘는 법을 알려주고 본인이 직접 화살 5개를 쏘는 시범을 보여주었는데, 그 화살들은 모두 과녁의 중심 부위에 꽂혔다. 그의 시범은 낮은 편향과 낮은 분산을 보여주는 아주 좋은 예였다. 그의 화살 5개가 모두 과녁의 중심에 집중적으로 꽂혔던 것이다.

　이어서 내 아내가 활쏘기를 시도하였다(그림 10.2). 그녀는 화살 5개를 쏘았고, 만족스러운 활시위 당기기를 통해 화살이 모두 과녁을 맞추었다. 그것들 중 과녁 중심을 맞춘 화살은 하나에 불과했지만, 나머지 4개의 화살들도 중심에 꽤 근접하게 꽂혔다. 그녀의 조준은 낮은 편향과 높은 분산의 좋은 예였다. 모든 화살이 목표물에 꽂혔지만(낮은 편향) 흩어져 있었던 것이다(높은 분산).

　나는 세 번째 궁수였다. 나는 여름 캠프를 직접 다녀온 경험이 있어서, 활을 어떻게 쏘는지 조금은 알고 있었다. 그러나 아쉽게도, 마침 그때 나는 안경을 쓰고 있지 않아서 과녁을 제대로 볼 수 없었다. 나는 화살 5개를 쏘았지만 나의 조준은 높은 편향과 낮은 편차의 결과를 가져왔다. 내가 쏜 화살들은 모두 목표물의 오른쪽 상단에 집중적으로 꽂혔던 것이다. 나는 시종일관 같은 방향으로 화살을 쏘았지만 결과적으로 그것들은 일관되게 같은 방향으로 빗나갔던 것이다.

그림 10.2　나의 아내는 활을 한 번도 쏴 본 적이 없지만, 활 쏘기에는 재주가 있는 것 같다

내 아들이 마지막으로 활을 쏘았다. 아들은 활시위를 뒤로 당기는 것을 힘들어 했다. 아들이 쏜 화살 중 두 발은 과녁 모서리에 꽂혔고, 한 발은 과녁 뒤의 나무를 맞혔으며, 두 발은 과녁 바로 앞 흙에 꽂혔다. 아들의 조준은 높은 편향과 높은 분산의 예였다. 아들이 쏜 화살들은 일관성 없이 목표물을 지나쳤거나 목표물에 미치지 못했던 것이다.

그림 10.3은 편향과 분산이 조합된 경우들을 요약한 것이다.

ML에서도 동일한 문제가 발생한다. 당신은 알고리즘과 데이터를 선택하여 기계에 공급할 수 있으며, 기계의 분류 또는 예측은 양궁 교관과 같이 목표를 시종일관 거의 편차 없이 잘 맞출 수도 있고, 내 아내의 조준처럼 정상 궤도에는 올랐지만 약간 벗어난

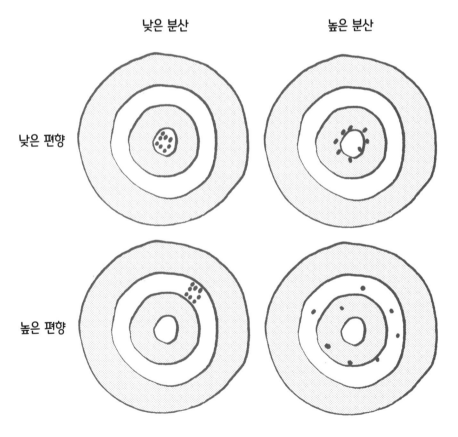

그림 10.3 편향과 분산

부분도 있을 수 있으며, 내 조준처럼 일관되게 같은 방향으로 궤도에서 벗어날 수도 있고, 또는 내 아들의 조준처럼 계속해서 사방으로 궤도를 벗어나 엉망이 될 수도 있을 것이다. 그러나 어느 정도의 조정을 통해 우리는 조준을 크게 개선할 수 있다. 내 아들의 조준은 조정이 가장 많이 필요하고, 나는 좀 덜 필요하고, 아내는 거의 필요하지 않을 것이다.

편향과 분산은 예측과 실제 결과 간의 차이를 측정하는 방법이다. 데이터와 알고리즘은 다이얼과 같아서 편향과 분산을 줄이기 위해 조정해 나갈 수 있고, 이를 통해 예측의 정확도를 향상시킬 수 있다. 조정의 정도는 편향이나 분산의 크기에 따라 달라질 것이다. 양궁 비유에서 나의 경우는 조준을 약간 왼쪽 아래로 조정하기만 하면 된다. 내 아내는 조준의 정확도를 높이기 위해 조금 더 연습을 하면 된다. 아들의 경우에는 지도와 연습이 모두 필요하다. 이러한 맥락에서 보면, 학습할 기계를 준비할 때는 적합한 알고리즘과 양질의 데이터를 충분히 제공할 필요가 있다. 기계의 예측이나 분류가 일관되게 목표를 맞추지 못하면, 다이얼을 조정하여 편향이나 편차를 줄여야 한다.

모델의 데이터에 대한 적합화

ML에서 예측 성능을 높이는 문제는 바로 **모델을 데이터에 잘 맞도록** 만드는 문제로 이해할 수 있다. 기계는 공급된 데이터를 기반으로 결과를 일관되고 정확하게 예측하는 모델을 개발해야 한다. 모델을 데이터에 잘 맞도록 만든다는 것은 들리는 그대로이다. 즉, 기계는 매장 선반에서 완성된 옷 한 벌을 꺼내 오는 게 아니다. 기계는 조정을 통해 모델을 데이터에 잘 적합시켜야 하는 것이다.

ML 알고리즘들은 모델을 생성하는 데 사용되는 도구이지만, 기성복은 아니다. 당신은 하이퍼파라미터들을 특정 용도에 맞게 맞춤화해야 한다. 예를 들어, 이전 장에서 나이브 베이즈 알고리즘을 다룰 때, 예측변수에 여러 가중치들을 부여하는 방법을 설명했다. 이러한 하이퍼파라미터에 대한 미세 조정은 데이터 과학자들이 담당하는 일에서 중요한 부분이다. 데이터 과학자들은 작은 데이터 세트를 가지고 실험을 하고 그 결과를 분석하여, 더 정확한 결과를 얻을 수 있도록 하이퍼파라미터들을 조정한다.

모델의 낮은 성능은 종종 **과소적합**(underfitting) 또는 **과대적합**(overfitting)에 기인할 수 있다. 과소적합을 사용하면 간단한 모델을 통해 기계가 학습은 더 빨리 할 수 있지만 정밀도는 떨어진다. 과소적합은 높은 편향을 초래한다. 과대적합을 사용하면 모델이 너무 열심히 모든 데이터를 설명하려다 보니 훈련 데이터의 작은 변동에도 지나치게 민감해진다. 과대적합은 높은 분산을 초래한다.

실제 사례를 통해 과소적합과 과대적합을 살펴보자. 당신이 동종 주택들의 가치를 기반으로 주택의 가치를 추정하는 질로우와 같은 웹사이트에서 일하고 있다고 상상해 보라. 여기서 당신 업무수행을 위해, 면적, 위치, 욕실 수, 침실 수와 같은 네 가지 주요 예측변수를 생성한다. 당신은 지도 학습과 회귀를 이용하여 추세선을 만들고 주택의 가치를 예측할 수 있을 것이다.

불행히도, 기계가 만드는 모델은 가격을 예측하는 데 아주 정확하지는 않다. 데이터를 보면 많은 편차(노이즈)가 있음을 알 수 있다. 즉, 같은 동네의 이웃집들은 같은 면적에 같은 수의 욕실과 침실을 가지고 있음에도 서로 가격이 매우 다르게 나온다. 당신은 기계가 모델을 정밀하게 변경하는 데 도움을 주기 위해 복잡성을 더할 수 있다. 아마 당신은 멋진 전망, 현대적인 주방, 걷기 좋은 동네와 같은 새로운 예측변수들을 추가할 수도 있을 것이다. 예측변수들을 추가하면 기계는 더 적합성이 높은 모델을 만들어 낼 수 있지만, 동시에 모델 자체는 더 복잡해지고 관리하기가 더 어려워진다. 게다가 기계는 모든 예측변수 간의 관계를 식별하기가 더 어려울 것이다. 예측변수를 추가하면 모델을 데이터에 과대적합시킬 위험이 있다.

과대적합을 피하기 위해, 당신은 다른 접근방법을 사용하기로 결정했다고 해보자. 당신은 일을 단순하게 진행하기 위해, 집의 위치, 면적, 가격 간의 관계를 보여주는 기본 회귀 차트를 만든다. 당신의 차트는 좋은 지역의 큰 집이 더 비싸다는 것을 보여 준다. 이 모델은 직관적이라는 이점이 있다. 당신은 좋은 지역에 있는 큰 집이 황폐한 동네에 있는 작은 집보다 더 비싸다고 생각할 것이다. 이 접근방법은 시각화도 용이하다.

그러나 불행히도, 이 모델은 그다지 적합성이 좋지 않다. 큰 집의 경우에는 제대로 관리되지 않았을 수도 있다. 평면도가 형편없거나 집이 침수지역에 지어졌을 수도 있다. 이러한 요소들은 집의 가치에 영향을 미치지만 이 모델에서는 고려되지 않았다. 이는 이 모델이 분산은 낮지만 편향은 높을 수 있음을 의미한다. 이 모델은 과소적합으로 인해 곤란을 겪게 될 것이다. 다양한 데이터를 고려하지 않았기 때문에, 부정확한 예측을 하게 될 가능성이 높다.

당신은 과소적합과 과대적합을 피하기 위해 더 많은 신호와 더 적은 노이즈를 포착하려고 할 것이다. 신호는 정확한 예측 및 분류를 이끌어내는 예측변수들에 대한 총칭이다. 노이즈는 예측 또는 분류의 정확도를 감소시키는 데이터 세트의 엉뚱한 데이터들이나 무작위성이다.

알고리즘 선택

당신의 알고리즘 선택은 당신이 알고리즘이 수행해 주기를 바라는 것이 무엇인지에 달려 있다.

- **의사결정** : 당신이 기계가 어떤 결정을 내거나, 최상의 조치를 선택하거나, 또는 제공된 증거를 기반으로 어떤 결론을 내리길 원한다면, 아마도 최고의 선택은 의사결정 나무가 될 것이다.
- **분류 및 클러스터링** : 당신이 기계가 분류, 범주화, 또는 그루핑을 하기 원한다면, k-최근접 이웃, k-means 클러스터링(그룹화를 위한), 또는 나이브 베이즈와 같은 분류 알고리즘들을 고려하는 것이 좋을 것이다.
- **예측/추정** : 당신이 기계가 어떤 연속적인 범위에 속한 값을 예측하기를 원한다면, 회귀 알고리즘이 가장 좋을 것이다.

당신은 알고리즘을 선택할 때, 더 실증적인(실험적인) 접근을 시도해 볼 수 있다. 알고리즘의 선택 범위를 2개나 그보다 약간 많은 수의 알고리즘으로 좁힌 후, 그 알고리즘들에 대해 보유하고 있는 데이터를 사용하여 기계를 훈련 및 테스트해 보고, 그 결과를 바탕으로 어떤 알고리즘이 가장 정확한 결과를 제공했는지 확인해 보면 된다. 예를 들어, 당신이 분류 문제를 다루려고 한다면, k-최근접 이웃과 나이브 베이즈 각각에 대해 훈련 데이터를 실행한 다음 테스트 데이터를 실행시켜 봄으로써, 새로 투입된 개체가 속한 클래스를 어떤 알고리즘이 가장 정확하게 예측할 수 있는지 확인해 볼 수 있을 것이다.

앙상블 모델링

당신은 앙상블 모델링(ensemble modeling)을 시도해 볼 수도 있다. 앙상블 모델링을 수행하는 방법은 여러 가지가 있다. 한 가지 방법은 둘 이상의 알고리즘 결과들을 결합하는 것이다. 또 다른 방법은 서로 다른 데이터 샘플을 만들고, 각 데이터 샘플을 ML 알고리즘에 공급한 다음, 각 결과들을 결합하여 최종 결정을 내리는 것이다. 앙상블 모델링에는 세 가지 접근방법이 있다.

- 배깅(bagging) : 당신은 우선 무작위 데이터들로 구성된 데이터 세트를 2개 이상 생성한다(그림 10.4). 그다음 각 데이터 세트를 분류기 알고리즘(예 : 의사결정 나무 알고리즘)에 제공한다. 그러면 머신은 2개의 다른 의사결정 나무를 생성할 것이다. 이번엔 이렇게 생성된 의사결정 나무에 테스트 샘플을 제공한다. 그러면 이 나무들은 다른 결과를 생성할 수도 있을 것이다. 어쨌든 기계는 이렇게 생성된 두 가지 결과를 결합하여 최종 결정을 내릴 수 있게 된다. 이와 같이 어떤 결과들을 결합해서 사용하는 일반적인 경우로는 **과반수 투표** 방식이나 또는 서로 다른 결정 사항들의 평균을 취하는 경우를 들 수 있다. 의사결정 나무에 대한 배깅 접근방법은

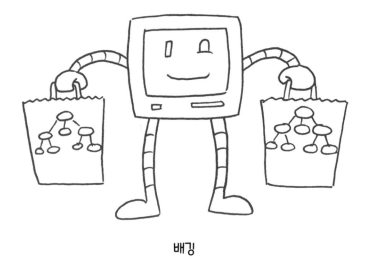

배깅

그림 10.4 배깅

분산을 줄여줌으로써, 결과적으로 의사결정 나무를 하나만 사용하는 것에 비해 전체 성능을 보다 향상시킬 수 있다.

- **부스팅**(boosting) : 부스팅 방식에서는 ML 분류기(classifier)가 정확하게 분류하기 어려운 데이터 객체들에게는 높은 가중치 또는 중요도를 부여한다(그림 10.5). 이러한 과정은 반복적으로 실행되는데, 이전의 분류기가 잘못 분류했던 데이터 객체들을 대상으로 새로운 분류기가 더 높은 가중치를 다시금 부여하는 방식으로 상이한 분류기들을 학습해 나간다. 부스팅은 분산을 감소시키는 결과를 낳지만 이상치에 민감해질 수 있다.

- **스태킹**(stacking) : 2개 이상의 서로 다른 ML 알고리즘(또는 하나의 알고리즘에 대한 서로 다른 버전)을 사용하여 생성된 결과물들을 메타 학습기(meta-learner)를 통해 결합시킴으로써 분류 성과를 향상시킨다(그림 10.6). 넷플릭스 상을 받은 팀은 **기능 가중 선형 스태킹**(feature-weighted linear stacking)이라는 스태킹 방식을 사용했다. 그들은 몇 가지 다른 예측 모델들을 만든 다음 그것들을 서로 쌓았다. 이러한 방식을 따를 때 당신은 나이브 베이즈 위에 k-최근접 이웃을 쌓을 수 있다. 각각은

부스팅

그림 10.5 부스팅

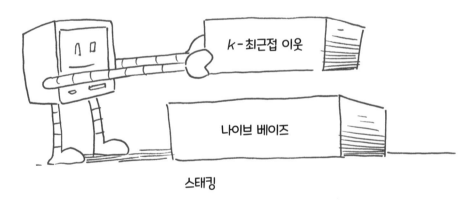

스태킹

그림 10.6 스태킹

정확도를 단지 0.01%밖에 더 높이지 못하지만, 이와 같은 작은 개선은 시간이 지나면서 상당한 개선 결과를 가져올 수 있다. 넷플릭스 ML 대회에서 몇몇 우승팀들은 30개 이상의 알고리즘을 쌓았다고 한다.

각각의 ML 알고리즘을 하나의 도구로 생각해 보라. 당신은 실험을 통해 가장 좋은 도구를 찾아내거나 도구들을 결합하여 정확도를 높일 수 있을 것이다.

머신러닝 접근방법 결정

당신이 결정해야 할 또 한 가지는 당신이 사용하고자 하는 ML 스타일이다. 이러한 결정은 데이터를 고려해서 내릴 필요가 있다.

- 지도(supervised) : 데이터가 명확하고 일관되게 레이블링되어 있으면 지도 학습이 가장 좋다. 당신이 기계에 예측변수들과 결과들을 제공하면, 기계는 이 둘 사이의 관계를 식별한다.
- 비지도(unsupervised) : 레이블링되지 않은 데이터들이 많은 경우라면, 비지도 학습이 유일한 옵션이 될 것이다. 데이터의 형태가 어떠하든 당신이 가지고 있는 데이터들을 기계에 입력하면, 기계는 데이터들이 어떻게 연관되어 있는지 알아낸다. 그다음, 기계가 항목들을 왜 그렇게 범주화 또는 그룹화를 했는지 그 이유를 알아내는 것은 당신의 몫이다.
- 준지도(semi-supervised) : 레이블링된 데이터는 일부이고 레이블링되지 않은 데이터가 많은 경우라면, 준지도 학습이 바람직한 접근방법이다.

요점 정리

- 편향은 모델이 데이터의 복잡성에 비해 너무 단순할 때 발생하는 오차이다.
- 분산은 모델이 데이터의 단순성에 비해 너무 복잡할 때 발생하는 오차이다.
- 데이터에 모델을 잘 맞추면, 기계가 편향과 분산 사이에 균형을 유지하여 예측 또는 분류를 더 정확하게 수행한다.

- 머신이 모델을 데이터에 잘 맞출 수 있도록 하려면, 당신은 적합한 알고리즘을 선택해야 한다.

- 의사결정 나무 알고리즘은 기계가 어떤 결정을 내리거나, 최선의 조치를 선택하거나, 또는 제공된 증거를 기반으로 어떤 결론을 도출해야 할 때 유용하다.

- 분류 알고리즘은 기계가 아이템의 특성들을 바탕으로 아이템들을 분류, 범주화, 또는 그루핑을 해야 할 때 가장 적합하다.

- 회귀 알고리즘은 기계가 어떤 연속적인 범위의 값을 예측하도록 할 때 가장 적합하다.

- 앙상블 모델링을 통해 둘 이상의 알고리즘을 사용함으로써 기계가 보다 정확한 모델을 생성하도록 만들 수 있다.

11

조언

머신러닝(ML)은 많은 기술적·조직적 과제를 제기한다. 당신은 적합한 질문을 하고, 양질의 데이터를 수집하고, 적합한 알고리즘을 선택하고, 알고리즘을 조정하고, 종종 기계가 제공하는 결과에서 의미를 찾아내야 한다.

이 장에서는 당신과 당신의 조직이 이러한 과제들을 해결하고 올바른 길에 서서 ML 프로그램을 시작하는 데 도움이 될 수 있는 몇 가지 팁을 제공한다.

질문의 시작

조직들은 종종 ML의 이점을 누리고 싶어는 하지만, 정작 ML을 통해 달성하려는 목표는 거의 또는 전혀 없다. 이러한 조직들은 해결하고 싶은 특정의 문제들, 또는 답변이 필요한 질문들, 또는 얻기를 희망하는 인사이트들을 가지고 있지 않다. 그럼에도 이러한 조직들은 ML 계획을 공표하고 이에 필요한 전문지식을 갖춘 사람들을 채용한다. 그런데 이러한 조직들에는 ML을 적용하는 방법을 알려줄 수 있는 사람이 없기 때문에, 새로 채용된 사람들은 ML 기술을 가지고 노는 데다가 시간을 보내게 된다. 이러한 조직들에는 조직의 비즈니스 니즈에 ML 기술을 접목시키는 데 시간을 들이는 사람이 아무도 없다.

이러한 일반적인 실수를 피하기 위해 취해야 할 첫 번째 단계는 조직의 모든 사람들에게 ML에 대한 교육을 시키고 질문을 시작하도록 권장하는 것이다. 조직 구성원들에게 해결해야 할 문제, 답변해야 할 질문, 또는 조직을 개선하거나 업무를 수행하는 데 도움이 될 수 있는 인사이트들을 찾아보라고 지시하라. 문제, 질문, 그리고 원하는 인사이트들에 대한 목록을 작성하고, 그 항목들에 대해 우선순위를 지정하라. 그다음 각 항목을 처리하는 데 가장 효과적인 기술이 무엇인지 생각해 보라. 이때, 필요한 최고의 기술이 꼭 ML이어야 하는 것은 아니라는 점을 기억하라.

나는 한때 ML에 대규모 투자를 하고 싶어했던 조직에서 일한 적이 있다. 이 조직은 어떤 지역의 대학에서 6명의 ML 전문가를 고용하여 팀을 구성했다. 이 팀은 즉시 대규모 데이터 세트를 가지고 작업을 할 수 있는 기술 인프라를 구축하는 작업에 착수했다. 이 작업이 완료되자, 그들은 회사 사람들에게 "당신은 어떤 질문에 대답해야 합니까?", "당신은 어떤 문제를 해결해야 합니까?", "어떤 인사이트가 비즈니스 추진에 도움이 될까요?"와 같은 것들을 묻기 시작했다.

새로 채용된 ML 전문가들은 대학원을 갓 졸업한 사람들이어서 소규모 데이터를 대상으로 실험을 수행하고 그 결과를 학습하는 데 익숙했다. 그 조직에서 부족했던 부분은 좋은 질문을 제시하고 문제와 잠재적 기회를 식별하는 데 경험이 풍부한 리더십이었다. ML 전문가들의 질문은 예를 들면, "우리의 고객들은 어떤 종류의 프로모션을 좋아합니까?"와 같은 것들이었다. 그러나 이러한 질문들은 전통적인 데이터베이스 도구들을 이용하여 해결할 수 있는 것들이었다.

ML 팀의 멤버들은 마치 포뮬러 원 경주용 자동차를 만들어 놓고는 사람들에게 평행 주차 방법을 가르쳐야 하는 것처럼 느꼈다.

물론 질문, 문제, 요구되는 인사이트는 조직에 따라 다르지만, 이와 관련해서는 다음과 같은 질문들을 생각해 볼 수 있다.

- 우리는 무엇을 배웠는가?
- 우리가 하고 있는 일은 효과가 있는가?
- 적절한 데이터를 수집하고 있는가?
- 데이터는 우리에게 고객에 대해 무엇을 알려주는가?
- 더 정확한 예측을 하기 위해서는 어떤 데이터가 필요한가?

훈련 데이터와 테스트 데이터를 섞지 말라

모델의 성능과 정확도를 향상시키기 위한 핵심은 훈련 데이터와 테스트 데이터를 절대 섞지 않는 것이다. 제7장 '머신러닝이란 무엇인가?'에서 설명한 것처럼 훈련 데이터는 기계가 입력물과 결과물 간의 관계를 파악하는 데 도움을 주는 데이터 세트이다. 테스트 데이터는 알 수 없는 입력물을 기반으로 기계가 결과를 정확하게 예측하는 능력을 측정하는 데이터 세트이다. 기계를 훈련시킨 후에 훈련 데이터를 테스트 데이터에 합쳐 버리면 기계가 순수하게 테스트를 얼마나 잘 수행했는지 명확히 알 수가 없다. 이는 시험을 보기 직전에 학생들에게 시험 문제 몇 개와 그것들의 정답이 적힌 종이를 한 장 주는 것과 마찬가지다. 이 경우 테스트 결과는 학생들이 어떤 내용을 배웠는지 또는 어떤 부분에서 어려움을 겪고 있는지를 정확하게 보여 줄 수가 없다.

특히 테스트 데이터의 양이 적은 경우에는 훈련 데이터와 테스트 데이터를 합치고 싶은 유혹을 느낄 수 있다. 테스트 데이터 세트 규모가 더 크면 더 나은 결과를 얻을 수 있다는 생각이 들 수 있기 때문이다. 그러나 이러한 유혹에 저항하라. 훈련 데이터와 테스트 데이터를 따로 보관하라. 테스트를 실행할 때, 당신은 기계에게 낯선 데이터를 보여 주어야 할 것이다.

모델의 정확성을 과장하지 말라

많은 사람은 기계를 훈련시킨 후, 드디어 자신의 기계에게 유용한 일을 하는 방법을 가르쳤다는 생각으로 흥분에 사로잡히는 경향이 있다. 이제 그들은 자신의 성취를 세상에 또는 적어도 자기 조직에 알리고 싶어 한다. 그들은 발표 일정을 잡고 발표장에서 테스트 데이터를 사용하여 자신들이 개발한 새로운 ML 모델의 강력함과 정확성을 보여줄 계획을 세울 수 있다.

앗, 그러나 이건 큰 실수다!

모델을 통해 대규모의 테스트 데이터 세트를 돌리기 전까지는 모델이 얼마나 강력한지 또는 얼마나 정확한지는 확실히 알 수 없는 것이다. 당신이 테스트 전에 ML 모델의 성공을 발표하면 대중을 현혹시킬 수는 있지만, 결국 그들이 실망하게 만드는 길을 가고 있을 수도 있다. 나중에 그들이 당신의 모델을 사용했는데 기대에 벗어난 결과를 얻게 된다면 당신은 그러한 결과로 인해 시달리게 될 것이다.

당신은 미리 새 모델에서 테스트 데이터를 돌려봄으로써 그리고 필요한 경우 모델을 조정하여 정확도를 높임으로써, 당신이 겪게 될 수도 있는 곤란한 상황을 피할 수 있다. 여러 차례의 모델 테스트와 조정을 거쳐야 할 수도 있다. 새롭고 멋진 당신의 모델 공개를 미루기 어렵다면, 적어도 테스트 데이터를 사용하여 시연하라. 그 결과 그 모델이 기대했던 성과에서 벗어난다면, 당신의 관리자와 다른 팀 멤버들은 그 모델의 정확성에 대해 현실적인 관점을 가질 수 있게 될 것이다.

알고리즘에 대해 알아야 한다

데이터가 ML을 가동시키는 연료라면 알고리즘은 엔진이다. 고성능 모델을 만들기 위해서는 적합한 엔진을 선택해야 한다. 이 책에서는 몇 가지 알고리즘과 알고리즘 범주만 다루는데, 이것들을 깊이 있게 다루지는 않는다. 성공적인 ML을 구축하기 위해서는 더욱더 다양한 ML 알고리즘을 알아야 하는데, 그래야 당신은 작업에 제일 적합한 알고리즘을 선택할 수 있을 것이다.

원하는 결과를 얻기 위해서는 알고리즘을 2개 이상 사용해야 할 수도 있다. 예를 들어, 당신이 분류 문제를 다루고 있는 상황이라면, 분류의 정확도를 높이기 위해서 의사결정 나무와 k-최근접 이웃을 서로 쌓아서 사용할 수도 있다. 당신은 어떤 알고리즘을 다른 알고리즘보다 선호할 수 있는데, 그건 문제가 되지 않는다. 다른 알고리즘보다 더 쉬워 보이는 알고리즘도 있기 마련이다. 알고리즘은 즐거운 추억을 불러일으키는 오래된 노래와 같은 것일 수도 있다.

다양한 범주의 알고리즘에 익숙해지는 것이 좋은 일이지만, 이를 통해 반드시 가장 훌륭한 최신 알고리즘을 사용할 필요는 없다. 때로는 최신 도구보다도 당신이 좋아하는 도구를 사용할 때 더 많은 일을 해낼 수도 있는 것이다.

요점 정리

- 머신러닝을 추진하기 전에, 우선 답변하고 싶은 질문들, 해결해야 할 문제들, 또는 얻고 싶은 인사이트를 식별하라.
- 훈련 데이터와 테스트 데이터를 섞지 말라. 그렇게 하면 예측 및 분류의 유효성이 감소된다.
- 모델의 정확도를 과장하지 말라. 모델을 당신의 조직에 공개하기 전에 대규모 데이터 세트를 가지고 그 모델을 테스트해 보라.
- 알고리즘에 대해 잘 알아야 한다. 알고리즘은 ML을 가동시키는 엔진이다. 그리고 데이터는 연료다.

Part III

인공신경망

12

인공신경망이란 무엇인가

인공신경망(artificial neural network)은 인간의 두뇌를 보고 영감을 받은 기술이라 할 수 있다. 여기서 키워드는 **영감**이다. 인공신경망이라는 산물은 종이 비행기가 초음속 제트기를 보고 영감을 받아 만들어진 산물인 것과 마찬가지의 경우로 볼 수 있다. 뇌가 뉴런(즉, 신경세포)이라는 물리적 실체로 구성된 반면, 인공신경망은 노드로 구성된다. 각 노드는 가중치가 반영된 입력값들을 수용 및 결합하고, 편향을 더하고(조정), 이렇게 해서 만들어진 결과에 대해 어떤 함수를 적용하여 출력값을 생성한다. 이렇게 생성된 출력값은 추가적인 처리가 필요한 경우 이를 위해 다른 노드로 전송될 수 있다.

인공신경망은 인간의 뇌에서 뉴런들이 계층을 이루고 있는 방식과 유사하게 노드들을 계층으로 구성하고 각 노드를 다른 층의 많은 노드와 연결시킴으로써 기계의 학습 능력을 향상시킨다. 인공신경망에서 노드들은 입력(input), 은닉(hidden), 출력(output), 이렇게 세 가지 층으로 배열될 수 있다(그림 12.1). 신호는 입력층에서 은닉층을 거쳐 출력층으로 네트워크를 통과해 나간다. 은닉층은 하나 또는 여러 개의 계층들로 구성될

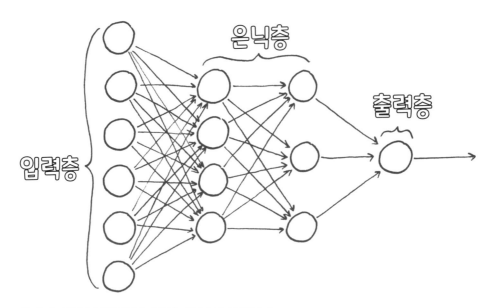

그림 12.1 인공신경망은 입력층, 은닉층, 출력층으로 구성된다

수 있으며 복잡한 계산을 수행한다. 당신은 그 계층이 작업하는 모습을 볼 수 없기 때문에, 그 계층에는 은닉이라는 수식어가 붙는다. 단지 당신이 볼 수 있는 것은 입력층에서 당신이 기계에 공급한 데이터들과 출력층에서 기계가 전달하는 결과뿐이다.

노드 간의 연결에는 상대적인 강도를 설정하기 위해 가중치가 부여된다. 이와 같은 가중 연결을 사용하는 경우, 2개 이상의 노드로부터 입력값을 받는 노드는 어떤 입력값에 더 주의를 기울여야 하는지를 결정할 수 있다. 입력값을 받는 노드는 함수를 수행할 때 입력값을 수락하거나 거부할 수도 있고 또는 가중 평균을 사용할 수도 있다.

뉴런은 가중 입력값을 수신하여 종합한 후, 여기에 **편향**, 즉 출력값을 증가 또는 감소시킬 수 있는 양수 또는 음수 값을 더한다.

가중 연결과 편향을 통해 인공신경망의 학습이 가능해진다. 마치 당신이 학습할 때 뇌의 뉴런들 간의 연결이 강화되는 것처럼, 신경망의 노드들은 연결 강도를 조정하여 네트워크가 출력을 보다 정확하게 생성할 수 있도록 네트워크의 출력 생성 능력을 향상시킨다. 예를 들어 지도 학습을 사용하여 인공신경망을 훈련시키는 경우, 당신이 알려진 입력들(레이블들과 해당 레이블들이 참조하는 객체들)을 신경망에 입력하면, 신경망은 해당 레이블과 객체 간의 관계를 파악할 수 있다. 이 관계는 실제 레이블과 예측 레이블 간의 차이[오류(error)라고도 불리는]를 최소화시키는 과정을 통해 학습된다. 훈련 데이터 샘플이 신경망에 공급되면 신경망은 출력(객체 분류 결과)들을 산출해낸다. 출력이 목표를 벗어나면 오류가 신경망을 통해 피드백되므로, 신경망은 노드 간 연결 강도(가중치)와 편향을 조정하고 출력 산출을 다시 시도할 수 있다. 이러한 피드백 및 조정 과정은 인공신경망이 정확한 출력을 충분히 생성할 때까지 노드 사이에서 그리고 노드 내에서 반복적으로 발생한다.

왜 두뇌 유추인가

컴퓨터 과학자들이 생물학적 뉴런에서 영감을 받았던 데에는 그만한 이유가 있다. 인간의 뇌는 분류에 관한 사고를 하는 데 매우 효율적이다. 인간은 뇌를 사용하여 다양한 글씨체, 전통음식, 동물의 종을 빠르게 구별할 수 있다. 당신은 억양이 강하거나 중얼거리는 경향이 있는 사람의 말을 이해하는 데에도 아마 큰 어려움을 겪지는 않을 것이다.

어떻게 보면 당신은 이와 같은 패턴들을 찾아내는 데 너무 익숙해져 있다 보니, 기계가 어떻게 해서 이런 패턴들을 찾아낼 수 있는지에 대해서는 상상하기 어려울 수 있다. 당신에게는 단순하고 제2의 천성과도 같은 능력이 첨단의 컴퓨터 시스템에게는 너무도 갖추기 어려운 능력일 수 있다. 기계의 장점은 짧은 시간에 방대한 양의 데이터를 처리할 수 있다는 것이다. 인공신경망은 인간이 쉽게 할 수 있는 일의 양을 큰 규모로 받아들여서 현대적인 컴퓨터의 확장성을 활용하여 처리하는 능력이라 할 수 있다. 기계는 이러한 능력을 통해 방대한 양의 이미지를 분류해내고, 언어를 번역하며, 오디오 파일을 빠르고 정확하게 텍스트 파일로 변환할 수 있다.

단지 또 하나의 멋진 알고리즘

인공신경망은 단지 또 하나의 머신러닝(ML) 알고리즘이다(흔히 사용되는 ML 알고리즘에 대한 설명은 제9장의 '주요 머신러닝 알고리즘'을 참조하라). 다른 ML 알고리즘들과 마찬가지로 인공신경망은 대규모 데이터 세트를 사용할 수 있을 때 가장 효과적이다. 품질이 좋은 데이터가 많을수록 더 정확한 결과를 제공할 수 있다. 그리고 다른 ML 알고리즘들과 마찬가지로 기계는 다음과 같은 접근방법들을 통해 학습할 수 있다.

- **지도 학습** : 소규모의 훈련 데이터 세트를 사용하여 기계에 레이블과 객체 간의 관계를 보여 준다. 그다음 기계에 더 규모가 크고 낯선 객체들을 공급함으로써 기계가 얼마나 정확하게 객체를 분류할 수 있는지 평가하고, 이를 바탕으로 모델을 조정하여 정확성을 개선한다.
- **비지도 학습** : 레이블링되지 않은 대규모 데이터 세트를 기계에 공급하여 기계가 데이터의 패턴을 식별하도록 한 다음, 패턴들을 조사하여 인사이트를 도출한다.
- **준지도 학습** : 레이블링된 데이터를 기계에 공급하여 데이터 패턴들을 식별한 다음, 레이블링되지 않은 데이터를 사용하여 분류 또는 예측을 수행한다.
- **강화 학습** : 기계에게 수행할 작업을 부여한 다음, 성능 향상에 대해 보상한다.

기계로 하여금 복잡한 작업들을 인간보다 더 빠르고 정확하게 수행하는 방법을 배우게 하면, 조직은 전략과 운영에 집중하는 가운데 생산성을 크게 향상시킬 수 있게 될 것이다. 당신은 인공신경망과 같은 ML을 사용하면 소셜미디어로부터 얻을 수 있는 방대한 양의 데이터들을 분석하여 신제품 아이디어를 개발할 수도 있다. 의사는 컴퓨터를 사용하여 엑스레이를 분석하고 특정 유형의 암 발병에 대한 초기 징후를 보여주는 패턴을 식별해낼 수도 있다. 또한 당신은 고객과의 커뮤니케이션 데이터를 분석함으로써 제품의 결함이나 고객 서비스에 있어 어떤 단점을 가리키는 패턴들을 파악할 수도 있다. 이와 같이 응용 가능성들은 무궁무진하다. 최신 신경망은 번역, 필사, 심지어 자동차 운전과 같은 인간 특유의 작업들을 수행하는 데 있어 인간의 능력을 능가할 수도 있다.

인공신경망을 이용할 때 다음과 같은 중요 사항들을 염두에 두기 바란다.

- 인공신경망을 최대로 활용하기 위해서는 대규모의 고품질 데이터가 필요하다. 이러한 데이터들이 기계에 공급되지 않으면, 기계는 노드 간의 연결을 정밀하게 조정할 수 없을 것이다. 즉, 기계는 아무것도 배우지 못할 것이다.
- 인공신경망은 다른 ML 알고리즘에 비해 더 실증적인 접근방식을 가능케 해준다. 몇 가지 작은 실험을 수행하고 조정을 통해 결과를 개선하라. 최신 신경망들은 설정을 변경할 수 있는 기회들을 충분히 제공해 줄 것이다.

당신은 이 장의 뒷부분에서 신경망의 성능을 최적화하기 위해 얼마나 많은 다이얼이 조정되고 얼마나 많은 숫자가 변경되어야 하는지 알게 될 것이다. 누가 또는 무엇이 이러한 조정 작업들을 수행하는가? 당신이 조정을 할 수는 있지만, 보통 (가중치와 편향의) 다이얼을 돌리는 것은 바로 기계이다. 당신은 다양한 기능들과 다양한 통계적 방법들을 시도해 볼 수 있을 것이다. 때때로 당신이 하고자 하는 조정이 성능에 어떤 영향을 미칠지 알지 못한 채, 그 조정을 수행해 볼 수도 있다. 당신은 가장 잘 작동되는 것을 보기 위해서, 그저 다양한 조정 작업들을 시도해 볼 수 있을 것이다. 마찬가지로, 기계도 시행착오를 통해 노드 간의 연결을 조정함으로써 그 연결을 약화시키거나 강화시킨다.

이러한 경험적(실험적) 접근방법은 신경망을 ML에서 흥미로운 영역으로 만든다. 전문가들과 인공지능 팀들은 다양한 기법들을 지속적으로 실험하고 그 결과를 발표하며, 다른 사람들에게도 실험을 권장하고 있다. 당신은 이러한 기법들을 당신의 인공신경망에 적용하거나, 영감의 원천으로 사용하여 당신만의 멋진 알고리즘을 만들어 낼 수도 있을 것이다.

퍼셉트론에 대해 알아가기

인공신경망은 프랭크 로젠블랫 교수가 **퍼셉트론**이라 불리는 인공신경망을 구성하는 기본 단위인 노드를 최초로 개발한 1950년대에 시작되었다. 퍼셉트론은 의사결정을 위한 작은 기계처럼 작동한다. 여러 입력값을 받아서, 해당 가중치를 곱하고, 합계를 내고, 그 결과에 대해 수학적 함수를 적용하여 출력값을 생성한다(그림 12.2).

  퍼셉트론을 하나의 작은 원이라고 상상해 보자. 그 원으로 들어가고 있는 세 가지 입력이 있다. 이 입력들을 각각 x1, x2, x3라고 하자. 그리고 이번엔 그 퍼셉트론으로부터 나가고 있는 하나의 출력이 있다. 이 입력들과 출력의 방향은 모두 같은 방향을 가리키고 있기 때문에, 이 퍼셉트론은 **피드포워드**(feedforward) **퍼셉트론**이라 불린다.

  그러면 이제 이 퍼셉트론을 사용하여 어떤 결정을 내려보자. 나는 타코를 좋아하는데, 일반적으로 어떤 레스토랑을 대상으로 거기서 타코를 먹을지 여부를 결정할 때는

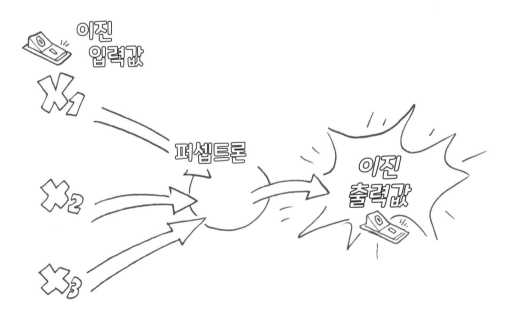

그림 12.2 퍼셉트론

보통 세 가지 요소를 고려한다. 그 세 가지 입력은 다음과 같다.

x1은 식당이 깨끗한지 여부이다.

x2는 스페인어 버전의 메뉴판이 있는지 여부이다. 스페인어 버전의 메뉴판이 있다는 것은 일반적으로 그 레스토랑이 전통음식을 제공한다는 의미이기 때문이다.

x3는 벽에 솜브레로(sombrero, 챙이 넓은 멕시코 모자_역주)가 걸려 있는지 여부이다. 나는 그동안 여행을 하면서 솜브레로가 벽에 걸려 있는 레스토랑의 경우, 대부분은 별로 만족스럽지 못했던 기억을 가지고 있기 때문이다.

이제 나는 이러한 세 가지 입력 각각에 이진값을 할당할 것이다. 이진값은 일반적으로 0과 1로 표현하지만, 이것들 대신 1과 −1과 같은 값들을 사용할 수도 있다. 1과 −1을 사용하는 경우, 입력에 각 연결에 대한 가중치를 곱하면 0이 되지 않는다. 다음은 내가 사용하고자 하는 값들이다.

x1 = 1, 식당이 깨끗한 경우 / x1 = −1, 그렇지 않은 경우

x2 = 1, 식당에 스페인어로 된 메뉴판이 있는 경우 / x2 = −1, 그렇지 않은 경우

x3 = −1, 식당 벽에 솜브레로가 걸려 있는 경우 / x3 = 1, 그렇지 않은 경우

이제 나의 퍼셉트론이 이러한 모든 요소에 가중치를 동일하게 할당하고 간단한 덧셈/뺄셈 기능을 수행한다고 가정해 보자. 레스토랑이 깨끗하면 1을 더하고, 그렇지 않으면 1을 뺀다. 레스토랑에 스페인어 버전의 메뉴가 있으면 1을 더하고, 그렇지 않으면 1을 뺀다. 솜브레로가 걸려 있지 않으면 1을 더하고, 걸려 있으면 1을 뺀다. 이러한 계산을 수행한 결과, 그 합계가 지정된 어떤 임계치 조건을 만족하면 나는 그 식당에서 식사를 할 것이다. 그러나 그 임계치 조건을 만족하지 못하면, 나는 그곳에서 먹지 않을 것이다. 나는 임계치 조건을 2 이상으로 설정하고자 한다.

내가 어떤 레스토랑에 들어갔을 때, 지저분하긴 하지만 스페인어 버전의 메뉴가 있고 벽에는 솜브레로가 걸려 있지 않다는 것을 보게 되었다고 해 보자. 이에 따라, x1 = −1, x2 = 1, x3 = 1과 같은 입력값들을 퍼셉트론에 입력한다. 그러면 나의 퍼셉트론은 이러한 이진값들을 합산한다. −1 + 1 + 1 = 1. 그다음 이 합계를 임계치 2와 비교한다. 그러면 그 합계가 임계치 조건을 충족하지 않기 때문에, 내 퍼셉트론은 이 레스토랑에서 먹지 말라고 0의 출력값을 생성한다.

불행히도 이 퍼셉트론은 나에게 중요한 세 가지 조건을 모두 충족하는 경우에만 그 레스토랑에서 식사를 하라고 알려 주기 때문에, 많이 사용하기에는 너무 간단해서 부적절하다. 또한 학습을 해나가는 과정이 없다. 하는 일이라고는 단지 덧셈 기능을 수행하고 추천 결과(좋아요 또는 싫어요)를 표시하는 것뿐이다.

그래서 이번엔 이 퍼셉트론을 개선시키기 위해 입력변수에 상대 가중치를 할당해 보겠다. 나는 깨끗한 식당을 좋아하기 때문에, 그 연결에 가중치를 3으로 설정한다. 그리고 전통적인 멕시코 음식을 더 좋아해서 스페인어 메뉴에 대해서는 가중치를 6으로 설정한다. 솜브레로가 벽에 걸려 있는 것은 그렇게 성가신 일은 아니므로 가중치를 2로 설정한다. 그리고 임계치는 다시 한번 2로 설정한다.

퍼셉트론은 결정을 내리기 전에 각 입력값에 해당 가중치를 곱한다. 이제 내가 들어온 레스토랑이 스페인 버전의 메뉴판이 있긴 해도 지저분하고 벽에는 솜브레로가 걸려 있다고 가정해 보자. 즉, x1 = −1, x2 = 1, x3 = −1. 퍼셉트론은 이러한 값에 해당 가중치를 곱하고 그 결과들을 합산한다. 이 계산 과정은 다음과 같다.

$$(-1 \times 3) + (1 \times 6) + (-1 \times 2) = 1$$

만약 내가 들어온 레스토랑이 깨끗하고 벽에 솜브레로가 없긴 해도 스페인어 메뉴판이 없다면, 계산 과정은 다음과 같다.

$$(1 \times 3) + (-1 \times 6) + (1 \times 2) = -1$$

이 함수와 가중치를 사용하는 경우, 내가 들어온 레스토랑에 스페인어 메뉴판이 있고 깨끗하거나 솜브레로가 없는 조건 중 적어도 하나만 만족한다면, 나는 그 레스토랑에서 식사를 할 것이다. 예를 들어, 스페인어 메뉴판이 있고 레스토랑이 깨끗하다는 두 가지 조건만 해당되는 경우라면, 그 계산 과정은 다음과 같다.

$$(1 \times 3) + (1 \times 6) + (-1 \times 2) = 7$$

좋은 소식은 퍼셉트론에 더 많은 데이터를 제공해 주면 가중치를 조정하여 학습할 수 있다는 것이다. 내가 예전에 스페인어 버전의 메뉴판이 없는 멕시코 레스토랑에서 식사를 한 적이 있다는 데이터를 퍼셉트론에 추가로 제공한다고 가정해 보자. 그러면 퍼셉트론은 이 데이터를 보고 가중치를 조정하여 모델을 보다 정확하게 만들 수 있다. 예를 들어, 퍼셉트론은 스페인어 버전 메뉴판에 대한 가중치를 4로 낮추고 레스토랑 청결 상태에 대한 가중치를 4로 늘릴 수도 있다는 것이다. 이러한 경우에는, 스페인어 메뉴판이 없어도 레스토랑이 깨끗하고 벽에 솜브레로가 없다면, 나는 아마도 그 레스토랑에서 식당에서 식사를 할 것이다.

$$(1 \times 4) + (-1 \times 4) + (1 \times 2) = 2$$

퍼셉트론은 출력값의 정확도를 향상시키는 방법으로서 출력값을 늘리거나 줄이기 위해 편향을 더할 수도 있다.

이러한 예는 지나치게 단순화된 것임을 명심하라. 기억해야 할 핵심 사항은 퍼셉트론이 여러 입력값에 대해 하나의 함수를 적용함으로써 하나의 출력값을 생성한다는 점과 퍼셉트론은 입력에 대한 가중치를 조정하고 편향을 더하는 방식으로 학습해 나간다는 점이다.

인공신경망에는 이러한 퍼셉트론이 수백 또는 수천 개가 포함될 수 있는데, 각 퍼셉트론은 입력값을 받아들이고 해당 입력값에 대한 함수를 적용하여 출력값을 생성한다. 입력층의 퍼셉트론들은 당신이 기계에 공급해 준 입력값들을 받아 출력값을 생성하고, 이를 은닉층의 퍼셉트론들로 전달한다. 그러면 은닉층의 퍼셉트론들은 자신의 출력값들을 또 다른 은닉층의 퍼셉트론들에 전달하는데, 이러한 전달은 출력값이 출력층에 전달되기 전까지 계속된다. 출력층은 최종 결과를 제공한다.

입력층과 출력층으로만 구성된 퍼셉트론은 단층(single-layer) 퍼셉트론이라 한다. 한편, 은닉층들을 가지고 있는 퍼셉트론은 다층(multilayer) 퍼셉트론이라 한다.

시그모이드 뉴런으로 압축하기

내가 레스토랑 결정을 내리는 데 사용한 퍼셉트론은 1 또는 −1의 이진 입력값(좋아요 또는 싫어요)을 사용한다. 모든 입력값과 출력값은 '좋아요' 또는 '싫어요'로만 구성되고 이것들 사이에는 아무것도 없다. 이러한 퍼셉트론은 두 가지 면에서 오류를 범할 가능성이 있다. 즉, 나를 많은 좋은 레스토랑으로부터 멀어지게 할 수도 있고, 나를 정말 나쁜 레스토랑에서 식사를 하게 만들 수도 있다.

내가 정말 원하는 것은 레스토랑의 상대적 품질을 나타내는 차등제(이상적으로는 1과 0 사이의 숫자)이다. 이 숫자가 1에 가까울수록 나는 레스토랑의 품질에 대해 더 확신할 수 있을 것이다. 0에 가까우면 아마도 나는 다른 곳으로 가는 게 나을 것이다. 이러한 차등적인 결과를 얻기 위해서는 뭔가 새로운 것, 즉 시그모이드 뉴런(sigmoid neuron)이라는 것을 사용해 볼 수 있을 것이다(그림 12.3).

시그모이드 뉴런은 퍼셉트론으로 얻는 이진 선택보다 더 다양한 경우의 값을 처리할 수 있다. 사실 당신은 원하는 숫자를 시그모이드 뉴런에 넣은 다음 시그모이드 함수를 이용하여 그 숫자를 0과 1 사이의 값으로 압축할 수 있다. 함수의 출력값들을 그래프에 찍어보면 S자 모양의 곡선을 형성하기 때문에 시그모이드 함수라고 부른다. 이러한 이름은 S자의 모양이 더 작은 공간에 압착된 선의 모양과 거의 같다는 점에서 상당히 적절한 표현이다(그림 12.4). 이러한 압착 작업이 바로 우리가 이진 숫자를 가지고 하고자 하는 작업이다.

앞 절에서 살펴본 퍼셉트론과 마찬가지로, 시그모이드 뉴런도 가중 입력값을 사용한다. 주요 차이점은 시그모이드 함수가 단순한 이진수 0 또는 1로 얻을 수 있는 것보다

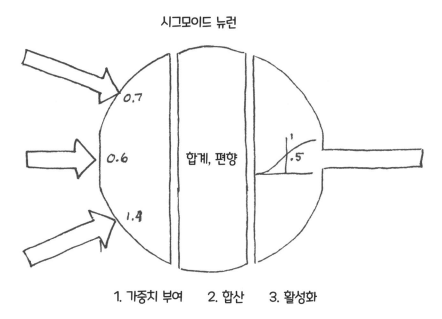

그림 12.3 시그모이드 뉴런

훨씬 더 다양한 값을 제공한다는 것이다.

그럼 다시 타코 신경망으로 돌아가 보자. 입력층에 대해서는 전과 동일한 기준을 사용한다.

x1은 식당이 깨끗한지 여부이다.

x2는 메뉴판의 스페인어 버전이 있는지 여부이다.

x3는 벽에 솜브레로가 있는지 여부이다.

퍼셉트론에서는 각 입력값으로 0 또는 −1만 사용할 수 있다고 해 보자. 시그모이드 뉴런에서는 1과 0 사이의 숫자를 사용할 수 있다. 아마도 그 레스토랑의 청결 상태는 0.5점이 될 수도 있을 것이다. 메뉴판에 스페인어가 일부 포함되어 있어서 0.3점이 될 수도 있을 것이다. 그리고 아마도 솜브레로와 관련해서는, 벽에는 솜브레로가 없지만 레스토랑 간판에는 솜브레로가 있어서 0.2점이 될 수도 있을 것이다.

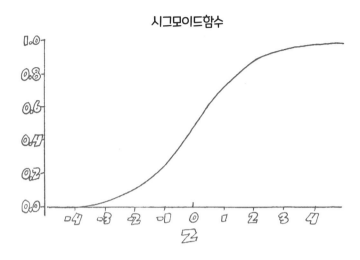

계단함수에 대한 평탄화 버전:

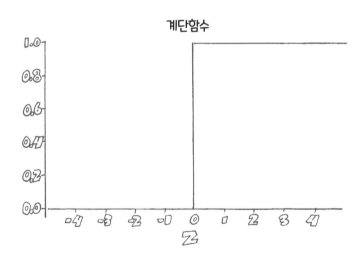

그림 12.4 계단함수에 대한 평탄화 버전

당신은 앞 절에서 퍼셉트론에 사용한 것과 동일한 가중치를 사용하기로 했다고 해 보자. 청결도는 3, 스페인어 메뉴는 6, 솜브레로는 2이다.

그럼 이제 각 입력값에 가중치를 곱하고 결과를 합산해 보자.

$$(0.5 \times 3) + (0.3 \times 6) + (0.2 \times 2) = 3.7 \text{ (시그모이드 값)}$$

이 출력값은 각각에 입력 요소에 대한 보다 정확한 평가를 반영한 것이기 때문에 레스토랑 품질에 대해 보다 정확한 근사치라 할 수 있다. 퍼셉트론과 마찬가지로 시그모이드 뉴런은 실제 결과를 대상으로 예측의 정확성을 확인한 다음, 그에 따라 입력 가중치를 조정해 나가는 방식으로 학습을 진행할 수 있다.

편향 더하기

어떤 특정의 임계치를 설정함으로써 퍼셉트론과 시그모이드 뉴런은 활성화되거나 활성화되지 않을 수도 있는 생물학적 뉴런처럼 행동할 수 있다. 이진법의 관점에서는, 활성화되지 않는 것은 0으로, 활성화되는 것은 1로 나타낼 수 있다. 퍼셉트론은 함수의 결과가 지정된 임계치 조건을 충족하는 경우에만 활성화된다.

퍼셉트론이 활성화되어야 할 때 활성화되지 않는다면, 당신은 해당 함수에 **편향**을 더함으로써 임계치를 이동시킬 수 있다. 편향을 더하면, 임계치를 정의하고 있는 그 선의 모양이나 방향을 전혀 변경시키지 않으면서 단지 그 선의 위치만 이동시킬 수 있다. 편향은 입력값 및 가중치와 함께 작동함으로써 뉴런이 활성화되도록 만들거나 그대로 침묵을 유지하도록 둘 수 있는 또 다른 숫자일 뿐이다.

한편, 우리는 타코 신경망을 사용 중이고 어떤 레스토랑에서 식사할지 여부를 권유하는 데 너무 보수적이라는 것을 알게 되었다고 가정해 보자. 이 신경망이 레스토랑이 충분히 깨끗하지 않거나 메뉴판에 스페인어가 충분하지 않다고 말하는 바람에, 당신은 좋은 식사를 너무 많이 놓치고 있다. 따라서 당신은 입력과 함수 사이의 연결에 편향을 추가하기로 결정한다. 예를 들어, 편향 +5를 추가하면 이 값은 입력값의 합계를 처리하기 위해 함수에 전달되기 전에 그 합계와 합산된다.

편향은 음수가 될 수도 있다. 예를 들어, 그 뉴런이 절대 먹어서는 안 될 레스토랑들을 너무 많이 추천하는 경우에는 음의 편향을 더함으로써 임계치를 반대 방향으로 이동할 수 있다.

제10장 '머신러닝 알고리즘의 적용'에서는 내가 아들 캠프의 양궁장에서 겪은 경험을 바탕으로 예시를 제시했다. 내가 화살 몇 개를 쏘았을 때, 화살들이 모두 표적의 오른쪽 상단의 일정한 영역 내에는 떨어졌지만 과녁 중심에서는 제법 떨어진 위치였다. 나는 이 경우를 낮은 분산과 높은 편향의 예라고 설명했다. 조준을 더 정확하기 위해 음의 편향을 추가하면 화살들이 더 왼쪽 아래쪽으로 떨어지게 될 것이다.

기억해야 할 포인트는 편향이 출력을 정밀하게 조정할 수 있는 또 다른 다이얼의 역할을 한다는 것이다. 편향은 인공신경망이 학습에 사용할 수 있는 또 하나의 도구인 것이다.

요점 정리

- 인공신경망은 인간 두뇌가 훨씬 덜 정교하게 컴퓨터화된 버전으로, 일종의 머신러닝 알고리즘이다.
- 인공신경망에는 입력층, 은닉층, 출력층, 이렇게 세 가지의 계층이 있다. 은닉층은 모든 복잡한 계산이 일어나는 곳이다.
- 인공신경망의 노드 간 연결에는 가중치가 부여된다. 기계는 충분히 정확한 결과를 얻을 때까지 가중치를 조정하는 방식으로 학습해 나간다.
- 입력층과 출력층으로만 구성된 퍼셉트론은 단층 퍼셉트론이라 불리며, 은닉층들을 가지고 있는 퍼셉트론은 다층 퍼셉트론이라 불린다.
- 퍼셉트론이 입력값과 출력값으로 각각 2개의 값(일반적으로 0과 1)만 지원하는 이진 체계인 반면, 시그모이드 뉴런은 0과 1 사이의 숫자를 사용할 수 있는 체계이다.
- 편향은 뉴런에게 출력값을 조정할 수 있는 방법을 제공하는데, 이러한 조정 과정은 인공신경망의 또 하나의 학습 과정이라 할 수 있다.

13

인공신경망의 작동 원리

이 장의 주제

- 은닉층의 작동 원리
- 활성화 함수의 작동 원리
- 상대 가중치를 활용한 뉴런의 입력값 조정
- 편향을 활용한 뉴런의 출력값 조정

당신은 머신러닝(ML)이 패턴을 찾아내는 데 아주 강력한 도구임을 보았다. 당신은 ML 알고리즘을 이용하여 복잡한 관계를 찾거나 심지어는 인간이 인식하는 게 거의 불가능한 패턴들을 기반으로 데이터를 분류할 수도 있다. 신경망은 이를 한 단계 더 높은 수준으로 끌어 올린다. 여기에서 수천 또는 심지어 수백만 개의 인공 뉴런을 사용하여 데이터를 분석하고 감지하기 힘든 패턴들을 식별해 낼 수 있다.

상당히 일반적인 ML 분류 문제를 살펴보자. 당신이 사진을 대상으로 개의 품종을 식별할 수 있는 신경망을 만들고 싶다고 상상해 보자. 입력층에 달마시안 사진을 입력하면 기계가 개의 품종인 달마시안을 출력할 것이다. 인공신경망은 어떻게 이러한 위업을 달성할 수 있는 걸까?

네트워크에 데이터 공급하기

인공신경망에게 이미지는 다양한 데이터 비트들의 집합으로 보인다는 점을 생각해 보라. 이미지는 색이 있는 작은 점, 즉 픽셀로 나뉠 수 있다. 스마트폰의 카메라는 수천 개의 픽셀, 즉 메가픽셀을 지원한다. 픽셀이 많을수록 이미지가 더욱더 커지고 선명해진다(그림 13.1).

어떤 개 사진 하나를 픽셀의 집합으로 상상해 보라. 상황을 단순화시키기 위해, 기계가 이미지를 회색조로 변환한다고 가정하자. 이미지의 가로, 세로 각각 동일하게 25개의 픽셀로 구성되어 있다고 가정해 보자. 이 조그마한 이미지는 625개의 픽셀(25×25 ＝625)로 구성된다. 이미지가 회색조이기 때문에, 대부분의 픽셀은 완전히 흰색인 픽셀과 완전히 검은색인 픽셀 사이에 위치한다. 주어진 사진에서 색상의 수나 회색 빛깔의 수는 매우 다양하다(그림 13.2), 예를 들어 8비트짜리 픽셀을 사용하는 경우에는 흰색이나 검정색 또는 흰색과 검정색 사이의 음영을 표현할 수 있는데, 그 개수는 모두

그림 13.1 작은 이미지는 픽셀 수가 작고 품질이 낮다

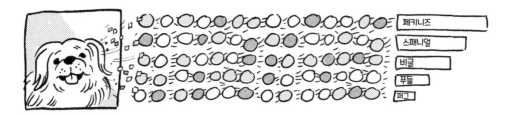

그림 13.2　흰색, 검은색, 그리고 회색조 음영

256가지가 된다. 16비트 픽셀로는 6만 5,536가지의 회색조 음영을 지원할 수 있다.

이 625개의 픽셀을 사용하여 인공신경망을 생성한다고 상상해 보라. 각 픽셀은 개별 뉴런(노드)을 나타낸다. 회색 음영에 따라 1에서 0까지의 값을 각 노드에 할당한다. 0은 검은색이고 1은 흰색이므로, 중간 회색은 0.5이다. 8비트 픽셀을 사용한다고 가정하면 회색 음영은 약 0.0039씩 증가한다. 즉, 회색조 음영은 0.0(검정)부터 시작하며, 각 색깔의 음영은 이전 음영보다 약 0.0039씩 더 밝아진다(이러한 뉴런은 0과 1 또는 1과 −1에 국한된 숫자가 아니라 0과 1 사이에 해당하는 값의 범위를 출력값으로 제공할 수 있기 때문에 시그모이드 뉴런이다).

신경망의 입력층에는 625개의 픽셀에 해당하는 625개의 노드가 있다. 일을 단순화시키기 위해서, 우리의 모델을 10개의 품종으로 제한해 보자. 그러면 출력층은 각 품종에 대응되는 10개의 노드로 구성될 것이다. 입력층과 출력층 사이에는 개의 품종을 식별하는 2개의 은닉층이 있다. 다시 한번 상황을 단순화시키기 위해 우리는 각 은닉층이 20개의 뉴런으로 구성된 2개의 은닉층을 사용한다고 해 보자.

출력층에서는 주어진 이미지에 있는 품종의 확률을 보여주는데, 0은 일치하지 않음을 나타내고, 1은 확실한 일치를 나타내며, 0과 1 사이의 모든 숫자는 일치할 확률을 나타낸다. 예를 들어, 한 출력 노드는 0.95, 즉 해당 사진이 저면 셰퍼드일 확률을 95%로 보여 줄 수도 있고, 또 다른 출력 노드는 그 사진이 닥스훈트일 확률을 5%로 보여줄 수도 있다.

당신은 입력물들을 처리하고 출력값을 읽지만, 기계는 입력층과 출력층 사이에서 필요한 대부분의 작업을 은닉층에서 수행한다. 은닉층의 각 뉴런은 자신으로 입력된 값들을 합산하고 거기에 편향을 더한 후, 이 결괏값에 대해 함수를 적용하고, 이를 통해 생성된 출력값을 다음 층에 있는 하나 이상의 뉴런으로 전달한다. 우리는 뉴런 사이의 연결에 0과 1 사이의 임의값을 할당한다. 이러한 임의의 값은 연결의 상대적인 강도(가중치)를 나타낸다. 또한 우리는 뉴런 내의 편향들에 대해서도 임의의 값을 할당한다. 기계는 훈련과 여러 번의 반복적인 테스트를 통해 이러한 가중치와 편향을 조정해 나가는 방식으로 학습한다. 사실 인공신경망은 학습을 멈추지 않는다. 인공신경망은 사진이 제공될 때마다 계속 개선된다.

은닉층에서 일어나는 일

입력층에서 각 뉴런은 회색조 음영을 나타내는 0과 1 사이의 숫자를 갖는다. 0은 검은색, 1은 흰색, 0과 1 사이의 숫자들은 다른 회색조의 음영들을 의미한다. 인공신경망에 사진을 입력하면 사진의 회색조 음영들이 입력층에서 첫 번째 은닉층으로 전달되는 값들로 변환된다.

각각의 입력 뉴런들은 첫 번째 은닉층의 뉴런들과 연결된다. 개 품종 인공신경망을 사용하면 입력층에는 이미지의 625개의 픽셀에 해당하는 625개의 뉴런이 있다. 은닉층은 각각 20개의 뉴런으로 구성되어 있다. 입력층의 625개 뉴런은 각각은 첫 번째 은닉층의 20개 뉴런과 연결된다. 이는 입력층과 은닉층 간에 연 1만 2,500개의 연결이 생성되는 것을 의미한다(그림 13.3).

이 1만 2,500개의 연결은 각각 더 강하거나 약해지도록 조정될 수 있기 때문에 매우 중요하다. 예를 들어, 어떤 이미지에서 개의 일부일 가능성이 적은 어떤 부분에 해당하는 픽셀들과 관련된 뉴런은 배경이 무엇인지 알아내려고 하는 뉴런과 강한 연결관계를 가질 수 있고 그 이외의 다른 19개의 뉴런과는 매우 약한 연결관계를 가질 수 있다.

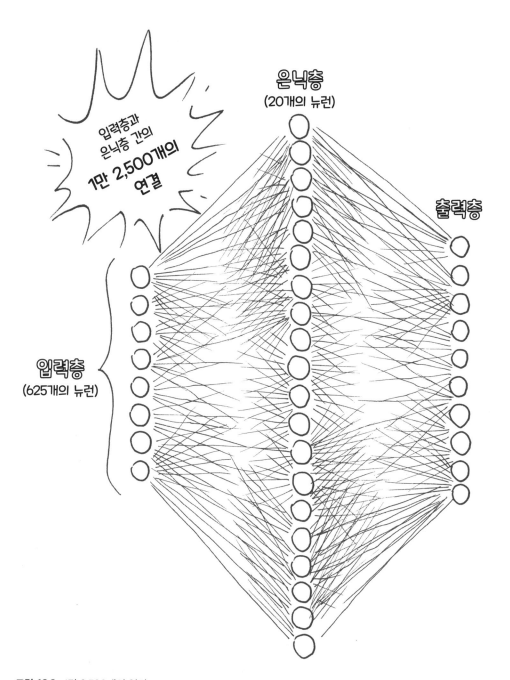

그림 13.3 1만 2,500개의 연결

나머지 19개의 은닉층 뉴런 중에서 어떤 뉴런은 눈을 식별하는 패턴을 찾아내는 임무를 담당할 수도 있을 것이다. 이 외의 또 다른 뉴런은 귀, 모양, 크기, 털 길이 등을 판단할 수 있는 패턴들을 찾아내는 임무를 각각 담당할 수도 있을 것이다(그림 13.4). 이와 같은 첫 번째 은닉층의 뉴런에게 이미지를 제공하여 그 뉴런이 각각 초점을 맞추고 있는 이미지를 결정하도록 함으로써, 이 은닉층의 뉴런과 625개의 입력층 뉴런 간의 연결을 강화시키거나 약화시킬 수 있다(그림 13.5).

그런 다음 첫 번째 은닉층의 뉴런이 각각 두 번째 은닉층의 각 뉴런(20개 뉴런)에 연결되어 또 다른 400개의 연결을 생성한다. 두 번째 은닉층의 뉴런은 첫 번째 층에서 발견된 패턴을 열 가지 품종의 특징과 연관시킬 수 있을 것이다. 그 결과, 귀는 도베르만

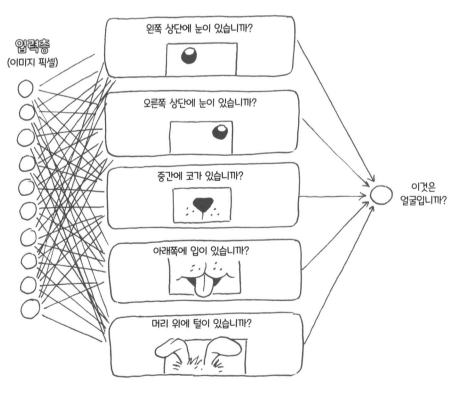

그림 13.4 은닉층의 뉴런은 얼굴의 특징을 찾는 임무를 맡을 수 있다

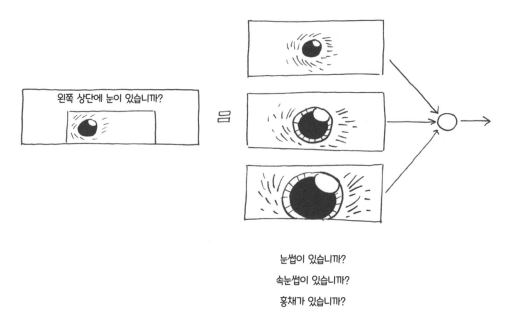

왼쪽 상단에 눈이 있습니까?

눈썹이 있습니까?
속눈썹이 있습니까?
홍채가 있습니까?

그림 13.5 눈을 찾는 임무를 맡은 뉴런

과 비슷하지만 털 길이는 저먼 셰퍼드와 같은 특성을 띠고 색깔은 래브라도 리트리버와 같은 특성을 띤다는 점을 발견하게 될 수도 있을 것이다.

두 번째 은닉층에 있는 20개의 뉴런 각각은 출력층에 있는 10개의 뉴런과 연결되어 또 다른 200개의 연결을 생성한다. 여기에서 출력층의 뉴런은 은닉층에서 식별한 특성을 전체적으로 보고 해당 이미지 속의 개가 어떤 특정 품종에 해당할 가능성을 결정할 수 있을 것이다. 그 사진의 개가 푸들일 확률이 80%, 저먼 셰퍼드일 확률은 15%, 닥스훈트일 확률은 5%라는 결론을 낼 수도 있다는 것이다.

이 예는 지나치게 단순화되어 있긴 해도, 인공신경망이 어떻게 작동하는지에 대한 일반적인 개념은 제공해 줄 수 있다. 명심해야 할 핵심 사항은 인공신경망은 뉴런들보다 훨씬 더 많은 연결을 포함하고 있는데, 바로 이러한 연결의 가중치와 각 뉴런 내의 편향을 조정하는 과정을 통해서 인공신경망은 분류하거나 예측하는 능력을 계속해서 학습하고 향상시켜 나갈 수 있다는 것이다.

활성화 함수 이해하기

인간의 뇌에서 뉴런은 여러 소스로부터 입력값을 받아서 통합한 후 '발사'하여 이 값을 연결된 다른 뉴런들로 보낸다. 인공신경망의 노드는 다음과 같은 방식으로 작동한다.

1. 이전 계층의 뉴런들로부터 입력값을 수집하고 입력값들에 가중치를 부여한다.
2. 이 값들을 합산하고 거기에 편향을 더한다.
3. 이 결괏값에 대해 활성화 함수(activation function)를 수행하고 '발사'하여 함수의 출력값을 이 함수와 연결된 노드들로 보낸다.

인공신경망의 각 뉴런에는 입력값과 편향의 합에 대해서 수학적 연산을 수행하고 출력값을 생성하는 **활성화 함수**가 있다.

여러 가지 함수는 각기 다른 출력값들을 생성하는데, 당신이 이러한 출력값들을 그래프로 만들면 다양한 모양을 얻을 수 있다. 인공 뉴런들에서 사용되는 가장 기본적인 함수는 그것을 만들어낸 사람의 이름을 딴 헤비사이드(Heaviside) 계단함수다. 이 함수는 입력값과 편향의 합이 양수이면 1을 출력하고, 입력값과 편향의 합이 음수이면 0을 출력한다. 즉, 뉴런이 결괏값을 발사하거나 발사하지 않는다. 이 함수를 그래프로 나타내면 그림 13.6과 같이 계단처럼 보이는 것을 얻을 수 있다. 출력값은 1 또는 0의 값을 가질 수는 있지만, 이 둘 사이의 값은 가질 수 없다.

헤비사이드 계단함수는 출력값에 대한 슬라이딩 스케일이 없기 때문에 ML에 그다지 유용하지 않다. ML의 경우 모델이 근사치를 정확하게 계산할 수 있도록 가중치들과 편향들을 약간 조정할 수 있기를 원한다. 헤비사이드 계단함수를 사용하면 가중치나 편향을 약간만 조정해도 출력값이 0에서 1로 또는 그 반대로 전환될 수 있다(그림 13.7).

인공신경망은 헤비사이드 계단함수의 한계를 극복하기 위해 시그모이드 함수를 사용하기 시작했다. 시그모이드 함수를 그래프로 그리면(이전 장에서 논의됨), 아래와 같은 S-커브가 생긴다. 시그모이드 함수는 0 또는 1만 출력하는 대신 0과 1 사이의 모든

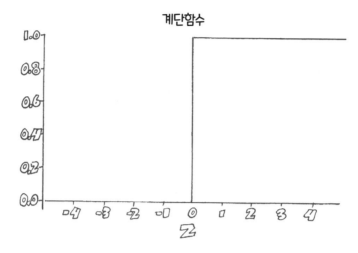

그림 13.6 헤비사이드 계단함수

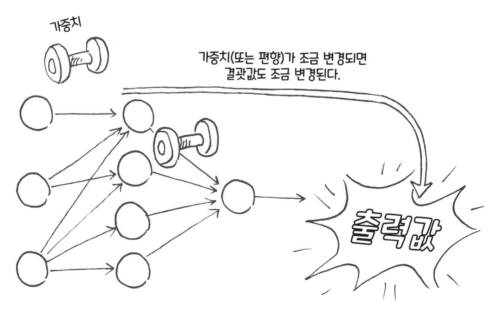

그림 13.7 가중치 또는 편향이 변경되면 출력값이 변경된다

값을 출력할 수 있다. 입력값과 편향의 합계의 크기나 또는 그 합계가 음수인지 양수인지에 관계없이, 시그모이드 함수의 출력값은 0과 1사이의 값이 된다. 시그모이드 함수는 입력값을 0과 1사이의 값이 되도록 '아래로 세게 누르는' 것으로 생각할 수 있다. 이 함수를 그래프로 표시하면, 어떤 틀 속에 맞도록 눌린 것처럼 보인다.

　보다 최근에 신경망은 ReLU(Rectified Linear Unit, 정류 선형 유닛)라는 함수를 사용하기 시작했다. 이 함수는 일종의 헤비사이드 함수와 시그모이드 함수의 조합이라 할 수 있다. ReLU는 헤비사이드 함수와 마찬가지로 입력값이 음수이면 뉴런은 0의 출력값을 생성한다. 즉, 뉴런은 발사하지 않는다. 입력값이 양수이면 함수는 정확한 출력값을 생성한다.

　인공신경망은 결괏값을 다양한 형태로 보여 주는 여러 가지 활성화 함수를 사용한다. 여기에 설명된 세 가지 활성화 함수는 이러한 함수들 중 일부일 뿐이다.

　시그모이드와 ReLU 함수의 중요성은 주어진 입력값들의 특성을 적절히 학습할 수 있다는 것이다. 이 함수들을 통해 기계는 가중치들과 편향들을 약간 조정하여 해당 출력값들을 약간 변경할 수 있다.

가중치 추가하기

뉴런의 출력값을 밝기로 생각해 보라. 숫자가 높을수록 뉴런은 더 밝아진다. 우리의 개 이미지들이 각각 625개의 뉴런으로 구성되어 있는 경우, 각 뉴런의 출력값 범위는 0, 즉 검정색에서 1, 즉 흰색이다. 이 625개 뉴런 각각은 첫 번째 은닉층에 있는 20개의 뉴런에 연결된다. 이러한 연결에 가중치를 추가하면, 마치 당신이 이미지를 볼 때 초점을 이동할 수도 있는 것처럼, 첫 번째 은닉층의 뉴런들이 연결을 강화시키거나 약화시켜서 연결의 초점을 다른 픽셀들로 이동시킬 수 있다.

　예를 들어, 당신이 달마시안 사진을 기계에 입력할 때, 첫 번째 은닉층의 뉴런 중 하나가 0.01 이하의 값을 출력하는 입력층 뉴런에 대한 연결만 강화시킨다고 가정해 보

자. 이 은닉층의 뉴런은 개의 반점과 코가 검은색이기 때문에 그것들에 집중할 가능성이 높다. 또는 은닉층의 다른 뉴런은 출력값이 0.99 이상인 입력층 뉴런에 대한 연결만 강화시키는데, 이를 통해 그 개는 대부분 흰색임을 알 수 있다. 또 은닉층의 또 다른 어떤 뉴런은 0.10에서 0.90 범위의 출력값을 가진 입력층 뉴런에 대한 연결을 약화시켜 배경을 제거하고 강아지의 크기와 모양을 알 수 있는 윤곽선에 초점을 맞출 수도 있을 것이다. 게다가 다른 수준의 은닉층을 추가함으로써, 기계가 개의 다른 특성에 대한 개념을 학습하도록 만들 수도 있다. 첫 번째 은닉층은 가장자리, 모서리, 색상과 같은 기본적인 특성을 학습하도록 만들 수 있다. 두 번째 또는 그 이후의 은닉층은 개의 얼굴 특징, 꼬리 크기, 몸집과 같이 더 차원이 높은 특징들을 학습하도록 만들 수 있다.

첫 번째 입력층의 이러한 뉴런들은 사진 속 개의 특징을 보여 줄 수 있는 어떤 패턴을 식별하려고 하고 있다. 달마시안 사진들을 충분히 제공하면 달마시안을 식별하기 시작할 것이다.

인공신경망을 훈련시키기 전에 여러 연결에 임의의 값을 할당한다. 훈련 및 테스트 중에 신경망은 연결 강도를 높이거나 낮추는 방식으로 다양한 품종을 식별해 내는 정확도를 향상시킨다. 신경망에는 입력층과 첫 번째 은닉층 사이에 1만 2,500개의 연결이, 첫 번째와 두 번째 은닉층 사이에는 400개의 연결이, 두 번째 은닉층과 출력층 사이에는 또 다른 200개의 연결이 있다. 총 1만 3,100개의 연결이 있다. 이는 이 신경망이 1만 3,100개의 작은 결정을 내리는 것으로 생각할 수 있다.

보다시피, 이 단순한 인공신경망에는 돌릴 수 있는 다이얼이 많고 조정할 수 있는 충분한 기회가 있다. 그러나 이 다이얼이 유일한 조정 수단은 아니다. 또한 이어서 논의되는 바와 같이, 편향 더하기를 통해서도 조정할 수 있다.

편향 더하기

인공신경망은 가중치 적용을 통해 뉴런 간의 연결 강도를 조정할 수 있지만, 편향 적용을 통해서는 뉴런 내의 조정을 수행할 수 있다. 편향은 양수나 음수가 될 수 있는데, 이 것은 뉴런의 출력값을 증가 또는 감소시킨다. 뉴런은 입력값들을 수집 및 합산하고, 그 것에 편향(양수 또는 음수)을 더한 다음, 그 합계를 활성화 함수에 전달한다.

이 장의 앞부분에서 제시한 시그모이드 함수 그래프와 관련하여, 가중치는 그래프 의 곡선 기울기에 영향을 미치는 반면, 편향은 곡선의 모양을 변경하지 않고 곡선을 왼 쪽이나 오른쪽으로 이동시킨다. 가중치와 편향을 함께 조정하여 출력값이 데이터와 일 치하도록 만들 수 있다. 예를 들어, 당신은 당신의 활성화 함수를 이용하여 점선으로 된 *S* 모양의 그래프를 만들었는데, 그 그래프가 데이터 점들보다 왼쪽에 위치하게 되었다 고 가정해 보자. 그림 13.8에서 볼 수 있듯이, 당신은 그 *S*에 편향을 더해서 그 *S*가 데이 터 점들과 더 가까워질 수 있도록 오른쪽으로 이동시킬 수 있다.

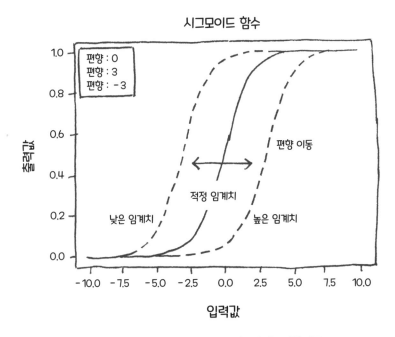

그림 13.8 *S*가 데이터와 더 가깝게 위치하도록 *S*를 오른쪽으로 이동시키는 편향 이동

요점 정리

- 인공신경망에서 각 노드는 다음 계층의 각 노드에 연결되어, 노드보다 훨씬 더 많은 연결들을 생성한다.
- 각 노드는 입력값들을 합산하고 그 결과에 편향을 더해서 이 결과를 활성화 함수에 보내면, 이 함수는 그 노드의 출력값을 생성한다.
- 인공신경망은 입력값들의 상대적 중요성을 반영하기 위해 노드 간의 연결에 대한 가중치들을 조정한다.
- 뉴런은 입력값들의 합계에 편향(양수 또는 음수)을 합산함으로써 출력값의 정확도를 높일 수 있다.
- 인공신경망은 가중치와 편향 조정을 통한 학습과정을 수행함으로써 네트워크 전반에 걸쳐 보다 정확한 출력값들을 생성할 수 있다.

14

네트워크 학습시키기

이 장의 주제
- 인공신경망의 학습 방법
- 출력의 정확도 향상
- 오차 역전파를 통한 학습
- 인공신경망 미세 조정
- 연쇄법칙의 원리

앞 장에서 우리는 열 가지 품종의 개를 구별하는 간단한 인공신경망을 살펴보았다. 이 신경망이 훈련되고, 검증되고 테스트된 후에, 당신이 개(10개 품종 중 하나)의 사진을 신경망에 공급하면 신경망은 그 사진의 개가 어떤 품종인지 알려 준다.

당연히 신경망은 이러한 위업을 달성하는 방법을 배워야 하는데, 이는 당신이 도울 수 있다. 지도 학습을 사용하는 경우, 당신은 신경망에 각 개의 품종(레이블로 불림)과 더불어 훈련 사진들을 제공할 수 있다. 그러면 신경망은 각 그림의 패턴들을 식별하고 그 패턴들을 품종들과 연결 지을 수 있다. 훈련이 끝난 후 유사한 사진들을 신경망에 입력하면, 신경망은 사진에 있는 개의 품종을 어느 정도 정확하게 알려 줄 수 있어야 한다.

그러나 당신이 다르게 생긴 사진을 기계에 제공하면, 기계는 어려움을 겪을 것이다. 예를 들어, 훈련 사진 속 개들이 모두 서 있는 모습을 보여주었다면, 달리거나 누워 있거나 앉아 있는 개들의 사진을 기계에 제공하면, 기계는 이 개들을 잘 분류하지 못할 수 있다. 신경망의 정확도를 높이기 위해서는 10개 품종의 개에 대해 다양한 자세나 배경을 보여 주는 사진들을 신경망에 제공하고, 신경망이 실수를 할 때는 이를 알려 주어야 한다.

따라서 지도 학습을 사용하면, 당신은 입력층과 출력층에서 신경망과 상호작용하면서 신경망이 학습하는 데 도움을 줄 수 있지만, 신경망은 자신이 학습하는 방법에 대해서는 당신에게 거의 알려주지 않는다. 신경망에서 대부분의 '사고(thinking)'가 이루어지는 은닉층에서는 무슨 일이 일어나고 있는 것일까?

예에서 살펴본 것과 같은 기초적인 신경망조차도 출력값의 정확도를 조정하기 위해 돌릴 수 있는 수천 개의 다이얼을 가지고 있다. 앞 장에서도 설명했듯이 이 인공신경망은 입력층에 625개의 노드를, 은닉층에 40개의 노드를, 그리고 출력층에 10개의 노드를 가지고 있으며, 신경망의 정확도를 높이기 위해 조정할 수 있는 1만 3,100개의 연결과 50개의 편향도 가지고 있다. 이 신경망에는 총 1만 3,150개의 조정장치인 다이얼이 있다. 기계는 이러한 다이얼을 돌려가면서 학습한다.

이젠 더 이상 월요일 아침부터 이러한 모든 다이얼을 돌려야 하는 업무에 직면하고 싶어 하는 데이터 과학자들은 없을 것이다. 사실 데이터 과학자들은 아마도 어디서부터 시작해야 하는지, 어떤 조정을 해야 하는지, 또는 이러한 조정들이 다른 조정들과 신경망 출력값의 정확도에는 어떤 영향을 미치는지 알지 못할 수도 있다.

다행히도, 신경망은 시행착오를 통해 스스로 이러한 조정작업을 수행해 나갈 수 있다. 이 장에서는 이에 관한 방법을 설명한다.

무작위 가중치 및 편향으로 시작하기

당신은 신경망을 설정할 때, 다이얼의 시작 지점을 선택해야 하는데, 이때 모든 다이얼을 0 또는 1로 설정하고 싶지는 않을 것이다. 이렇게 하면 신경망에서 대칭이 너무 커서 신경망이 학습하는 것을 어렵게 만들기 때문이다. 당신은 신경망의 모든 연결 가중치들과 편향들에 대해 동일한 값을 사용하고 싶지는 않을 것이다.

사전 지식이 없는 경우, 그럴듯한 방안은 가중치들과 편향들에 완전히 임의의 값을 할당하는 것이다. 난수 생성 방법은 다양한데, 이것들은 모두 직교 랜덤 행렬 초기화(orthogonal random matrix initialization)와 제로-평균 가우시안(zero-mean Gaussian)과 같이 고리타분한 이름을 가지고 있다. 일단 지금은 이러한 임의의 값들을 가중치와 편향이라고 생각해 보자. 여기서 가중치는 0과 1 사이의 값을 사용한다.

우리가 충분히 상상할 수 있듯이, 무작위로 초기화된 신경망이 사진을 보고 개의 품종을 식별하는 데 그리 효과적이지는 않을 것이다. 사실, 이러한 신경망은 줄지어 선 양동이들에다가 개 사진을 무작위로 던져 넣는 것보다 훨씬 더 효과적이라고 할 수 없을 것이다. 중요한 점은 이러한 무작위 값들이 신경망에서 가중치와 편향을 조정하여 정확도를 향상시킬 수 있는 출발점 역할을 한다는 것이다.

훈련 데이터(사진들과 레이블들)를 신경망에 공급하면, 신경망은 가중치와 편향을 조정하여 각 사진과 레이블(개 품종) 간의 관계를 식별하고 품종들을 구별하기 시작한다. 테스트 데이터(낯선 강아지 사진들)를 신경망에 입력할 때 사진에 있는 개가 이 품종인지 아니면 저 품종인지 약간 불확실할 수 있다. 이 불확실성은 저먼 셰퍼드일 확률은 70%, 도베르만일 확률은 20%, 그리고 닥스훈트일 확률은 10%인 것으로 나타날 수도 있다. 당신이 신경망에 정답을 주면, 신경망은 가중치와 편향을 다시 조정하여 다음 번엔 더 정확한 판정을 할 수 있다.

이것은 지도 학습의 예다. 당신은 사진과 레이블(품종) 사이의 관계를 식별하도록 신경망을 훈련시킨 다음, 기계가 실수를 하면 수정한다. 이러한 시행착오 과정을 통해 기계는 다른 자세와 배경을 가진 개 사진들을 보여 주더라도 품종을 제대로 식별하는 방법을 배워 나간다.

신경망이 실수에 대한 대가를 치르게 하기 : 비용함수

당신은 아마도 인공신경망이 적어도 70% 이상 정확하기를 원할 것이다. 정확성을 높이기 위한 방법 중 하나는 **비용함수**(cost function)를 사용하는 것이다. 비용함수는 신경망의 출력값(예측된 답)을 목표 출력값(정답)과 비교하여 기계의 정확도를 결정하는 수학적 연산이다. 비용함수는 신경망이 얼마나 잘못되었는지 알려 줌으로써 신경망이 이후에는 덜 틀리게(그리고 더 정답을 맞출 수 있도록) 조정할 수 있다. 기본적으로 신경망은 실수에 대한 비용을 치러야 한다. 일반적으로 훈련 단계 초기에 신경망이 잘못된 또는 엉성한 분류나 예측을 할 때 비용이 더 높아진다.

그러나 비용함수의 출력값은 신경망 전체의 정확도만 보여 준다는 점에 유의하라. 어떤 가중치들이나 편향들이 조정되어야 하는지, 그리고 그 조정의 정도나 방향(양수 또는 음수)은 어떠해야 하는지에 대해서는 구체적으로 알려주지 않는다.

비용함수와 경사하강법의 결합

비용함수는 신경망이 얼마나 틀렸는지는 알려 주지만 덜 틀릴 수 있는 방법을 알려 주는 것은 아니다. 바로 이 지점이 **경사하강법**(gradient descent)이 작용하는 곳이다. 경사하강법은 내리막길의 가장 깊은 곳을 향해 출력값을 반복적이고 점진적으로 이동시켜 비용을 최소화하는 최적화 알고리즘이다. 즉, 비용을 절감하는 방향으로 이동함으로써 신경망의 정확도를 높이는 것이다.

개 품종 식별자의 경우, 출력층의 비용함수는 출력값이 얼마나 잘못되었는지에 대한 신호를 은닉층의 모든 노드에 보낸다. 은닉층의 노드들은 경사하강법을 사용하여 출력값을 하강 방향의 가장 깊은 곳으로 이동시킴으로써 비용을 감소시킨다. 신경망이 실수를 통해 학습을 진행해 나갈수록, 비용은 더욱 감소하고 출력값에 대한 정확도와 확신은 더욱 높아진다.

출력층에 5개의 뉴런들이 있고, 이 뉴런들의 출력값들은 다양하다고 해 보자. 도베르만의 출력 뉴런은 0.40에서 활성화되고, 저먼 셰퍼드는 0.30에서, 푸들 뉴런은 0.25에서, 비글은 0.04에서, 닥스훈트는 0.05에서 활성화된다. 이 경우, 신경망은 사진 속의 개가 어떤 품종인지 확신할 수 없다.

이러한 결과는 별로 도움이 되지 않는다.

그래서 당신이 해야 할 일이 있는데, 그것은 바로 각각의 오답과 정답 간의 차이를 찾아서 평균을 내는 것이다. 사진 속의 개가 도베르만이라고 해 보자. 즉, 몇 군데에서 네트워크를 조금씩 이동하려고 한다. 당신은 도베르만 출력값을 +0.60만큼 조금씩 밀어서 1.0에 도달시키고 싶어 할 것이다. 그다음 다른 개 품종들은 조금씩 움직여서 0이 되도록 한다. 저먼 셰퍼드의 경우는 −0.30, 푸들의 경우는 −0.25, 비글의 경우는 −0.04, 닥스훈트의 경우는 −0.05만큼 이동시킨다.

그다음 당신은 네트워크가 다양한 개 품종을 찾는 데 얼마나 정확한지 전반적인 상황을 이해하기 위해 모든 이동들의 평균을 구한다.

이동 평균 (+0.60 − 0.30 − 0.25 − 0.04 − 0.05)/5 = −0.04/5 = −0.008

그러나 이것은 한 번의 훈련 과정을 보여 준 예임을 기억하라. 당신은 다른 여러 개들과 관련하여 많은 훈련 예들을 수행해볼 수 있을 것이다. 이에 따라 당신은 여러 가지의 이동 경우들과 평균들을 얻을 수 있을 것이다.

이동 평균 (0.01 − 0.6 − 0.32 + 0.16 − 0.25)/5 = −0.04/5 = −0.02

이동 평균 (0.7 − 0.3 + 0.12 − 0.05 − 0.12)/5 = 0.35/5 = 0.07

그다음 당신은 합계를 구하고 전체 비용함수값을 계산할 수 있을 것이다. 이 예에서는 현재 전체 비용은 −0.008 − 0.02 + 0.07 = −0.138이다. 이런 식으로 당신은 (이론적으로) 0에 도달할 때까지 이러한 이동 평균들을 더해 나가면 된다.

기계는 자체적으로 수정을 시도하기 위해, 노드 간 연결의 가중치들을 조정하여 실수들을 제거한다. 이러한 과정의 목표는 네트워크가 정확하게 기능할 뿐만 아니라 출력값에 대해 확신을 갖는 것이다.

내가 대학원에 다닐 때, 나는 아내와 함께 지역 축제에 다녀온 적이 있었다. 그 축제에서 사람들은 골드 밸리라는 이상한 게임을 했는데, 이 게임은 보기에는 엄청나게 쉬워 보였지만 실제로는 매우 어려웠다. 모래상자 모양의 커다란 시멘트 구조물이 있었는데, 그 중앙에는 금색으로 칠해진 작은 계곡이 있었다. 목표는 당신의 구슬을 그 골드 밸리로 굴리는 것이었다. 골드 밸리 주변에는 당신의 구슬을 골드 밸리가 아닌 다른 곳으로 굴러가도록 할 수 있는 구불구불한 계곡이 많이 있었다.

나는 이 게임에서 이기는 비결이 가장 넓고 깊은 계곡을 식별해서 그것을 피하는 것이라고 생각했다. 그러나 불행히도 구조물의 상단을 똑바로 바라보는 것만으로는 그 계곡들이 얼마나 넓거나 깊은지 알 수 없었다. 어떤 계곡이 가장 깊은지 보려면 그 구조물을 반으로 잘라야 했는데, 그것은 가능한 일이 아니었다.

나는 골드 밸리로 구슬을 굴릴 수 있는 몇 가지 방법을 알아냈다고 생각하여, 캐러멜 사과를 내려놓고는 한 줌의 검은 구슬을 샀다.

이상하게 들릴지 모르겠지만, 나는 골드 밸리 게임을 생각하면, 신경망이 훈련 데이터를 가지고 학습하는 방법이 많이 생각난다. 나는 내 구슬이 골드 밸리에 도달하는 데 집중할 필요가 없었다. 이보다는 내 구슬이 다른 계곡들, 특히 가장 넓고 깊은 계곡으로 굴러가지 않도록 하는 게 더 중요했다. 나는 내가 구슬을 굴릴 때마다 모두 돈을 지불해야 했기 때문에, 게임에서 빨리 이겨야 비용을 줄일 수 있었다.

이 축제 게임의 관점에서 신경망을 상상해 보라. 당신의 비용은 계곡의 깊이와 관련이 있지만, 당신은 계곡들 중 어느 계곡이 가장 깊은지 알 수는 없다. 구조물에 구슬을 굴려서 가장 깊은 계곡을 식별하는 방법을 찾아내야 한다. 당신은 여러 계곡에 대해 구슬이 얼마나 빨리 내려가는지 주의 깊게 관찰해서 알아낼 필요가 있다. 이와 같이 관찰한 내용을 바탕으로 당신의 뇌는 계곡의 상대적인 깊이를 계산할 수 있을 것이다.

당신이 구슬을 한 번에 하나씩 굴리면, 결국 전체 게임 구조물을 파악할 수 있다. 어느 계곡이 가장 깊었고 각각이 얼마나 가파르게 내려갔는지 알 수 있다. 그러면 당신은 구슬이 목표에서 벗어날 가능성이 적은 더 얕은 계곡으로 굴러가도록 점진적으로 조정해 나갈 수 있다.

머신러닝에서 이러한 기법을 **경사하강법**(gradient descent)이라고 한다(그림 14.1). 신경망 입장에서 보면, 당신은 가장 낮은 비용으로 출력물이 아래쪽으로 향하도록 조정해 나가기를 원한다. 불행히도 신경망은 가장 깊은 계곡을 식별할 수 없으므로, 당신은 검은 구슬을 신경망으로 굴리고 출력층에서 어떤 일이 발생하는지 확인하면서, 신경망에 입력물을 굴린다.

신경망은 출력값을 정답과 비교하고, 비용을 측정하고, 가중치와 편향을 재조정한다. 이 작업은 비용이 수용 가능한 범위(일반적으로 오차가 거의 0에 가깝지만 완전히 0은 아닌)로 줄어들 때까지 계속된다. 당신의 신경망은 최저 비용으로 최고의 정확도를 보일 때까지 조정을 수천 번 또는 수백만 번 수행할 것이다.

역전파를 사용하여 오류 수정하기

비용함수는 신경망 출력값과 정답 사이의 모든 차이들의 평균이므로, 비용함수만으로는 뉴런들 각각이 실제로 얼마나 잘 수행되고 있는지 알 수는 없다. 대신, 신경망의 전

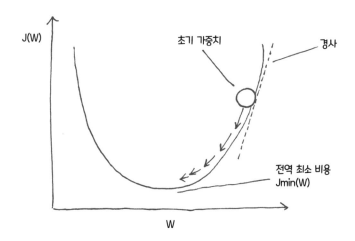

그림 14.1 경사하강법

반적인 성능은 파악할 수 있다.

당신은 선거운동 기간 동안 실시한 여론조사의 오차범위와 비용함수를 비교할 수 있을 것이다. 어떤 여론조사는 3점의 오차범위를 가질 수 있는데, 이는 여론조사의 예측이 ±3% 이내로 정확하다는 것을 의미한다. 이는 어떤 두 후보가 여론조사에서 지지율이 같게 나온 경우, 한 후보가 다른 후보보다 6% 더 높은 득표율로 승리할 수 있으며 이차이는 여전히 오차범위 내에 있는 것으로 해석될 수 있음을 의미한다.

일반적으로 오차범위가 작을수록 설문조사는 더 정확하다고 볼 수 있다. 오차범위가 3점인 설문조사는 일반적으로 오차 한계가 6점인 설문조사보다 더 정확한 조사라 할 수 있다. 모든 설문은 어느 정도의 부정확성을 가지는 것으로 볼 수 있는데, 설문의 오차범위가 작을수록 덜 부정확한 설문으로 볼 수 있다는 것이다.

신경망의 비용함수도 이와 유사한 원리로 작동한다. 신경망도 어느 정도의 오차범위를 가질 가능성이 높다. 따라서 이러한 오차범위를 최소화하고 비용을 최소화하는 목표를 추구하기 마련인데, 이는 뉴런 간의 연결들에 대한 가중치들을 조정하는 방식으로 수행한다. 하나의 연결이나 하나의 뉴런을 최적화하기 위해 다이얼을 돌리는 것이 아니다. 대상 시스템 전체를 최적화하고 정확한 출력값을 생성하는 데 필요한 만큼 다이얼을 돌리는 것이다.

비용함수의 문제 중 하나는 대상 시스템을 향상시키는 방법을 구체적으로 알려주지 않는다는 점이다. 그저 신경망이 잘 작동하고 있는지 그 여부만을 알려 준다는 것이다. 신경망을 개선하려면 뉴런 간 연결의 가중치를 조정해야 한다. 당신은 신경망이 자신의 성능을 개선함으로써 비용을 최소화하는 방법을 배울 수 있기를 바랄 것이다.

그렇다면 기계는 어떤 다이얼을 어느 방향으로, 얼마나 돌려야 하는지를 어떻게 알 수 있을까? 이는 오차 역전파(또는 간단히 역전파)라고 불리는 방법을 통해 해결될 수 있다. **역전파(backpropagation)**는 신경망이 비용을 최소화하기 위해 가중치를 조정하는 방식이다.

이제 전문적인 음향실에서 볼 수 있는 것과 같은 수백 개의 작은 다이얼이 있는 컨트

롤 보드 앞에 서 있다고 상상해 보라. 당신은 다이얼 위에서 1과 0 사이의 숫자 하나를 보여 주는 화면을 보고 있다. 당신의 목표는 그 숫자를 가능한 0에 가깝게 만드는 것이다. 비용을 최소화하기 위해 데이터에 대해 뭔가를 알 필요가 전혀 없다. 단지 당신은 다이얼을 돌리면서 화면을 보기만 하면 된다.

이 다이얼들을 자세히 보면 각각 0에서 1의 값을 가질 수 있도록 설정되어 있음을 알 수 있을 것이다. 다이얼을 시계 방향으로 돌리면 설정이 1에 가까워지고, 시계 반대 방향으로 돌리면 설정이 0에 가까워진다. 각각의 다이얼들은 가중치, 즉 두 뉴런 간의 연결 강도를 표시한다.

당신은 화면의 숫자가 0에 더 가까워지도록 만들기 위해 이 다이얼들을 어떻게 돌려야 할지 생각해 보라. 우선 당신은 다이얼들을 모두 1에 맞춰 놓고 시작하겠는가? 아니면, 모두 0에 맞춰 놓고 시작하겠는가? 아니면, 무작위의 숫자들로 맞춰 놓고 시작하겠는가?

인공신경망을 사용하는 경우, 시작할 때 다이얼들은 무작위로 설정된다. 그다음 그 신경망은 (각 뉴런에 대해) 가장 높은 가중치를 가지는 다이얼들, 즉 (그 뉴런의) 다른 모든 다이얼들보다 높게 설정되어 있는 다이얼들을 찾는다. 이 모든 다이얼을 약간 돌려 보고 비용이 줄어드는지 확인한다. 비용이 줄어들지 않으면, 다이얼들을 좀 낮춘다. 신경망은 데이터에 대해서는 아무것도 모른다. 자신이 강아지 사진을 보고 있다는 사실을 모른다. 신경망은 단지 다이얼을 돌리면 비용을 나타내는 화면의 숫자가 증가하거나 감소하는데, 자신은 그 숫자를 0으로 낮추고 싶어 한다는 것만 알고 있다.

하나의 다이얼이 가벼운 연결 강도인 0.01의 가중치로 설정되어 있다고 상상해 보라. 옅은 녹색의 연결을 상상해 보라. 다른 다이얼의 연결 강도는 30배 더 강한 0.3으로 설정되어 있다. 이것에 대해서는 더 어두운 녹색의 연결을 상상해 보라. 두 번째 연결의 강도는 첫 번째 연결보다 30배 더 강하기 때문에 이것의 가중치를 조정하면 출력값에 영향을 미칠 가능성이 더 크다. 당신이 다이얼을 돌리면 돌릴수록 비용에 영향을 미칠 가능성이 더 커진다. 당신은 짙은 녹색에서 밝은 녹색으로 이동할 때 매우 밝은 녹색에서 약간 더 밝거나 약간 어두운 녹색으로 이동하는 것보다 영향을 더 크게 줄 수 있다.

역전파는 이러한 다이얼들을 살펴보고, 전체 신경망의 비용을 최소화할 수 있는지 확인하기 위해 이것들을 위아래로 움직인다.

이것이 개 품종 분류기와 함께 어떻게 작동하는지 살펴보자. 출력층이 저먼 셰퍼드, 래브라도 리트리버, 로트바일러, 비글, 불독, 골든 리트리버, 그레이트데인, 푸들, 도베르만, 닥스훈트와 같은 열 가지의 품종을 식별한다고 상상해 보자. 그럼, 이제 회색조의 비글 이미지를 입력층에 입력해 보자.

이 회색조 이미지는 입력층에서 625픽셀로 분할되고 분할된 각각의 데이터는 가중치가 적용된 1만 2,500개의 연결을 통해 첫 번째 은닉층에 속한 20개 뉴런들로 전송된다. 첫 번째 은닉층의 뉴런들은 계산을 수행하고 그 결과를 가중치가 적용된 400개의 연결들을 통해 두 번째 은닉층으로 보낸다. 두 번째 은닉층의 뉴런들은 가중치가 적용된 200개의 연결을 통해 출력값을 출력층에 속한 10개의 뉴런들로 보낸다. 지금까지 확인한 다이얼의 개수는 1만 3,100개이다. 이 외에도 은닉층 및 출력층 뉴런의 편향을 조정하는 50가지 설정 옵션들이 있다.

이제 당신이 이러한 것들을 모두 무작위로 설정했다고 상상해 보자. 신경망에 비글 사진을 공급하면 출력층은 열 가지 품종들 각각일 가능성에 대해 다음과 같은 결과를 제공한다. 저먼 셰퍼드 0.3, 래브라도 리트리버 0.8, 로트바일러 0.5, 비글 0.2, 불독 0.3, 골든 리트리버 0.6, 그레이트데인 0.3, 푸들 0.3, 도베르만 0.4, 닥스훈트 0.7.

보다시피, 우리의 신경망은 잘 작동하지 않았다. 사진 속의 개가 그레이트데인이나 푸들일 가능성에 대해서는 동일한 수준으로 판단하고 있다. 또한 닥스훈트나 래브라도 리트리버, 또는 골든 리트리버일 가능성에 대해서는 상당한 높은 수준으로 판단하고 있다. 이러한 상황은 우리의 신경망이 사진 속의 개가 어떤 품종인지 전혀 판단하지 못하고 있음을 의미한다.

이러한 결과에 대한 비용함수의 값은 클 것이다. 이 결과에서 당신은 정답이 맞는 것으로 판단될 확률은 0.2로 제시된 반면, 오답들이 맞는 것으로 판단될 확률은 0.3, 0.4,

0.5, 0.6 또는 0.7로 제시된 것을 볼 수 있을 것이다. 이러한 결과를 볼 때, 이 신경망에는 다음과 같은 두 가지 문제가 있음을 알 수 있다. 첫 번째는 답이 틀렸다는 점이고, 두 번째는 틀린 답에 대해 더 높은 확신을 보여 주었다는 점이다.

신경망은 가중치를 조정하고 비용을 최소화하는 방법을 찾기 위해 역전파를 사용할 필요가 있다. 시작하기에 가장 좋은 방법은 정답을 강화시키는 것이다. 이것은 조정할 여지가 더 크기 때문이다. 다른 것들을 약화시킬 수 있는 정도보다 정답을 강화시킬 수 있는 여지가 더 크다. 그다음 두 번째 우선순위는 오답 중 가장 높은 숫자를 보인 오답을 약화시키는 것인데, 이 예에서는 0.7(닥스훈트)이 이에 해당한다.

따라서 역전파는 0.2를 확인하고 이 값을 출력한 뉴런으로 들어가는 연결들도 되돌아가 그 연결들 중 가장 많은 조정 공간을 가지고 있는 연결을 식별하여 이것을 위 또는 아래로 조정한다. 그런 다음 두 번째 은닉층 뉴런으로 되돌아가 어떤 뉴런이 편향을 조정할 공간이 가장 많은지 확인하고 이를 위 또는 아래로 조정한다. 신경망은 이러한 방식으로 입력 계층에 도달할 때까지 계속해서 연결들과 뉴런들을 조정해 나간다.

이러한 과정은 정말 당신이 음표를 보지 못한 채 어떤 악기의 음을 조율해 나가는 과정과 같다. 이렇게 당신이 조율을 진행할수록 당신은 비용이 0이 되는 가장 완벽한 지점에 점점 더 가까워질 수 있다.

신경망 조정하기

정답을 찾는 것이 가장 높은 우선순위이지만 이것만이 유일한 우선순위는 아니라는 것을 기억하라. 신경망은 오답을 유도하는 출력의 강도를 줄이기 위해 가중치를 조정하는 작업도 해야 하는 것이다. 이는 오답에 가장 큰 확신을 보이는 뉴런의 편향과 그 뉴런으로 들어가는 연결들의 가중치를 조정하는 것으로부터 시작하여, 오답에 대해 덜 큰 확신을 보이는 뉴런들에 대한 입력을 조정하는 단계로 진행해 나가면 된다.

신경망은 비글 이미지에 대해 한 번만 조정하는 것이 아니라 훈련 데이터 세트의 모든 이미지를 활용하여 이러한 조정 작업을 수행한다는 점을 기억하라. 그리고 더 많은 양의 테스트 데이터를 제공함으로써 신경망은 계속 조정 과정을 거치게 된다. 당신이 신경망에 계속해서 비글 사진만 제공하면, 그 신경망은 모든 개 사진을 비글로 분류하는 신경망이 되어버린다. 당신은 다양한 품종의 개 사진들을 신경망에 많이 제공해야 한다. 그러면 신경망은 그 사진들을 가지고 역전파를 사용하여 섬세하게 가중치들을 조정해 나감으로써 서로 다른 품종을 구별하는 능력을 향상시킬 수 있다.

어떤 면에서는 당신이 신경망에 다양한 사진을 제공하면 비글에 대한 식별 정확도는 좀 떨어지겠지만, 래브라도 리트리버, 로트바일러, 저면 셰퍼드, 푸들 등의 사진들은 더 잘 식별될 수 있게 될 것이다. 신경망은 사진에 표시된 품종에 관계없이 비용을 최소화할 수 있는 최적의 가중치들과 편향들을 찾으려고 한다. 이렇게 찾아진 값들로 설정을 할 때, 이 설정이 하나의 품종에 대해서는 가장 적절한 설정은 아닐 수 있지만, 이 설정이 균형이 잘 잡힌 설정이라면 그것을 사용하는 신경망은 실수를 줄일 수 있게 되고, 결과적으로 여러 품종의 개들을 보다 정확하게 분류하는 성과를 낼 수 있다.

역전파, 경사하강법, 비용함수가 이렇게 함께 작동함으로써, 이러한 마법이 발생하는 것이다.

연쇄법칙 적용하기

역전파는 **연쇄법칙**(chain rule), 즉 중첩 방정식의 모든 변수에 대한 비용 도함수를 찾는 데 사용되는 기법에 의존한다. 연쇄법칙에 대한 이러한 진술은 분명 하나의 전문용어에 대한 정의이지만, 당신에게는 미적분학이다. 중요한 점은 연쇄법칙이 신경망의 모든 가중치와 관련하여 비용에 대한 미분 계산을 할 때 사용될 수 있다는 것이다. 이것은 왜 중요한가? 연쇄법칙은 신경망에서 각 가중치가 비용에 얼마나 기여하는지 그리고 그 가중치는 비용을 감소시키기 위해 늘려야 하는지 아니면 줄여야 하는지 여부를 식별할 수 있도록 해 주기 때문이다.

다음은 여러 기법들이 서로 어떻게 연동되는지를 보여 준다.

1   비용함수는 신경망이 얼마나 잘못되어 있는지 알려 준다.

2. 연쇄법칙을 통해 신경망은 각 가중치가 비용(오차)에 기여하는 정도와 각 가중치를 조정해야 하는 정도를 식별할 수 있다.

3. 경사하강법은 가중치가 오류에 기여하는 양을 줄이기 위해 각 가중치가 어떤 방향으로 조정되어야 하는지를 신경망에 알려 준다.

4. 역전파를 통해, 신경망은 출력층에서 은닉층을 거쳐 입력층까지 한 번에 한 계층씩 연결 가중치들과 각 뉴런의 편향들을 조정해 나간다.

5. 신경망은 이러한 과정을 통해 변경된 가중치들을 사용하여 다시 앞으로 작동해 나간다. 신경망의 출력값을 목표 출력값과 대조해 보고, 여기서 밝혀진 오차는 역전파된다. 이 프로세스는 출력값이 목표값에 수렴될 때까지 계속해서 반복된다.

역전파를 통해 신경망은 먼저 출력층과 두 번째 은닉층 간 연결에 대한 가중치들을 조정하고 이러한 조정이 출력값에 미치는 영향을 파악한다. 그런 다음 두 번째 은닉층과 첫 번째 은닉층 간의 연결들을 조정하고 이러한 조정이 출력값에 미치는 영향을 파악한다. 끝으로, 첫 번째 은닉층과 입력층 간의 연결들을 조정하고 이러한 조정이 출력값에 미치는 영향을 파악한다.

다시 말해, 신경망은 다이얼 조정 작업을 출력에 가장 가까운 다이얼부터 시작하여 신경망을 통해 거슬러 올라오는 방향으로 진행하는데, 각 계층마다 다음 단계로 넘어가기 전에 거기에 속한 다이얼을 돌려 조정을 수행하고 결괏값을 확인해가면서 다이얼들을 조정해 나간다. 이러한 기법을 사용하면, 신경망은 가중치들과 편향들을 한 번에 한 계층씩 정밀하게 조정하면서 오차를 계속해서 줄여 나갈 수 있다.

신경망은 조정할 여지가 가장 많은 다이얼을 식별하려고 한다는 점을 기억하라. 다이얼을 크게 돌리면 출력값에 더 큰 영향을 미칠 수 있다. 일반적으로 이러한 다이얼들은 계층들 간에 서로 밀접하게 연결되어 있으므로 이러한 연결 강도들은 출력에 누적된 효과를 미친다.

역전파와 연쇄법칙은 거의 일렬로 늘어선 4개의 확성기처럼 생각할 수 있다. 첫 번째 확성기의 가장 작은 소음도 출력층의 마지막 확성기에 가까워지면 굉음으로 소리가 날 수 있다. 그렇기 때문에 일련의 강력한 연결들은 비용에 큰 영향을 미칠 수 있는 것이다. 역전파를 통해 신경망은 연결된 뉴런 전체를 따라 배치된 다이얼들의 조정들이 누적되어 영향을 미치는 결과를 낳게 할 수 있다.

확률적 경사하강법으로 데이터 세트 일괄 처리하기

당신이 상상할 수 있듯이 역전파는 훈련 세트의 이미지들을 분석하고, 가중치들과 편향들을 조정하고 난 다음, 다시 되돌아가서 이러한 가중치와 편향을 수정하여 비용함수에 대한 음의 기울기를 알아내는 데 많은 처리 능력을 소모한다. 그리고 이러한 신경망은 정확성을 정밀하게 조정하기 위해 그 프로세스를 수없이 반복한다.

이러한 처리 부담을 완화하기 위해 특히 대규모 데이터 세트를 처리하는 경우에는 데이터 과학 팀은 데이터 세트를 **확률적 경사하강법**(확률적이란 표현은 무작위를 의미함)이라고 하는 기법을 이용하여 더 작은 단위들로 나눈다. 예를 들어 개 품종 분류기의 경우 신경망에 개 사진 1,000장을 한꺼번에 제공하는 대신, 우선 이것들을 임의로 섞은 다음 100장씩 10개 묶음으로 나눈다. 그다음 신경망을 통해 묶음들을 하나씩 투입하면, 신경망이 한 번에 처리할 사진 수가 적어질 수 있는데, 이보다 더 중요한 점은 한 번에 수행할 조정의 개수가 훨씬 적어진다는 것이다.

이러한 이점은 신경망이 100장의 사진을 열 번 처리하는 것이 1,000장의 사진을 모두 한 번에 처리해야 하는 것보다 훨씬 더 시간 소모가 적고 훨씬 적은 처리 능력을 소비할 수 있다는 점이다. 이 때문에 확률적 경사하강법은 신경망이 한 번에 메모리에 저장할 수 없는 대용량의 데이터 세트를 다루는 경우에 특히 유용하다. 한 가지 단점은 신경망이 어떤 묶음에 대해서 매우 정확한 경우 다른 묶음에 대해서는 훨씬 덜 정확하다는 점이다. 또 다른 단점은 신경망에 한 번의 세션으로 1,000개의 사진을 모두 제공하는 대신 10개의 훈련 세션을 수행해야 한다는 점이다.

머릿속으로 확률적 경사하강법에 대해 생각해 보라. 만약 당신이 수행해야 할 일들과 관련하여 100개의 항목들로 구성된 목록을 가지고 있는 경우보다 10개의 항목으로 구성된 목록을 10개 가지고 있다면, 당신은 에너지를 훨씬 덜 소비하면서도 이 모든 작업들을 더 빨리 완료할 수 있을 것이다. 만약, 당신이 100개의 항목으로 구성된 목록을 가지고 있다면, 정신없이 우왕좌왕하게 될 것이다. 각각 10개의 항목으로 구성된 10개의 목록을 사용한다면, 당신은 한 번에 10개의 항목에만 집중하면 되므로 처리 부담에 압도당할 가능성이 줄어들 것이다.

꼭 기억해야 할 점은 이와 같은 각각의 묶음을 처리한 결과에 대해 지나치게 자신하지 말아야 한다는 점이다. 당신은 훈련 데이터 세트를 더 작은 묶음 단위로 처리함으로써 보다 정확한 결과를 매우 빠르게 얻을 수 있지만, 여전히 나머지 데이터들도 신경망을 통해 모두 실행해야 하는 것이다.

요점 정리

- 신경망은 너무 극단적인 대칭을 피하기 위해 임의의 가중치들과 편향들로 시작한다.
- 비용함수는 신경망이 실수에 대한 대가를 치르게 한다. 비용을 낮추려면 신경망의 성능을 향상시켜야 한다.
- 경사하강법은 최소의 오차로 출력값을 제공할 때까지 연결에 대한 가중치를 반복적이고 점진적으로 조정하여 비용을 최소화하는 최적화 알고리즘이다.
- 신경망은 연쇄법칙을 통해 각 가중치가 비용에 얼마나 기여하는지 그리고 비용을 줄이려면 해당 가중치를 얼마나 늘리거나 줄여야 하는지 여부를 식별할 수 있다.
- 역전파를 사용하면 비용이 뉴런과 출력층에서 입력층 방향으로 파급되므로 신경망이 부정확한 출력값을 생성하는 뉴런의 전체 사슬을 따라 조정할 수 있다.

- 확률적 경사하강법을 사용하면, 대용량의 훈련 데이터 세트를 더 작은 데이터 묶음들로 나누고 한 번에 한 묶음씩 사용하여 신경망을 훈련시킬 수 있다. 이 접근 방식은 신경망의 처리 부하를 줄여 준다.

15

신경망을 활용한 분류 및 클러스터링

이 장의 주제

- 분류와 클러스터링에 대한 선택 기준
- 분류와 지도 학습 간의 연관성
- 클러스터링과 비지도 학습 간의 연관성
- 분류와 클러스터링의 활용

사람들은 뭔가 엉뚱한 생각을 실현하고자 인공신경망을 구축하는 것이 아니다. 사람들이 인공신경망을 구축하는 이유는 어떤 특정의 문제를 해결하거나, 질문에 답하거나, 아니면 해결방안을 알려 줄 수 있는 대용량의 데이터들 속에서 어떤 연관 관계를 식별해 내기 위함이다.

당신은 인공신경망을 구축하기에 앞서, 우선 신경망이 무엇을 해 주길 원하는지 그것부터 명확히 할 필요가 있다. 즉, 당신은 목적을 규정하는 것부터 시작해야 한다. 당신이 어떤 목적을 염두에 두고 있다면, 당신은 그 목적에 가장 잘 부합하는 역량을 결정해야 한다. "내가 보고 있는 것이 분류 문제인가, 클러스터링 문제인가?"라고 자문해 보라. 인공신경망이 가장 잘하는 두 가지는 분류와 클러스터링이다. 이 둘 중 무엇을 고를지 판단하는 기준은 다음과 같다.

- **분류** : 당신이 레이블링된 데이터를 가지고 있는 경우라면, 아마도 당신은 지도 학

습 방식을 이용한 분류 기법을 사용하고 싶을 것이다. 레이블은 데이터를 배치할 클래스(즉, 범주)다. 우리의 개 품종 식별 신경망은 분류 기법을 사용하고 있다. 레이블은 품종인데, 신경망은 사진 속의 개를 어떤 특정의 품종으로 분류한다.

- **클러스터링** : 당신의 데이터가 레이블링되어 있지 않다면, 비지도 학습을 이용한 클러스터링 기법을 사용하고 싶을 것이다. 클러스터링을 통해 인공신경망은 데이터 속에서 패턴들을 식별해내고 이러한 패턴들을 기반으로 데이터를 그룹화한다. 클러스터들을 통해 어떤 의미나 인사이트를 추출하는 것은 사용자에게 달려 있다. 기계가 작업을 마친 후에는 "기계는 왜 이렇게 클러스터링을 했는가?"라는 질문을 해야 한다. 이 질문에 대한 답을 마련하는 과정에서 당신은 귀중한 인사이트를 얻을 수 있을 것이다.

이 장을 통해 당신은 분류와 클러스터링 그리고 이들 간의 차이점에 대해 더 깊이 이해할 수 있게 될 것이다.

분류 문제 해결하기

분류 문제의 경우 미리 클래스들을 정해 놓고 기계로 하여금 각 입력 항목이 어떤 클래스에 속하는지를 결정하도록 훈련시킨다. 훈련을 시작하기 위해서는 클래스 레이블과 각 클래스별 예제 항목들이 포함된 테스트 데이터를 기계에 제공한다. 개 식별 신경망을 사용하여 10개의 개 품종(저먼 셰퍼드, 래브라도 리트리버, 푸들 등)의 이름과 각 클래스에 하나 이상의 개 사진을 제공할 수 있을 것이다. 다시 말해, 기계에 '저먼 셰퍼드'라는 레이블을 주고 나서 저먼 셰퍼드의 사진을 제공하고, '래브라도 리트리버'라는 레이블을 주고 나서 래브라도 리트리버의 사진을 제공하는 방식으로, 모든 10개 품종에 대해 이러한 작업을 진행한다. 이러한 작업이 끝나면 기계는 레이블이 그림과 어떻게 관련되어 있는지 알 수 있게 된다.

훈련이 끝난 다음엔, 기계에 테스트 데이터를 제공한다. 테스트 데이터는 다양한 품종의 개들을 보여주는 사진들로 구성되는데, 기계는 이 사진들을 보고 개의 품종을 파악해야 한다. 기계가 틀리면 우리는 기계에게 정답을 알려주는데, 기계는 이 정답을 바탕으로 가중치들과 편향들을 조정한다. 이 조정은 정답에 대해서는 가중치들과 편향들을 높이고 오답에 대해서는 그것들을 낮추는 방식으로 이루어질 수도 있다. 이와 같이 정답에 대한 확인을 바탕으로 기계는 다양한 품종들을 식별해내는 능력을 정밀하게 조정해 나간다. 이러한 과정이 바로 학습인 것이다.

분류는 인공신경망이 수행하는 대표적인 작업이다. 이메일 공급자는 머신러닝(ML) 신경망을 사용하여 스팸 메시지를 분류하는 작업을 한다. 이 경우 분류는 '스팸', '스팸 아님', '스팸 가능성 있음'과 같은 세 가지의 클래스들로 수행된다. 당신이 이메일 메시지를 받으면 스팸 검사기는 각 클래스의 특성을 기준으로 그 메시지를 검사한 다음, 분류 결과에 따른 적절한 조치를 취한다. 조치 방법들로는 스팸인 경우에는 자동으로 삭제하고, 스팸이 아닌 경우에는 받은 편지함으로 보내고, 스팸 가능성이 있는 경우에는 받은 편지함으로 보내되 '스팸'으로 표시하여 삭제할지 읽을지를 결정할 수 있도록 해 주는 방식들이 고려될 수 있다.

신용카드 회사도 사기 탐지를 위해 분류 및 지도 학습 ML을 이용할 수 있다. 인간 트레이너는 기계에게 '사기', '사기 아님', '사기 가능성 있음'과 같은 레이블들을 제공한 다음 '사기' 및 '사기 아님'의 사례가 되는 거래들을 제공한다. 기계는 3개의 출력 노드(각 클래스별로 하나씩)로 설정될 수 있다. 어떤 거래가 사기 특성을 강하게 보이는 경우, '사기' 뉴런이 활성화되어 거래를 취소하고 카드를 일시 중단시킨다(당신은 과거 외국을 여행할 때 신용카드 회사에 여행 사실을 미리 알리지 않고 신용카드를 사용하려고 했다가 이런 경험을 했을 수도 있다). 어떤 거래가 사기 가능성이 좀 낮은 특성을 보이는 경우에는 '사기 가능성 있음' 뉴런이 활성화되어 카드 주인에게 이 의심스러운 거래 활동을 알려 준다. 어떤 거래가 이보다 더 낮은 수준의 사기 특성을 보이거나 아예 사기 특성을 보이지 않는다면, '사기 아님' 뉴런이 활성화되어 그 거래는 정상적으로 처리된다.

인공신경망은 구조적(structured) 데이터 또는 비구조적(unstructured) 데이터의 패턴을 식별할 수 있다. 구조적 데이터란 테이블이나 스프레드시트 또는 데이터베이스에 저장되어 있는 데이터들과 같이 고도로 구조화되어 있는 데이터를 의미한다. 비구조적[또는 반구조적(semi-structured)] 데이터는 문서나 이메일 속의 텍스트들이나 또는 이미지, 오디오, 비디오와 같은 데이터들과 같이 훨씬 덜 구조화되어 있는 데이터들을 의미한다. 일부 법 집행 기관들은 얼굴 인식을 위해 신경망을 사용하기도 한다. 은행들도 신경망을 이용하여 수표에 쓰여진 텍스트를 분류하기도 한다. 이로 인해, 당신은 스마트폰으로 수표를 사진 찍어서 은행에 업로드할 수 있는 것이다. 또한 분류는 음성을 텍스트로 변환하는 데 활용될 수도 있다.

이러한 다양한 도구들은 모두 머신러닝(방대한 양의 데이터를 수집하고 해당 데이터에서 패턴을 찾고 이러한 패턴을 사용하여 새로 입력된 개체를 분류하는 프로세스)의 산물이다. 분류 기법을 이용하면 수표에 손으로 쓴 텍스트와 숫자, 말, 사기 거래, 원치 않는 이메일 등으로부터 거의 모든 것들을 식별해 낼 수 있다. 인간이 분류 클래스를 설정하고 나면, 신경망은 최선을 다해 각각의 입력물을 적합한 클래스에 할당할 것이다.

일반적으로 출력층에 속한 하나의 뉴런은 하나의 클래스에는 할당된다. 따라서 수표에서 어떤 숫자 하나를 식별하려면 출력층에는 0에서 9까지의 숫자를 나타내는 10개의 뉴런이 있어야 한다. 은닉층의 활성화 함수들은 함께 작동하여 수표의 숫자들이 각각 어떤 패턴에 해당될 확률을 계산하고, 출력층은 그 패턴이 0, 1, 2, 3, 4, 또는 9까지 중에서 어떤 숫자일 가능성이 높은지를 보여 준다.

당신이 인공신경망을 사용하고 있는 작업이 얼굴 인식, 스팸 감지, 자연어 처리, 또는 다른 어떤 작업이 되었든지 간에 신경망은 그 작업을 단순히 또 하나의 분류 기법을 사용하는 작업에 불과한 것으로 간주한다. 신경망이 정말로 뭔가 다른 일을 하는 것처럼 보일 수도 있지만, 본질적으로 이러한 작업들은 입력물을 분류한다는 측면에서 같은 일을 하고 있는 것으로 볼 수 있다.

다음으로는, 입력 데이터가 레이블링이 되어 있지 않은 경우, 인공신경망이 무엇을 할 수 있는지 살펴보자.

클러스터링 문제 해결하기

지도 학습은 훌륭하지만 모든 과제에 적합한 것은 아니다. 우선, 언제든지 방대한 양의 레이블링된 데이터에 접근할 수는 없을 것이다. 아마도 당신은 각 사진마다 해당 품종이 정확하게 레이블링된 100만 장의 사진을 가지고 있지는 못할 것이다. 그리고 사람들이 설정해 놓은 어떤 범주들로 데이터를 직접 분류하는 것에 대해서도 별 관심이 없을 것이다. 아마도 당신은 신경망이 클러스터링을 통해 전혀 예상하지 못했던 패턴들을 식별해 낼 수 있게 되기를 바랄 것이다.

그러한 경우라면 비지도 학습이 더 나은 선택이다. 비지도 학습을 사용하면, 당신은 신경망으로 하여금 데이터를 여러 그룹들로 클러스터링하도록 할 수 있다. 지도 학습과 비지도 학습의 차이점을 이해하기 위해서는 개와 고양이를 구별하지 못하는 미취학 아동에게 이 두 가지 동물 간의 차이점을 설명하는 상황을 상상해 보라. 당신은 반은 레이블이 붙어 있고 반은 레이블이 없는 사진 200장을 가져온다. 레이블이 붙은 사진 100장은 개 사진 50장과 고양이 사진 50장으로 구성되어 있다. 레이블이 없는 100장의 사진은 동물원과 농장에서 볼 수 있는 다양한 동물들 사진이다.

지도 학습과 관련해서는, '개'와 '고양이'라고 쓰여진 레이블이 붙어 있는 상자 2개를 준비해 보자. 당신은 개와 고양이 사진을 각각 5장씩 찍고, 이 사진들을 이용하여 학생들이 이 두 동물의 차이점을 파악할 수 있도록 훈련을 시킨다. 당신은 고양이의 수염이 두드러져 있고, 귀는 삼각형이고 서 있으며, 머리가 둥글게 생겼다는 점들을 지적할 수도 있을 것이다. 당신은 개의 특징으로 더 긴 주둥이, 더 큰 코, 처진 귀, 덜 두드러진 수염을 지적할 수도 있을 것이다. 그다음 개 사진 5장과 고양이 사진 5장을 더 찍어 학생들로 하여금 그 사진 속의 동물들을 식별하고 해당 상자에 넣도록 안내한다. 학생들이 잘못 처리하면 당신은 그것을 바로잡는다. 그다음엔, 나머지 80장의 사진들을 섞어서 학생들에게 주고 2개의 상자에 분류하도록 한다. 학생들이 잘못 처리할 때마다 당신은 그것을 정정한다. 이러한 과정이 끝날 즈음이 되면, 학생들은 개와 고양이를 구별하는 데 꽤 능숙해져 있을 것이다.

이제 당신은 비지도 학습을 시연할 준비가 되었다. 동물원과 농장에서 볼 수 있는 동물들 사진 100장을 학급에 배포하고 학생들에게 사진을 분류하여 서로 비슷한 사진들끼리 모아보라고 얘기한다. 이제 학생들은 말, 얼룩말, 기린, 플라밍고, 뱀, 소, 양, 도마뱀, 사자, 다양한 물고기, 닭, 코끼리 등의 사진을 가지고 있다. 그 사진들에는 농장, 동물원, 정글, 평원, 바다 등 다양한 배경들도 보인다. 학생들이 이 사진들을 어떻게 분류해야 하느냐고 물어보면, 당신은 학생들에게 비슷하게 보이는 그림을 최대한 찾아서 그것들을 서로 다른 더미로 만들라고 대답한다.

이와 같은 비지도 학습 시연에서, 당신은 학생들이 사진을 어떻게 그룹화할지 미리 알 수 없다. 얼룩말과 말은 모양이 비슷하기 때문에 학생들은 이것들을 같은 그룹으로 모을 수도 있다. 또한 기린과 플라밍고는 둘 다 목이 길어서, 어떤 동물들은 모두 네 다리가 있어서, 또 다른 어떤 동물들은 모두 다리가 2개여서 또는 꼬리가 없어서, 농장, 동물원, 또는 평야와 같이 사는 곳이 같아서, 색깔이 녹색, 노란색, 파란색, 또는 빨간색에 가까워서 그 해당 사진들을 같은 그룹으로 분류할 수도 있을 것이다. 학생들은 자신을 행복하거나 슬프게 만드는 사진 또는 웃게 만드는 사진과 같은 추상적인 범주로 사진들을 분류할 수도 있을 것이다. 학생들은 사진 더미들에 레이블을 붙이는 것에 대해서는 생각하지 못할 수 있다. 그들은 단지 유사점을 찾는 데에만 몰두하고 있을 것이다.

분류와 클러스터링과 같은 접근방식들은 각각 나름대로의 장점이 있을 수 있다. 당신이 찾고 있는 것이 무엇인지 알고 있고 기계에게 레이블과 분류 대상 간의 관계를 가르칠 수 있는 경우에는, 분류 기법이 매우 유용할 수 있다. 클러스터링은 인사이트를 얻을 수 있는 보다 강력한 도구이다. 즉, 클러스터링은 당신이 미처 생각하지 못했던 그러한 다른 방식으로 사물을 바라본다. 클러스터링의 가장 큰 장점 중 하나는 세상에는 레이블링된 데이터보다 레이블링되지 않은 데이터가 훨씬 더 많다는 것이다. 레이블링되지 않은 100만 개의 이미지를 찾아내는 것이 태그가 지정되고 레이블이 붙어 있는 같은 개수의 이미지를 찾는 것보다 훨씬 수월하다.

클러스터링은 다양한 분야에 걸쳐 수많은 응용 가능성을 찾아볼 수 있다. 다음은 클러스터링 기법이 활용될 수 있는 몇 가지 예이다.

- 생물학 분야에서 유전 패턴에 대한 클러스터링은 서로 다른 유기체들이 진화의 관점에서 서로 어떻게 관련되어 있는지에 대한 인사이트를 제공할 수 있다.
- 의학 분야에서 클러스터링은 서로 다른 박테리아들 간의 항생제 내성 패턴을 분석하는 데 유용하게 사용될 있다. 또한 엑스레이 이미지에서 어떤 특정 질병에 대한 가능성을 보여 주는 패턴을 식별하는 데에도 사용할 수 있다.
- 기업은 잠재 구매자들을 여러 그룹으로 그룹화하는 시장 세분화에 클러스터링을 적용함으로써 기업이 보다 효과적으로 마케팅 노력을 기울일 수 있도록 해 줄 수 있다.
- 소셜 네트워크와 관련하여, 클러스터링은 소셜 네트워크 내에서 사용자와 '유사한' 특성을 가진 집단들을 찾아주고 공통의 관심사를 가진 사용자들을 소개해 주는 데 사용될 수 있다.
- 검색엔진은 클러스터링을 사용하여 검색 결과의 순위를 더 정확하게 매길 수 있다.
- 법 집행 기관은 클러스터링을 사용하여 특정 유형의 범죄가 더 많이 발생하는 구역을 식별해 내거나 테러리스트 공격의 징후를 보이는 패턴들을 온라인 통신에서 찾아낼 수 있다.
- 교육 기관은 클러스터링을 사용하여 학생들을 낮은 성과의 더 큰 위험에 처하게 만들 수 있는 조건들을 식별할 수 있다.

분류 또는 클러스터링 중에서 어떤 접근방법을 취하는 게 좋을지 결정하려고 할 때, 우선 해결하고자 하는 문제나 대답해야 할 질문이 무엇인지 자문해 보라. 그다음, 그 문제나 질문이 분류나 클러스터링 중 어떤 것을 통해 가장 잘 해결될 수 있을지 자문해 보라. 끝으로, 가지고 있는 데이터가 레이블링되어 있는지 아니면 레이블링되어 있지 않은지 자문해 보라. 당신이 스스로 이러한 질문에 답을 해보면, 지도 학습을 통한 분류와 비지도 학습을 통한 클러스터링 중 어떤 접근방법을 택하는 게 더 나은지 보다 명확하게 알 수 있다.

요점 정리

- 분류 기법은 당신이 레이블링된 데이터를 가지고 있고, 어떤 클래스들이 있는지 알고 있으며, 그 클래스 중 하나에 각 입력물을 할당하도록 기계를 가르칠 수 있을 때, 가장 효과적이다.
- 클러스터링 기법은 당신이 레이블링되지 않은 대용량의 데이터를 가지고 있고, 기계가 당신이 아직 알고 있지 못한 패턴들을 식별해 주기를 원할 때 가장 효과적이다.
- 당신이 분류와 클러스터링 중에서 하나를 선택하기 위해서는 해결하려는 문제 또는 답을 찾고자 하는 질문을 살펴보고, 자신이 이 문제나 질문을 분류 문제를 보고 있는지 클러스터링 문제를 보고 있는지 자문해 보라.
- 분류 문제에는 지도 학습을 사용하라.
- 클러스터링 문제에는 비지도 학습을 사용하라.

16

주요 도전과제

머신러닝(ML)의 잠재력을 감안해 볼 때, 몇 가지 과제를 예상해 볼 수 있다. 앞 장에서 우리는 ML 사용과 관련하여 가장 큰 과제, 즉 어떤 ML 기법을 사용할 것인지에 대해 논의했다. 분류와 클러스터링 중 어느 것이 더 효과적인지 그리고 지도 학습과 비지도 학습 중에는 어느 것이 더 적합한지 여부는 항상 명확하게 판단될 수 있는 사항은 아니다.

이 장에서는 당신이 극복해야 할 다른 과제, 즉 다음과 같은 어려운 질문을 제기하는 과제에 대해 소개한다: 필요한 데이터에 액세스하려면 어떻게 해야 하는가? 가장 흔한 실수를 피하려면 어떻게 해야 하는가? 내가 현재 작업에 적합한 도구(ML 또는 다른 사용 가능한 도구)를 사용하고 있는지 아닌지는 어떻게 알 수 있는가? 이 장에서는 당신이 이러한 질문에 답하는 데 필요한 지침을 제공한다.

양질의 데이터 충분히 확보하기

매우 단순한 인공신경망이라 할지라도 소량에서 중간 정도의 양에 이르는 데이터를 가지고는 학습을 성공적으로 수행하지 못한다. 대부분의 인간들이 학습하는 방식을 생각해 보면, 낙타가 어떻게 생겼는지 알아내기 위해 수백만 개의 이미지를 살펴볼 필요는 없을 것이다. 당신은 사진 한두 장만 있으면, 비록 그 사진 속의 낙타가 서로 품종은 다르더라도 낙타를 식별하는 능력을 갖출 수 있을 것이다.

최신 신경망들이라 할지라도 아직은 이러한 수준의 효율성을 갖고 있지는 않다. 수백만 개의 이미지를 신경망에 제공하고 그 이미지 속의 동물을 성공적으로 식별할 때까지 파라미터들(가중치들과 편향들)을 계속해서 세밀하게 조정해 나가야 한다. 신경망이 이 작업을 완전히 숙지하는 데 필요한 모든 데이터를 제공하기 위해서는 당신은 다양한 관점과 각도의 이미지를 사용해야 할 수도 있다. 보통은 이러한 초보적인 훈련에도 상당한 시간이 소요된다.

좋은 소식은 일단 신경망이 준비되면, 인간이 여러 이미지들을 식별하는 것보다 훨씬 더 효율적으로 작업을 수행할 수 있다는 것이다. 그러나 이러한 준비 상태에 이르기까지는 시간이 많이 걸린다.

이러한 한계를 극복하기 위해, 일부 첨단 기술 조직들과 대학들에서는 약간 다른 접근방법을 시도하고 있다. 이러한 기관들은 **캡슐 네트워크**(capsule network)라는 것을 사용하기 시작했는데, 이것은 더 작은 데이터 세트로부터 더 많은 학습을 할 수 있는 소규모의 뉴런 그룹을 의미한다. 시간이 지나면서 이러한 캡슐 네트워크는 기계가 더 작은 데이터 세트의 패턴을 인식하도록 기계의 능력을 향상시킨다. 이 책을 쓰고 있는 시점을 기준으로 보면, 이 네트워크는 대부분의 조직에서 아직 실험 단계에 있다.

캡슐 네트워크 및 다른 발전들이 실현되기까지는 많은 데이터가 요구되므로, ML의 주요 과제 중 하나는 양과 품질, 이 두 가지 측면을 모두 만족시키는 데이터들을 찾는 것이라 할 수 있다.

많은 조직은 그들이 필요로 하는 데이터를 다 수집할 때까지는 ML의 이점을 누릴 수 없다고 생각한다. 당신은 이미 수집해 놓은 데이터가 있다면 그것을 분명 사용할 수는 있겠지만, 항상 당신이 데이터를 직접 수집할 필요는 없다. 당신은 많은 양의 무료 데이터와 유료 데이터를 모두 찾아낼 수 있다. 무료 소스로는 미국 인구 조사국 데이터베이스와 CIA 월드 팩트북과 같은 정부 데이터베이스, Healthdata.gov와 NHS 건강 및 사회 복지 정보 센터(NHS Health and Social Care Information Centre)와 같은 의료 데이터베이스, 아마존 웹서비스(Amazon Web Services)와 같은 공개 데이터 세트, 구글 퍼블릭 데이터 익스플로러(Google Public Data Explorer), 구글 파이낸스(Google Finance), 국립 기후 데이터 센터(National Climactic Data Center), 뉴욕 타임스, 그리고 대학 데이터 센터들을 들 수 있다. 유료 소스로는 엑시엄(Acxiom), IRI, 닐슨(Nielsen) 등과 같은 데이터 수집 기능을 가진 많은 조직을 들 수 있다. 당신은 자신에게 도움이 될 수 있는 데이터가 어떤 데이터인지 알기만 한다면, 대부분의 경우 그 데이터를 구할 수 있는 소스를 찾아낼 수 있을 것이다.

훈련 데이터와 테스트 데이터를 따로 보관하기

지도 학습을 사용하는 경우, 당신은 레이블과 각 레이블이 나타내는 객체가 포함된 훈련 데이터 세트로 작업을 시작하게 될 것이다. 당신은 지금 기계에게 레이블이 해당 객체와 어떻게 관련되는지에 대한 예들을 보여 주고 있다. 그다음, 당신은 기계에게 레이블이 없는 더 큰 용량의 테스트 데이터 세트를 제공함으로써, 기계가 익숙하지 않은 객체들을 얼마나 잘 분류하는지 측정한다. 기계가 분류를 잘못 했는지 잘 했는지를 매번 기계에게 알려 주면 기계는 자신의 능력을 정밀하게 조정해 나간다. 테스트 데이터 세트는 더 큰 용량의 훈련 세트의 일부이며, 이것의 유일한 목적은 신경망의 파라미터를 정밀하게 조정하는 것이다. 테스트 데이터 세트는 훈련된 신경망의 최종 성능을 측정하는 데에만 사용된다.

모델의 결과를 개선하기 위해, 경험이 부족한 데이터 과학 팀은 훈련 데이터와 테스트 데이터를 결합할 수도 있다. 그렇게 함으로써 그들은 실제로 기계에 일부 답을 제공하고 있다. 이러한 접근방법은 결과를 개선시키기는 하지만, 그 개선은 표면적일 뿐이다. 기계가 조정해야 하는 가중치들과 편향들이 조정되지 않았기 때문에, 사실 성능이 저하된다. 시험에서 부정행위를 하는 학생과 비슷하다. 그 학생이 이 시험에서는 좋은 성적을 받을 수는 있지만, 이것이 정말 그 학생이 실력이 있다는 것을 증명하는 것은 아니다.

이 이야기의 교훈은 다음과 같다: 테스트 데이터와 훈련 데이터를 섞지 말고, 따로 보관하라.

훈련 데이터를 신중하게 선택하기

학습과 관련해서, 기계는 인간과 같은 방식으로 오류를 범할 수 있다. 만약 당신이 테스트 데이터를 대변하지 않는 훈련 데이터를 기계에 제공한다면, 실제로는 그렇지 않은데도 학습이 잘 이루어진 것으로 착각할 수 있다. 학생들에게 곱셈을 가르친다고 상상해 보라. 12×12까지의 곱셈 결과를 가르친 다음, 테스트 문제로 528×627과 같은 문제를 냈다고 가정해 보자. 학생들은 이 문제를 잘 풀지 못할 것이다. 이러한 상황과 마찬가지로, 당신은 훈련 데이터가 테스트와 테스트 이후에 사용될 데이터를 대변할 수 있기를 원할 것이다.

또한 데이터를 선택할 때 당신의 편견이 영향을 주지 않도록 주의하라. 예를 들어, 당신이 국민투표의 투표 결과를 예측하는 모델을 개발 중에 있는데 테네시에 거주하는 백인 중년 여성의 투표 데이터만 기계에 제공한다면, 그 모델은 국민투표 결과를 제대로 예측하지 못할 것이다.

탐색적 접근 취하기

많은 조직은 어떤 특정 질문에 답하거나 특정 문제를 해결하기 위해 분명 지도 학습 ML을 사용하고 있긴 하지만, 비지도 학습의 탐색적 잠재력도 간과해선 안 될 것이다. 조직들은 인공신경망을 통해 존재조차 모르는 패턴들을 식별할 수 있다는 것은 잘 모르고 있다. 결과적으로 이러한 조직들은 인공신경망이라는 이 귀중한 도구를 충분히 활용하지 못하고 있는 것이다.

ML을 그저 또 다른 프로젝트 중 하나로 여기고 싶은 유혹을 피하라. 당신은 데이터 과학 팀이, 예를 들어 고객참여 보고서 작성과 같이 단순한 작업을 수행하는 것을 원하지 않을 것이다. 이보다는 데이터 과학 팀이 혁신적인 새로운 아이디어로 이어지는 길을 알려줄 수 있거나 또는 당신이 미처 알지 못해서 찾아보려고 하지도 않았던 길을 알려줄 수 있는 그러한 패턴들을 데이터에서 찾아내기를 기대할 것이다.

작업에 적합한 도구 선택하기

ML이 강력한 도구이긴 하지만 유일한 도구는 아니다. 때때로 당신은 표나 그래프를 통해서 또는 다른 부서 사람들과의 대화를 통해서, 당신이 알고자 하는 것들을 더 쉽게 알아낼 수도 있다. ML이 모든 질문에 답을 제공하거나 모든 문제를 해결하는 데 가장 좋은 도구라고 단정하지 말라.

요점 정리

- 인공신경망을 학습시키기 위해서는 양질의 데이터를 충분히 제공해야 한다.
- 훈련 데이터를 테스트 데이터의 일부로 사용하지 말라. 그렇게 하면 신경망은 테스트에서 더 나은 성능을 보이지만 필요한 조정을 하지는 못하게 될 것이다. 즉,

신경망은 학습을 하지 못하게 될 것이며, 더 새롭거나 이전에 본 적이 없는 데이터들에 대해서는 제대로 성과를 내지 못할 것이다.

- 훈련 데이터는 신경망이 분류 또는 클러스터링을 해야 하는 데이터들의 특성을 잘 반영할 수 있는 데이터들로 선정하라.
- 당신의 개인적인 편견이 당신의 데이터 선택에 영향을 미치지 않도록 하라.
- 머신러닝의 파워를 최대한 활용하기 위해서는 신경망이 비지도 학습을 통해 데이터를 탐색할 수 있도록 하라.
- 어떤 질문에 답을 제공하거나 어떤 문제를 해결해야 하는 경우, 인공신경망을 고려하기에 앞서 더 간단히 수행할 수 있는 방법을 찾아보라.

Part IV

인공지능 활용하기

17

자연어 처리 기술의 활용

이 장의 주제
- 자연어 처리(NLP)의 기본 원리
- NLP의 고객 서비스 적용
- 최고의 NLP 도구

인공지능(AI)에서 가장 흥미로운 영역 중 하나는 자연어 처리(natural language processing, NLP)인데, 이것은 자연어 이해(natural language understanding, NLU)와 자연어 생성(natural language generation, NLG) 영역의 결합이다. NLU를 사용하면 시스템이 서면 또는 음성 입력을 수신하고 해석한다. NLG를 사용하면 시스템은 수신된 메시지에 대해서 서면 또는 음성 방식의 메시지로 응답할 수 있다. 이러한 NLG와 NLU를 합쳐서 NLP라고 한다.

NLP는 AI 챗봇, 가상 비서, 가상 에이전트[일반적으로 고객 또는 기술 지원을 어느 정도 자동화하기 위해 텍스트 또는 텍스트 음성 변환(text-to-speech, TTS)을 통해 사용자와 온라인 또는 전화로 대화하는 소프트웨어 애플리케이션들]의 기반이다. 당신이 전화나 회사 웹사이트를 통해 고객 서비스나 기술 지원을 받은 적이 있거나, 또는 자동음성전화를 받았거나, 또는 시리나 알렉사와 상호작용했다면, 당신은 챗봇이나 가상 비서 또는 가상 에이전트와 이야기했을 가능성이 크다. 이 셋의 차이점은 다음과 같다.

- 챗봇은 일반적으로 사용자가 필요로 하거나 원하는 것을 파악하기 위해 구조화된 프로세스에 따라 많은 질문을 한다. 비구조적인 대화에는 적합하지 않다.
- 가상 비서는 사용자와 대화를 할 수 있고, 이 외에도 사용자를 위해서, 전화 걸기, 알람 설정, 미리 알림 설정, 약속 예약과 같은 작업들을 수행할 수 있다.
- 가상 에이전트는 챗봇과 비슷하지만, 일반적으로 사람을 대신하는 애니메이션 캐릭터를 가진다.

당신은 챗봇이나 가상 비서 또는 가상 에이전트와 대화할 때, 마치 소프트웨어가 듣고 응답하는 두 단계의 프로세스를 수행하는 것처럼 느낄 수도 있을 것이다. 그러나 NLP는 이러한 프로세스를 여러 단계로 나누어 처리한다. 예를 들어, 당신이 "What will the weather be like today?(오늘 날씨는 어떻습니까?)"라고 묻는다고 가정해 보자. 가상 비서가 취하는 첫 번째 단계는 음성(오디오) 입력을 수신하는 것이다. 그다음 단계는 수신한 음성을 음성 인식 시스템(speech recognition system)을 통해 텍스트로 변환하는 작업을 수행하는 것이다. 그다음엔, 자연어 이해(NLU) 기능을 사용하여 텍스트를 검색엔진이 이해하기에 더 적합한 형태로 변환한다. 예를 들어, weather, will, today와 같은 키워드들을 추출하여 "today's weather forecast(오늘의 일기예보)"로 번역할 수 있으며, 당신의 휴대전화에 위치정보가 활성화되어 있으면 휴대전화의 위치를 추출하여 검색 요소에 추가한다.

그다음 가상 비서는 생성한 검색 구문, 예를 들어 "오리건주 포틀랜드의 오늘 일기예보"를 구글과 같은 검색엔진에 입력한다. 검색엔진이 결과를 가져오면 가상 비서는 NLG를 사용하여 결과를 읽고 당신에게 오리건주 포틀랜드의 오늘 일기 예보를 알려 준다. 당신의 스마트폰은 "오늘 23도로 맑은 날씨가 유지되다가 오후 2시경부터는 구름이 끼고 오후 4시에는 비가 올 확률이 70%가 될 것입니다"라고 응답할 수도 있을 것이다.

당신에게 NLP는 이처럼 간단한 프로세스(당신의 날씨에 대해 질문을 받고, 이에 대해 적절한 대답을 제공해 주는)를 수행하는 것처럼 보일 수 있다. 그러나 AI 시스템 입장에서는 NLP는 수많은 단계로 구성된다.

요즘 많은 사람이 스마트폰을 통해 자신이 NLP를 사용하고 있는 것을 인식하고 있는데, 많은 조직은 수많은 고객에게 고객 서비스와 기술 지원 부담을 줄이기 위해 이러한 NLP를 활용하고 있다. 예를 들어, 기업은 NLU를 사용하여 수신된 이메일 메시지들을 읽고 해석하여, 평범한 질문으로 판단되면 이에 관련된 자동 응답을 보내 주지만, 특별한 질문이나 중요한 사항으로 판단되는 경우에는 조직에서 가장 적합한 담당자에게 그 메시지를 리디렉션할 수 있다.

NLP는 재무 보고서와 같은 문서들을 검토하고, 중요 부분들을 추출하고, 그런 다음 수익이나 이익과 같은 주요 지표의 수치 변화의 의미를 설명하는 요약 보고서를 생성하는 데 사용될 수 있다. NLP는 특정 수치들을 추출하고 더 깊은 인사이트를 제공하기 위해 그것들을 차트로 작성하도록 프로그래밍될 수도 있다.

사람들은 챗봇과 가상 비서를 만들 때 가장 큰 어려움이 음성 인식이라고 생각하는 경우가 많은데, 그 이유는 자신의 스마트폰이 사람이 말하는 내용을 이해하는 데 어려움을 겪는 모습을 매일 목격하기 때문이다. 그러나 실제로 더 큰 어려움은 바로 NLU와 NLG의 기능들과 관련 문제들인데, 이러한 기능들은 더 복잡한 정보를 처리해야 하기 때문이다.

음성 인식 기능을 적용할 때 중요한 문제는 앱이 정확하게 '들을 수 있도록' 만드는 것인데, 이는 분명 앱이 이해하는 능력을 갖추도록 하는 데 중요한 첫 단계라 할 수 있다. 그러나 NLU와 NLG를 사용하는 경우, 앱이 시스템에 입력된 단어와 구문에서 의미를 추출해야 하므로 훨씬 더 어렵다. 언어는 구조적 불일치들로 가득 차 있으며 많은 과장된 표현이나 은유를 사용한다. 당신이 "나는 아주 오랫동안 기다리고 있는 중입니다" 또는 "나는 아주 많이 실망했습니다"라고 말한다면, AI 시스템의 입장에서는 이 말들의 의미를 이해하는 것이 매우 어렵다. 당신이 이런 말을 했음에도, "제품이 마음에 드신다니 다행입니다. 간단한 설문조사를 하고자 하니 전화를 끊지 말고 기다려 주십시오"와 같은 응답을 하는 AI 시스템을 당신은 경험하고 싶지 않을 것이다.

이 장에서는 NLU와 NLG에 대해 더 깊이 파고들고 자신만의 NLP 애플리케이션을 만드는 데 사용할 수 있는 몇 가지 도구를 소개할 것이다.

NLU를 사용하여 텍스트와 음성에서 의미 추출하기

자연어 이해(NLU)는 말이나 문서상의 서술 또는 질문으로부터 의미를 추출하는 것과 관련된다. 음성 인식 기술이 음성 단어들을 텍스트로 정확하게 번역하는 데 초점을 맞추는 반면, NLU는 한 단계 더 나아가 서술이나 질문의 의미를 해석한다.

이제 AI 시스템에 대해 이해와 생성이라는 용어라는 표현을 사용하는 대신 사람을 대상으로 얘기하고 있는 것처럼 읽기와 쓰기로 표현하는 것이 이해하기에 더 쉬울 수도 있다. 그러나 이 두 가지 접근의 최종 결과는 같을지라도, NLP는 당신이 읽기와 쓰기를 하는 것과는 매우 다른 점들을 수반한다.

당신이 친구나 동료와 할 수 있는 간단한 대화를 상상해 보라. 당신이 일하는 곳 근처에 새로운 인도 레스토랑이 문을 열었다고 가정해 보자. 어느 날 동료가 "Did you and Susan try that new Indian restaurant?(당신과 수잔은 그 새로운 인도 레스토랑에 가봤어요?)"라고 묻는다.

당신은, "Actually, it was a little too spicy(사실 좀 많이 매웠어요)"라고 대답한다.

당신의 동료가 "Will you go back(거기 다시 갈 거예요)?"라고 묻는다.

당신은 "I don't know(모르겠어요)"라고 대답한다.

이러한 대화는 인간의 관점에서 매우 단순한 대화이지만 AI의 관점에서는 복잡하다. 첫 번째 문제는 정황을 많이 이해해야 한다는 것이다. 동료가 당신에게 새로운 레스토랑과 관련하여, "tried"라고 물으면, 그녀는 당신이 그곳에 처음 갔었는지를 묻는 것이다(그녀는 당신이 거기에 가려고 하는 의도나 새로운 인도 레스토랑을 시작하려고 했는지를 묻는 것이 아니다).

당신이 너무 맵다고 대답하는 것은 당신이 그 레스토랑에 가본 적이 있음을 넌지시

알려주면서, 거기에 음식에 대한 자신의 의견(당신이 좋아하는 수준보다 더 맵다는)을 추가하는 것이다. AI 시스템은 당신이 그 레스토랑에서 식사를 한 적이 없다면 그 레스토랑의 음식이 너무 맵다는 것을 알 수 없을 것이라고 추론해야 한다.

끝으로, 그곳을 다시 방문할 것인지를 묻는 동료의 질문에 대한 당신의 대답은 AI 시스템 입장에서는 좀 불분명할 수 있다. 당신이 "모르겠어요"라고 한 말은 동료가 무엇을 묻는지 모르겠다는 의미는 아니다. 대신, 당신의 대답은 그 레스토랑의 음식이 당신이 그 레스토랑을 다시 방문할 만큼 좋은지를 모르겠다는 것을 의미한다. 당신이 "모르겠어요"라고 말했을 때, AI 시스템이 그 말의 의미를 이해하지 못했다면 "질문을 다시 한번 더 해 주시겠습니까?"라고 응답할 수도 있을 것이다.

AI 시스템은 데이터와 패턴만 보고 있음을 기억하라. AI 시스템이 이 간단한 대화를 이해하기 위해서는 대화의 배경에 관한 기본적인 사항들을 알려 줄 수 있는 많은 양의 데이터가 필요하다. AI 시스템은 이 대화가 대상으로 하고 있는 정황에 대한 이해를 바탕으로 레스토랑을 "trying"한다는 것이 무슨 뜻인지 알아야 한다. 당신이 음식이 맵다고 말하면 AI 시스템은 당신이 레스토랑에 갔었다는 것을 알아야 한다. 그리고 AI 시스템은 당신이 "모르겠어요"라고 대답한 것은 음식 맛에 대한 판단이지 동료가 지금 무엇을 물어보고 있는지를 모르겠다고 대답한 것이 아니라는 것을 알아야 한다.

여러 면에서 NLU는 실제 NLP의 가장 어려운 구성 요소이다. NLU는 사람과 의미가 통하는 대화를 수행하려면 먼저 그 사람이 하고 있는 말을 이해해야 한다.

NLG로 현명한 응답 제공하기

"자연어 생성(NLG)은 인공지능이 우리에게 매우 자연스럽게 들리는 텍스트를 생성하는 복잡한 방법이다." 고백하건대, 이 문장은 내가 쓴 문장이 아니다. 어떤 자연어 생성 애플리케이션이 "자연어 생성이란 무엇입니까?"라는 나의 질문에 대해 제시해 준 응답을 내가 옮겨 적은 것이다.

NLG 애플리케이션은 사람이 쓰거나 말할 수 있는 것과 유사한 텍스트를 생성할 수 있지만, 그 프로세스는 사람이 수행하는 프로세스와는 매우 다르다. AI 시스템은 당신이 창의적 글쓰기 과목에서 배웠을 수도 있는 그런 방식으로는 글을 쓰지 않는다. 컴퓨터는 글쓰기를 창의적인 프로세스가 아니라 데이터의 과제로 본다.

AI 시스템은 데이터에서 패턴을 찾기 때문에, AI 시스템의 글쓰기 경우에는 시스템이 내 질문의 키워드들과 일치하는 가장 일반적인 구문들을 찾는다. 내 질문에 대답하기 위해 AI 시스템은 먼저 내가 말한 것을 이해해야 한다. AI 시스템은 "What is…"라는 단어로 시작하는 그 문장을 이해해야 한다. 사실, 나는 이 두 단어 뒤에 나오는 단어나 구의 정의를 묻고 있는 것이다. 따라서 AI 시스템은 내 질문을 '자연어 생성'을 정의하십시오"라는 명령으로 바꿀 수 있다. 그다음 AI 시스템은 웹페이지 수백만 개에 대한 검색 색인을 확인하여 '자연어 생성'이라는 문구와 관련된 정보들을 찾아낸다.

당신은 NLG를 초강력 검색엔진으로 생각할 수 있다. 이 예에서 AI 시스템은 구문을 검색한 다음 해당 결과 내에서 더 깊이 검색한다. NLG는 그 검색엔진이 수집한 데이터들(내가 찾고 있는 것으로 해석되는 것과 일치되는 텍스트)을 활용하여, "자연어 생성은…"과 같은 문구로 시작하는 응답을 만든다. NLG는 '자언어 생성'에 대한 자신의 정의를 검색 결과에서 볼 수 있는 기존의 정의들과 대조시켜 자신의 정의를 고유하게 만들기까지 한다.

이제 이 AI 시스템은 겨우 이 한 문장을 생성했다. 그러나 많은 사람들은 단락들을 그리고 심지어는 한 편의 기사를 생성하기 위해 이 기술을 활용한다. 현재 NLG는 제품 리뷰, 일기 예보, 그리고 심지어는 뉴스 기사에도 가장 효과적으로 적용된다. NLG는 여러 소스들에서 나온 데이터들을 결합한 다음 고유한 방식으로 제시하는 데 탁월하다.

어소시에티드 프레스(Associated Press)는 NLG를 사용하여 특정 회사의 분기별 수입 및 이익에 대한 기사들을 보도하는데, 요약본은 그 회사 성과를 알리기 위해 1년에 네 번 발행된다. NLG는 다른 여러 소스로부터 데이터들을 가져올 수 있기 때문에 이 애플리케이션에서 잘 작동된다. 이 NLG 시스템은 이러한 데이터 소스들을 결합하고 일부 텍스트를 추가하여, 예를 들면, 다음과 같은 스토리를 작성한다. "마이크로소프트는 오늘 3분기 실적 보고서를 발표했다. 수익은 지난 분기에 비해 3% 증가했는데, 이는 애널리스트의 기대치를 1% 상회한 수치다. 마이크로소프트의 주가는 시간 외 거래에서 5% 상승했다. 이 회사는 중국과의 공급망 문제로부터 영향을 받지 않았다고 말했다."

이 예에서 볼 수 있듯이, AI 시스템은 다음과 같은 세 가지 소스의 데이터, 즉 마이크로소프트 수익 보고서의 데이터, 애널리스트가 예상한 것과 관련된 데이터, 시간 외 거래에서 마이크로소프트의 주가에 대한 데이터를 결합하여, 투자자들이 MS의 주식을 살지 또는 팔지에 대해 잘 알고 결정을 내릴 수 있도록 인사이트를 제공하는 컨텐츠를 생성해냈다.

당신은 아마 이러한 방식으로 작성된 몇 편의 단편 소설을 읽어 본 적이 있다 하더라도 그러한 스토리들이 AI 시스템에 의해 단 몇 분 만에 생성되었는지까지는 모르고 있었을 것이다.

만약 당신이 조직에서 이러한 기술을 사용하는 것을 고려하고 있다면, 바람직한 첫 번째 단계는 당신이 결합시키고자 하는 데이터 소스들은 어떤 것들인지 그리고 그 소스들을 어떻게 활용하여 스토리를 전달할 것인지를 고려하는 것이다. 그 결과, 당신은 아마 자동화된 경영진 브리핑 자료들이나 유익한 블로그 게시물들을 만들어 낼 수도 있을 것이다. 또는 다음 절에서 볼 수 있듯이, 당신은 그 스토리를 통해 고객과의 소통도 더 잘 할 수 있게 될 것이다.

고객 서비스 자동화하기

NLP 기술과 기법이 발전함에 따라, 그 기능들은 더욱 정교해지고 있다. 당신은 최근에 자동음성전화를 경험해 본 적이 있다면, 이러한 사실을 스스로 눈치챘을 것이다. 과거에 당신은 컴퓨터와 대화 중인지 사람과 대화 중인지를 쉽게 알 수 있었을 것이다. 그러나 이제 일부 시스템들은 너무 정교해서 그 차이를 구별하기 어려운 세상이 되었다. 당신이 시스템에게 너는 사람이냐는 통상적이지 않은 질문을 던져도, 당신이 깜짝 놀랄만한 응답이 나온다.

　NLP 시스템이 더욱 정교해짐에 따라 그리고 전화 문의에 대한 고객서비스 담당자 및 기술지원 담당자에 대한 지불 비용이 증가함에 따라, NLP는 기업에 더 매력적인 옵션이 되어가고 있다. 시스템은 NLU 기능을 통해 전화를 건 고객이 필요로 하는 것이 무엇인지를 파악해 내고, NLG 기능을 통해 고객에게 응답을 제시하거나, 또는 적절한 응답을 모르는 경우 더 적합한 담당 직원에게 전화를 연결할 수도 있다.

　NLG는 고객서비스나 기술지원 담당자라면 누구나 하는 일들(조직의 데이터 소스에서 답변이나 해결책을 찾고 이러한 정보를 바탕으로 대답을 만들어 내는)을 할 수 있다. 당신이 관련 데이터를 많이 가지고 있다면, NLG 시스템의 작업량이 과중해질 것이라는 점은 상상하기가 그리 어렵지 않다.

　방금 새 평면 TV를 구입했는데 넷플릭스 또는 훌루와 같은 특정 온라인 스트리밍 서비스에 연결하는 방법을 잘 모른다고 상상해 보자. 당신은 이 TV 제조업체의 웹사이트에 가서 검색창에 "TV를 넷플릭스에 연결하려면 어떻게 해야 하나요?"라고 질문을 입력한다. 그러면 AI 시스템은 '연결', 'TV', '넷플릭스'와 같은 키워드들을 추출하여 응답에 필요한 정보 검색을 시도하지만, 데이터 소스들은 TV 모델에 따라 각기 다른 지침들을 가지고 있어서 다음과 같이 응답한다. "당신의 문의, 감사합니다. 넷플릭스에 연결할 수 있는 TV는 매우 다양합니다. 고객님이 갖고 계신 텔레비전의 모델 번호는 무엇입니까? 모델 번호는 기기 뒷면의 전원 코드 근처에 부착되어 있습니다."

　당신은 심지어 간단한 대화 상황에서도 제품 카탈로그를 검색하여 어떤 특정 TV가 넷플릭스를 지원하는지 그리고 어떤 TV는 지원하지 않는지를 확인해 주는 AI 시스템을 가지고 있다고 해 보자. 이 시스템은 고객이 관심을 보이는 TV의 모델 번호를 고객에게 요청하고 게다가 고객이 모델 번호를 빠르고 쉽게 찾아낼 수 있도록 도와줄 수 있는 상세한 정보들까지도 제공해 줄 수 있을 만큼 정교하다. 또한 이 시스템은 TV 설명 내용을 찾는 데 필요한 모든 정보도 가지고 있다. 따라서 고객이 이 시스템에게 모델 번호를 알려주면, 그 모델과 관련된 사용자 매뉴얼을 찾아 바로 스트리밍 서비스 페이지로 이동해서 그 모델이 고객의 넷플릭스 스트리밍을 지원하는지 여부를 바로 확인해 줄 수 있다. 또는 넷플릭스 웹사이트나 토론방 웹사이트에 가서 필요한 정보를 찾아와서 확인해 줄 수도 있다.

이 NLG 시스템이 액세스할 수 있는 데이터를 많이 가지고 있을수록, 더 유용한 대답을 얻을 수 있다. 당신은 사용 중인 TV 모델에 대한 펌웨어 업데이트가 가능하다는 메시지를 받을 수도 있는데, 당신이 업데이트된 펌웨어를 사용하고 싶다면 넷플릭스에 연결하기 전에 업데이트된 펌웨어를 다운받아 설치해야 한다. 이때, 그 NLG 시스템은 당신에게 업데이트 설치에 도움이 필요한지 물어볼 수도 있을 것이다.

또한 NLP 서비스는 문제 예방을 위해 스스로 고객에게 연락할 수 있을 정도로 정교할 수도 있다. 예를 들어 그 시스템은 당신이 TV로 넷플릭스를 시청하고 있다는 사실을 알고 있으므로, 당신이 좋아하는 프로그램을 시청하는 데 영향을 줄 수 있는 넷플릭스 서비스의 변경 사항들을 모니터링할 수도 있다. 넷플릭스에서 이러한 변경을 추진하면, 이 NLP 시스템은 넷플릭스에서 당신이 그 프로그램을 계속 보고 싶다면 몇 가지 절차를 수행해야 한다는 내용의 이메일이나 문자 메시지를 작성하여 당신에게 보낼 수 있다.

NLP 시스템은 모든 상호작용이 데이터와 관련된 과제이므로, 관련 데이터가 많을수록 더 좋은 성능을 보인다. 이 시스템은 고객과의 모든 상호작용을 통해, 시스템의 기능을 향상시킬 수 있는 데이터를 더 많이 확보해 갈 수 있다. 이 시스템은 당신의 TV로부터 직접 데이터를 수집하여 당신이 TV를 어떻게 사용하고 있는지를 파악할 수도 있고, 당신이 메뉴를 탐색하거나 프로그램을 시청할 때 겪는 문제점들을 찾아낼 수도 있다. 그런 다음에, 이 시스템은 이렇게 파악한 데이터들을 활용하여 당신과의 관련성과 정확성이 높은 고객서비스 메시지를 당신에게 보내 줄 수 있다.

최고의 NLP 도구 및 리소스 검토

NLP는 AI 분야에서 인기 있는 분야이므로, 당신은 NLP 시스템을 만드는 데 사용할 수 있는 도구를 많이 찾아볼 수 있다. 이러한 도구들 중 일부는 소프트웨어 공급업체들이 제공하는 상용 제품들이고, 다른 도구들은 개발자들이 무료로 제공하는 오픈소스(open-source) 도구들이다.

훌륭한 오픈소스 제품으로는 NLTK(Natural Language Toolkit)을 들 수 있는데, 이것은 설치 및 사용 방법에 대한 매뉴얼을 FAQ와 함께 www.nltk.org에서 다운로드할 수 있다. NLTK는 파이썬으로 작성되었기 때문에, 이것을 효과적으로 사용하려면 파이썬에 대한 약간의 배경 지식이 필요하다(이것은 두 가지의 파이썬 버전을 지원하지만, 나는 앞으로 파이썬 3.4 사용을 권장한다). 그 웹사이트에는 다른 사용자들을 통해 NLTK에 대해 자세히 알아볼 수 있는 토론방 링크도 포함되어 있다. 거기서 당신은 NLTK에 대해 다른 사람들로부터 많은 것을 배울 수 있을 것이다. NLTK는 오픈소스인 아파치(Apache) 라이선스를 사용하고 있어서, 당신은 애플리케이션 학습과 개발에 NLTK를 자유롭게 사용할 수 있다.

당신이 NLTK를 사용하기로 결정했거나 NLP가 작동하는 방식을 배우고 경험을 좀 해 보기 위해 NLTK를 사용하고자 한다면, 나는 NLTK의 창시자들인 스티븐 버드(Steven Bird), 이완 클라인(Ewan Klein), 에드워드 로퍼(Edward Loper)가 저술한 *Natural Language Processing with Python*(파이썬을 이용한 자연어 처리)을 강력히 추천한다. 이 책은 www.nltk.org/book에서 온라인으로 무료로 구할 수 있다. 이 책에는 그 책의 저자들이 레시피라고 부르는 귀중한 정보, 지침, 코드 샘플이 포함되어 있다.

기타 주목할 만한 오픈소스 NLP 개발 도구들은 다음과 같다.

- 파이썬 도구
  - SpaCy(spacy.io)
  - TextBlob(textblob.readthedocs.io/en/dev)

- Textacy(pypi.org/project/textacy)
- PyTorch-NLP(pytorchnlp.readthedocs.io/en/latest)
- 노드 도구
  - Retext(www.npmjs.com/package/node-nlp)
  - Compromise(www.npmjs.com/package/compromise)
  - Natural(www.npmjs.com/package/natural)
  - Nlp.js(http://www.npmjs.com/package/node-nlp)
- 자바 도구
  - OpenNLP(opennlp.apache.org)
  - StanfordNLP(stanfordnlp.github.io/CoreNLP)
- 아파치 스파크 도구
  - Spark NLP(nlp.johnsnowlabs.com)

다음 절에서는 특히 NLU와 NLG에 초점을 맞춘 NLP 도구들과 자료들을 소개한다.

NLU 도구

NLU는 NLG보다 더 어려운 과제다. 사실, 그것은 AI만큼 어려운 문제, 즉 매우 어려운 계산 문제로 간주된다. 질문이나 문장을 구성요소들로 분해하고 구문론적 역할과 의미론적 역할을 설명하는 프로세스는 응답 시스템에서 미리 결정된 구문 및 의미 체계에 따라 문장이나 질문을 생성하는 것보다 훨씬 더 어렵다.

이 분야의 여러 선두 기업들은 개발자들과 엔지니어들이 자체적으로 대화 봇을 개발하는 데 도움을 주기 위해 자신들의 클라우드 기반 NLU 도구들을 공개했다. 이러한 선두 기업들 4개는 다음과 같다: 알렉사를 가지고 있는 아마존, 시리를 가지고 있는 애플, 구글 어시스턴트를 가지고 있는 구글, 코타나를 가지고 있는 마이크로소프트. 마시모 카노니코(Massimo Canonico)와 루이지 드 루시스(Luigi De Russis)는 'A Comparison and Critique of Natural Language Understanding Tools(자연어 이해 도구들에 대한 비교와 평론)[1]라는 제목의 논문에서, 개발자들에 의해 맞춤화되고 훈련된 다음의 여섯 가지 주요 NLU 클라우드 플랫폼들을 비교하고 평가했다.

- 구글의 다이얼로그플로우
- 페이스북의 wit.ai
- 마이크로소프트의 LUIS
- IBM의 왓슨 컨버세이션
- 아마존의 렉스
- Recast.ai

그들은 어떤 플랫폼이 입력된 말이 의도하고 있는 의미를 가장 잘 이해하는지, 즉 NLU 측면에서 어떤 플랫폼이 가장 잘 작동하는지를 확인하고 싶어 했다. 그들은 IBM의 왓슨 컨버세이션이 다양한 진술과 질문의 의도된 의미를 가장 잘 이해한다는 결론을 내렸다. 이 논문은 2018년에 나왔으므로 그 결과가 오늘날에는 달라질 수도 있겠지만, 당신이 NLP 개발 플랫폼을 선택하고자 한다면 이 논문을 읽어보고 다양한 플랫폼들을 직접 어떻게 테스트할 수 있는지 배우기를 권한다.

NLU 애플리케이션 개발을 위한 최고의 도구 중 일부는 NLP 개발 분야에서 업계를 선도하는 회사들을 통해 제공되고 있는데, 이러한 NLU 도구들로는 다음과 같은 것들을 들 수 있다.

- IBM의 왓슨 어시스턴트(cloud.ibm.com/catalog/services/watson-assistant)
- 구글의 다이얼로그플로우(cloud.google.com/dialogflow)
- 페이스북의 wit.ai(wit.ai)

---

1   Canonico, Massimo, and Luigi De Russis. "A comparison and critique of natural language understanding tools." Cloud Computing 2018 (2018): 120, Harvard.

- 마이크로소프트의 LUIS(www.luis.ai)
- 아마존의 렉스(aws.amazon.com/lex)
- SAP 대화형 AI(cai.tools.sap)

카노니코와 루시스는 자신들의 논문에서 이러한 도구들을 평가한 것은 아니다. 그들은 이러한 도구들을 사용하여 구축된 후 개발자들에 의해 맞춤화되고 훈련된 AI 대화형 플랫폼들을 대상으로 평가했던 것이다.

NLG 도구

앞 절에서도 언급했듯이, NLG는 NLU보다 쉽긴 하지만 그래도 상당히 어려운 도전이다. NLG는 일종의 자동화된 참고문헌 사서처럼 다양한 소스에서 관련 데이터를 찾고 가져와서는 다른 단어 및 구문과 결합하여 의미 있고 관련성 높은 응답을 생성하고 전달한다.

NLG 애플리케이션 개발에는 여러 가지 도구를 사용할 수 있다. 가장 인기 있는 오픈소스 NLG 도구 중 하나는 SimpleNLG인데, 이것은 스코틀랜드의 애버딘대학교의 에후드 레이터(Ehud Reiter) 교수가 시작한 프로젝트를 통해 만들어졌다. 그는 나중에 상업용 NLG 플랫폼을 관리하는 아리아(Arria)라는 회사를 설립했다.

SimpleNLG는 자연어 생성(NLG) 기능을 구현한 엔진이다. 이 엔진은 자연스럽게 들리는 텍스트를 생성한다. SimpleNLG를 시작하려면 github.com/simplenlg/simplenlg를 방문하여 아래쪽 Getting Started 영역에서 튜토리얼 링크를 클릭하라. SimpleNLG는 자바 라이브러리다. zip 파일을 다운로드하기만 하면, 가져오기를 통해 바로 자바 클래스를 사용하기 시작할 수 있다.

레이터 교수는 ehudreiter.com에서 자신의 블로그를 통해 유용한 NLG 정보 및 추가 자료들을 제공하고 있다. 또한 그는 *Building Natural Language Generation Systems*(자연어 생성 시스템 구축하기)라 불리는 NLG 책의 공동 저자이기도 한데, 이 책은 초보 NLG

개발자를 위한 훌륭한 안내서이다.

또한 레이터 교수는 최고의 상용 NLG 플랫폼을 제공하는 아리아(www.arria.com)라는 회사를 설립했다. 이 사이트에서는 NLG 스튜디오(www.arria.com/studio/studio-overview)라는 제품을 찾아볼 수 있다. 이 제품은 강력하고 사용하기 쉬운 설계 도구로서 복잡한 데이터 소스들을 바탕으로 인간 전문가가 작성한 것으로 믿어질 만큼 훌륭한 자연어 보고서를 자동으로 생성할 수 있는 기능을 사용자들(초보자부터 전문가에 이르는)에게 제공한다. 아리아의 초점은 기업 데이터베이스에서 얻을 수 있는 구조화된 데이터를 가져와 자연어와 결합하는 것이다. 예를 들어, 당신은 마이크로소프트 SQL과 엑셀에서 생성된 멋진 차트를 가져와서, 그 차트에다가 그 차트를 설명하는 문장들까지 추가시켜 주는 NLG 애플리케이션을 개발할 수 있을 것이다.

오토메이티드 인사이트(Automated Insights)의 워드스미스(automatedinsights.com/wordsmith)라는 경쟁 플랫폼은 아리아와 매우 유사한 작업을 수행함으로써 마치 사람이 쓴 것처럼 들리는 이야기를 생성할 수 있다. 어소시에이티드 프레스(Associated Press)는 워드스미스를 사용하여 일부 보도 자료의 원시 데이터를 서술식의 문장으로 변환한다.

내러티브 사이언스(Narrative Science)는 비즈니스 데이터를 서술식 문장으로 변환하는 NLG 애플리케이션을 개발하는 또 하나의 회사이다. 시카고에 기반을 둔 이 회사는 NLG를 사용하여 스포츠 행사들을 요약한 스토리들을 만들기 시작했다. 그 이후로 이 회사는 보도의 초점을 스포츠에서 기업으로 변경하였다. 이 회사의 주요 제품은 퀼(narrativescience.com/quill)인데, 이것은 기업 데이터를 스토리들로 변환하고 그 스토리들을 그 기업의 비즈니스 인텔리전스 대시보드에 제공한다. 퀼은 NLG를 사용하여 복잡한 데이터를 시각화시키고 이 결과물과 함께 이에 대한 설명을 관리자와 경영진에게 제공한다.

이러한 각각의 플랫폼들은 나름대로의 고유한 전문 영역을 가지고 있다. 퀼은 가독성에 더 중점을 두고 있는 반면, 다른 두 제품은 데이터 설명에 더 중점을 두고 있다. 어떤 NLG 플랫폼이 가장 좋은지는 일반적으로 사용 목적에 따라 달라진다.

요점 정리

- 자연어 처리(NLP)는 자연어 이해(NLU)와 자연어 생성(NLG)을 포함한다.
- NLP는 AI 챗봇(사용자와 온라인 또는 전화로 대화를 하는 소프트웨어 애플리케이션)의 기반 기술이다.
- 챗봇은 고객 서비스 또는 기술 지원을 자동화하기 위해 널리 사용되는 도구다.
- NLU는 NLG보다 더 어려운 대상이다. NLU 애플리케이션은 진술 및 질문의 문자적, 비유적 의미를 이것들을 전달하는 정황과 함께 이해해야 하기 때문이다.
- NLP, NLU, NLG 애플리케이션의 개발 과정을 단순화하는 데 사용할 수 있는 오픈소스 도구와 상용 도구는 다양하다.

18

고객 상호작용 자동화

이 장의 주제

- NLP에 음성 인식 기능 추가하기
- AI 시스템이 음성 언어로 대화할 수 있도록 만들기
- 가상 에이전트 구축 도구

자연어 처리(NLP)는 서면 커뮤니케이션을 이해하고 스스로 기사나 이야기를 작성할 수 있지만, NLP는 구어체로 사람들과 대화하는 용도로 활용되는 경우가 점점 더 증가하고 있다. 이러한 능력을 발휘하기 위해서는 NLP에 음성 인식(speech recognition) 기술과 텍스트 음성 변환(text-to-speech, TTS) 기술이 통합된 형태의 추가적인 기능성이 필요하다.

NLP와 밀접한 관련이 있는 **자동 음성 인식**(automated speech recognition, ASR)에 대해 알아보자. ASR과 NLP는 서로 다르지만, 자연어 이해(NLU)를 촉진하기 위해 서로 밀접하게 연동된다. ASR은 음성 언어를 텍스트로 변환하고 NLU는 해당 텍스트에서 의미를 추출한다. NLP의 경우와 매우 유사하게, 음성 인식도 데이터에 기반한 주요한 문제 중 하나로 간주된다. ASR은 음성 품질, 볼륨, 억양뿐만 아니라 배경 소음도 다룬다.

ASR은 음성 언어를 이해하기 위해 단어 발음의 유사성에 의존한다. 당신이 말을 하면, 당신의 성대는 연못 표면의 잔물결처럼 공기를 통해 이동하는 음파의 형태로 정확

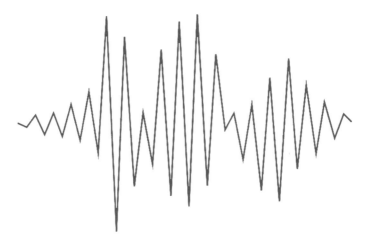

그림 18.1 오디오 파형

한 음성 출력을 만들어 낸다(그림 18.1 참조). 이러한 음파는 부드럽고 연속적인 곡선으로 표현되는데, 이는 종종 **아날로그 신호**라고 불린다. 컴퓨터 시스템은 이러한 음파를 수신하여 디지털 신호로 변환시킨다(역시 그림 18.1 참조).

오디오 파동은 아날로그든 디지털이든 상관없이, 데이터를 전달하는 봉우리와 계곡으로 구성되는 패턴을 형성한다. 오디오 파형에는 심지어 서로 다른 음성에 대해서도, 정확한 디지털 데이터가 포함되어 있다. 이는 말하는 사람에 관계없이 단어와 구를 식별하는 방법이 가능함을 의미한다. 당신과 내가 각자 "이것은 오디오 파형입니다"라고 말하면, 이 두 사람의 파형 패턴은 비슷할 것이다. 즉 봉우리와 계곡이 거의 일치할 것이다. 컴퓨터는 머신러닝을 이용하여 이러한 패턴들을 특정 단어들이나 다른 음성 언어들에 대응시킬 수 있는 방법을 학습할 수 있다.

ASR은 정확성과 속도를 향상시키기 위해 종종 **은닉 마르코프 모델**(hidden Markov model)이라는 통계 모델을 사용하여 이전에 말한 내용을 기반으로 후속 단어의 확률을 예측한다. 예를 들어, 시스템은 파형을 조사해서 처음 세 단어가 "This is an…이라는 것을 찾아내고, 은닉 마르코프 모델을 기반으로 다음 단어로는 동사가 아니라 명사나 형용사가 나올 가능성이 높다고 예측한다(사람들은 일반적으로 "This is an eating"과 같은 말을 하지 않는다). 이 시스템은 다음 단어는 동사가 아니라 명사 또는 형용사일 거라고 예측하기 때문에 가능성의 범위를 줄일 수 있어서 적절한 단어를 찾기 위해 영어의 모든 동사를 검색해야 하는 것을 피할 수 있다. 결과적으로 이 음성 인식 시스템은 은닉 마르코프 모델이 적용되지 않았을 때 보다 더 빠르고 정확하게 실행될 수 있는 것이다.

이제 음성 인식은 NLP와는 다르다고 한 얘기를 상기해 보라. 여기서 인공지능 시스템은 단순히 말할 때 내는 소리를 인식하려고 한다. NLP, 특히 NLU는 단어와 구에서 의미를 추출하는 데 필요하다. 그래서 음성 인식이 NLP보다 훨씬 더 오래 사용되어 온 것이다. 시스템은 문장이나 질문의 의도된 의미를 이해하는 것보다 소리를 텍스트로 변환하는 것이 훨씬 쉽다.

자연어 기술 선택하기

당신은 NLU, NLG, ASR을 결합하면 텍스트 및 음성을 통해 사람들과 대화할 수 있는 AI 시스템을 완성할 수 있다. 사실, 가장 잘 알려진 챗봇과 가상 비서인 시리, 코타나, 구글 어시스턴트, 알렉사는 이러한 AI 언어 기술 세 가지의 조합과 더불어 텍스트 음성 변환 기술에 의존한다.

당신은 이러한 가상 비서와 대화할 때, 하나의 기술로 구축된 애플리케이션과 상호작용하고 있는 것으로 생각할지도 모른다. 그러나 실제로 이러한 가상 비서가 원활한 기능을 하기 위해서는 이러한 모든 기술이 함께 작동해야 한다.

그러나 비즈니스와 관련하여 이러한 개념들을 생각할 때, 전부 아니면 전무와 같은 접근방식을 취할 필요는 없다. 각각의 기술을 별도의 AI 시스템으로 취급할 수 있다. 이러한 접근방법을 사용하면, 원하는 애플리케이션에서 가장 큰 역할을 할 AI 시스템에 집중적으로 자원을 투입할 수 있다. 즉, 필요하지 않은 기술에 시간, 돈, 그리고 전문지식을 낭비하는 것을 피할 수 있다.

예를 들어, 아마존은 기업이 가상 비서 알렉사를 활용해서 회의실 예약에 도움을 받으라고 권장하고 있다. 회의실에 대한 음성 예약 요청에는 사용되는 단어의 범위가 좁기 때문에(직원은 주로 회의실을 예약한 사람의 이름이나 그룹, 회의실 번호, 회의실이 필요한 날짜, 회의 시작 및 종료 시간과 같이 제한적 범위의 단어들을 사용하기 때문에) 가상 비서가 이 작업을 수행할 수 있도록 하기 위해 ASR에 투자를 많이 할 필요가 없다. 직원이 텍스트 기반 챗봇을 사용하여 예약 요청을 입력하도록 함으로써 ASR의 필요성을 없앨 수도 있다.

이 회의실 스케줄러를 개발하기 위해, NLG에도 많은 투자를 할 필요가 없다. 가상 비서는 단순히 예약을 확인해 주거나 회의실을 사용할 수 없음을 알려 주고 다른 회의실이나 다른 날짜나 시간대를 제안하는 정도의 업무만을 수행하기 때문이다.

NLU가 가장 어려운 과제이기 때문에, 당신은 아마도 대부분의 자원을 NLU에 투자할 것이다. NLU 시스템이 일단 직원의 요청을 이해하고 나서 세부 정보를 일정관리 시스템에 전달하기만 하면 된다. 그러면 이 일정관리 시스템은 회의실을 요청한 사람에게 확인 이메일을 보내 줄 수도 있을 것이다.

당신이 독자적으로 AI 챗봇이나 가상 비서를 구축할 계획을 가지고 있다면, 지금까지 설명한 접근방법을 사용하여 가장 주요한 과제를 식별하고 자원을 할당할 영역들을 선택하라. 시스템이 응답이나 콘텐츠(기사 또는 이야기)를 듣고 이해하거나 생성하는 데 주로 사용될 것인가? 이 질문에 대한 대답을 통해, 당신은 가장 중요한 기술에 설계안과 자원들을 집중할 수 있을 것이다.

챗봇 및 가상 에이전트 생성을 위한 최고의 도구

챗봇과 가상 에이전트는 종종 NLU, NLG, ASR, 텍스트 음성 변환, 머신러닝, 자동화된 의사 결정을 결합해서 만들어진다. 예전엔 챗봇과 가상 에이전트 구축을 위해서는 강력한 기술들이 필요했지만, 이제는 개발 프로세스를 단순화시켜 줄 수 있는 정교한 온라인 도구들을 활용할 수 있다.

그러한 도구들 중 하나로 마이크로소프트의 파워 버추얼 에이전트(powervirtualagents. microsoft.com/en-us)를 들 수 있는데, 이것은 질문과 응답의 맵을 생성하는 것만으로 가상 에이전트를 구축할 수 있도록 해 준다. 당신은 코드를 작성하거나 복잡한 모델을 개발하거나 AI 시스템을 훈련시키는 방법을 알 필요가 없다. 복잡한 부분들은 모두 뒤에서 처리된다. 이러한 도구를 이용하여, 고객 서비스, 영업, 인적 자원과 같은 기능들과 외부적으로 또는 내부적으로 사용자에게 서비스를 제공하는 기타 기능들을 자동화시킨 가상 비서를 개발할 수 있다.

아티피셜 솔루션즈(Artificial Solutions)라는 또 다른 회사는 테네오(www.artificial-solutions.com)라는 플랫폼을 제공하는데, 이것은 '대화형 AI'라고 부르는 일련의 알고리즘을 사용하여 작업을 수행한다. 테네오를 사용하면, 당신은 고객이 질문을 입력하거나 말을 하면 텍스트로 응답할 수 있는 맞춤형 챗봇을 만들 수 있다. 마이크로소프트의 파워 버추얼 에이전트와 마찬가지로, 테네오도 프로그래밍 지식이나 경험을 필요로 하지 않는다.

아이피소프트(IPSoft)라는 또 다른 회사는 자동화된 고객 서비스를 제공하는 방식이 약간 다르다. 이 회사는 고객이 독자적으로 챗봇이나 가상 에이전트를 만들 수 있도록 하는 대신, 아이피소프트의 디지털 직원을 고용하여 디지털 인력을 구축하도록 한다. 디지털 직원들은 IT 서비스 데스크 및 기타 조직 기능들을 위해 대량의 반복적인 작업들을 수행해 줌으로써 인간 직원들이 가치가 더 높은 작업에 집중할 수 있도록 해 준다. 아이피소프트 웹사이트(www.ipsoft.com/digitalworkforce)의 DigitalWorkforce.ai 페이지에는 당신을 초대하여 최고 디지털 직원인 아멜리아를 인터뷰할 수 있도록 해 주는 멋진 시연 기능이 있다(그림 18.2 참조).

당신은 질문을 타이핑하거나 채팅 메뉴를 통해 질문을 말로 전달함으로써 아멜리아와 인터뷰를 할 수 있다. 물론 당신이 디지털 직원을 고용하고 난 후에는, 그 직원이 당신의 명령에 응답하고 일반적인 작업을 수행할 것이다. 예를 들어, 당신이 구글 계정에

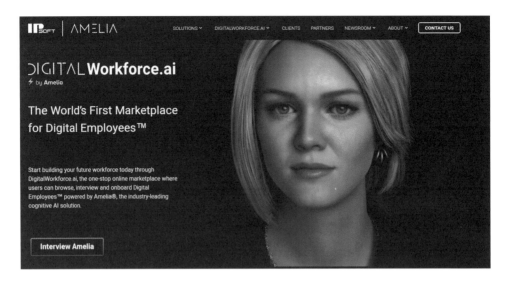

그림 18.2 디지털 직원 아멜리아에 대한 인터뷰

대한 로그인 비밀번호를 잊어버렸다면, "아멜리아, 나는 구글 비밀번호 재설정이 필요해"와 같이 말할 수 있다. 그러면, 아멜리아는 구글 로그인 페이지에 액세스하여 사용자 이름과 새 비밀번호를 요청한 다음 비밀번호 재설정에 필요한 단계를 자기가 알아서 수행한다.

아멜리아가 할 수 있는 작업 유형들이 계정 관리, 오피스 365를 이용한 작업 수행, 티켓 관리, 와이파이 관리, 조달 요청, 메시지 보내기 등과 같은 특정 유형의 작업들로 제한되어 있지만, 그녀는 거의 인간 비서처럼 행동한다. 그녀는 후방 데이터에도 액세스할 수 있기 때문에 실시간으로 자동화된 의사결정을 내릴 수도 있다.

이는 당신이 디지털 직원을 고용하여 좀 더 일상적인 작업을 어떻게 수행할 수 있는지를 보여 주는 좋은 사례이다.

요점 정리

- 자동 음성 인식(ASR)은 자연어 처리(NLP)와 결합됨으로써 인공지능 시스템이 말, 명령, 질문을 해석하는 것을 가능케 해 준다.

- ASR은 속도와 정확성을 개선하기 위해 종종 은닉 마르코프 모델이라는 통계 모델을 사용하여 이전에 말한 내용을 기반으로 후속 단어의 확률을 예측한다.

- AI 챗봇, 가상 비서, 가상 에이전트는 자연어 이해(NLU), 자연어 생성(NLG), ASR, 텍스트 음성 변환(TTS)과 같은 기술들을 결합하여 서면 및 음성 언어를 통해 사람들과 대화한다.

- 모든 AI 통신 애플리케이션들이 네 가지 기술(NLU, NLG, ASR, TTS)을 모두 사용해야 하는 것은 아니다. 즉, 이것들 중 일부에만 집중적으로 의존할 수도 있다는 것이다.

- 맞춤형 챗봇, 가상 비서, 가상 에이전트를 구축하는 가장 쉬운 방법은 개발 프로세스를 단순화하기 위해 개발된 온라인 도구를 사용하는 것이다.

19

데이터 기반의 의사결정력 향상

지금 당신은 친구의 졸업 파티에 참석하기 위해 피닉스행 비행기를 타려고 공항에 와 있다고 상상해 보라. 당신은 충성도가 높은 고객이므로, 이번에도 같은 항공사를 이용하기로 했다. 그런데 공항에 도착하니 걱정이 시작된다. 도착 및 출발 모니터 앞에 모여 있는 사람들이 보인다. 군중을 따라가서 화면을 보니, 악천후로 인해 당신의 항공편이 취소되어 있다.

이와 거의 동시에 당신은 휴대전화로 다음 항공편으로 예약이 변경되었다는 문자를 받는다. 게다가 당신은 공항 식당 중 한 곳에서 사용할 수 있는 스마트 코드 형태의 쿠폰도 받는다. 이러한 조치들은 모두, 당신이 전화를 걸거나 직원과 얘기하기 위해 줄을 서고 직원은 당신을 또 다른 비행기에 예약하고 도움을 받기 위해 상사를 데려오는 데 걸리는 시간을 소모할 필요가 없이, 단 몇 초 만에 이루어진다. 당신의 항공사는 **자동화된 의사결정**(automated decision-making)이라 불리는 AI 기술을 사용하기 때문에, 이 모든 것들이 순식간에 이루어질 수 있는 것이다.

AI 시스템은 엄청난 양의 데이터에 액세스할 수 있을 때 잘 작동한다는 것을 기억하라. 항공사는 이러한 데이터를 사용하여, 신속한 결정을 내릴 수 있으며 고객 서비스 담당자가 작업에 소요하는 시간보다 훨씬 더 짧은 시간에 작업을 마칠 수 있는 시스템을 구축할 수 있다.

이 예에서 자동화된 의사결정 시스템은 우선, 고객 충성도를 평가하고 그 결과를 바탕으로 재예약을 할 수 있는 고객의 우선순위를 정했다. 그런 다음 그 시스템은 새 항공편이 정시에 출발할 가능성을 파악하기 위해 몇 가지 확률 분석을 수행했다. 이를 위해 기상청의 데이터 소스를 사용하고, 비행 지연의 과거 추세를 살펴보고, 내부 데이터 소스를 확인하여, 미래에 이 공항에서 사용할 수 있는 비행기들을 확인했을 수도 있다.

끝으로, 이 시스템은 당신이 다음 비행 전에 뭔가를 먹고 싶어 할 확률을 기반으로 식당 쿠폰을 생성했다. 이 쿠폰의 제공 여부를 결정하기 위해, 이 시스템은 당신이 비행 전에 식사할 수 있는 시간이 충분할 확률을 계산했을 수도 있다. 공항에서 이용 가능한 식당을 확인하고 신용카드 기록을 확인하여(당신이 이를 허용했다는 가정하에) 선호하는 음식 및 식당 유형을 확인했을 수도 있다.

이와 같은 자동화된 의사결정 시스템은 통계 기법들을 복합적으로 사용한다. 이와 관련하여, 가장 중요한 것 중 하나는 **실시간 데이터 수집**(기상청 서비스, 공항 데이터베이스, 신용카드 회사 데이터베이스와 같은 다양한 소스들로부터 현재 사용 가능한 데이터들을 가져오는 것)이다. 또한 항공사에서 데이터를 가져와서 원래 항공편이 직항인지 경유인지도 확인할 수 있을 것이다.

데이터 분석은 그 시스템이 더 나은 결정을 내릴 수 있도록 다음과 같은 질문에 답하는 데에도 사용될 수 있다. 이와 유사한 상황에서 평균적인 비행 지연 시간은 얼마인가? 악천후로 인해 많은 항공편이 지연될 때 공항에서 어떤 식당이 가장 장사가 잘 되는가? 항공편 지연이 발생하는 경우, 그다음 항공편을 예약하는 여행자의 비율은 몇 퍼센트인가?

의사결정 시스템에서 일반적으로 사용되는 또 다른 통계 기법은 **추세 분석**인데, 이것은 대량의 데이터를 분석하여 패턴을 식별해 내고 이를 바탕으로 예측을 수행한다. 예를 들어, 추세 분석은 그래프를 보고 평균 비행 지연 시간이 지난 2시간 동안 증가하고 있었는지 또는 감소하고 있었는지를 파악하여 어떤 비행이 얼마나 오래 지연될지 또는 취소될 가능성은 얼만인지를 예측할 수 있다.

AI 시스템은 데이터와 추세 분석을 모두 사용하여 다양한 결과들을 예측할 수 있다. 원래 도착 예정 시간에 근접하게 도착할 가능성은 얼마나 되는가? 다음 항공편이 지연 없이 이륙할 가능성은 얼마나 되는가?

AI 시스템은 이것을 데이터의 문제로 본다는 것을 기억하라. 이러한 맥락에서, 시스템은 해당 데이터 세트에서 필요한 데이터와 패턴을 찾게 되고, 그리하여 향후 결과를 보다 정확하게 예측할 수 있게 되는 것이다.

통계 분석은 여러 가지 방식으로 AI 시스템이 실시간 의사결정을 내릴 수 있는 특별한 능력을 갖출 수 있도록 해 준다. 인간 고객 서비스 직원은 더 친절할 수 있지만, 당신에게 정보나 정확한 예측치 또는 양질의 서비스를 적시에 제공하기 위해 이러한 다양한 통계적 결과를 모두 평가하는 것은 거의 불가능하다. 따라서 당신이 계속해서 그 회사에 만족하는 고객으로 남을 가능성이 높은 해결책을 제시하는 것은 시스템보다 인간 직원에게 더 어려운 일이 될 것이다.

AI 시스템은 의사결정 프로세스를 자동화함으로써 다양한 비즈니스 및 재무 상황에서의 의사결정 품질과 효율성을 모두 개선시킬 수 있다. 예를 들어, 금융 분야에서는 어떤 주식을 사고 팔 것인지 결정하는 데 있어 종종 AI 시스템이 인간보다 더 나은 성과를 보인다.

자동화된 의사결정과 직관적인 의사결정에 대한 선택

자동화된 의사결정 시스템은 인간보다 더 짧은 시간에 더 많은 양의 다양한 데이터들을 평가할 수 있기 때문에 인간 고객 서비스 직원보다 더 많은 작업을 더 잘 관리할 수 있다. 반면, 인간은 더 직관적이고 창의적이므로, AI 의사결정 시스템을 인간을 대체하는 것으로 접근하는 대신, 인간 작업자의 작업 수행 방식을 개선하고 일상적이고 반복적인 작업을 수행해 주는 도구로 활용함으로써, 인간 작업자는 혁신과 창의적인 사고와 관련된 더 높은 수준의 작업에 전념할 수 있다.

대부분의 조직에서 사람들은 두 가지 유형의 결정, 즉 분석적 결정과 직관적 결정을 내린다. **분석적 결정**은 데이터, 패턴, 통계 분석, 그리고 논리를 기반으로 한다. 따라서 항공편이 취소된 경우 AI 시스템은 공항, 비행 일정, 그리고 심지어 날씨에 대한 데이터까지도 사용할 수 있다. 이를 통해, 이 시스템은 항공편을 어떻게 다시 예약할지에 대한 분석적 결정을 내린다.

그러나 때때로 기업은 어떤 특정 상황에서 어떤 결정을 내리거나 올바른 행동 방침을 선택하는 데 필요한 데이터를 가지고 있지 않을 수도 있다. 예를 들어, 2020년 3월, 많은 항공사들은 날씨가 아니라 세계적인 코로나19 팬데믹 때문에 운행을 중지할 수밖에 없었다. 항공사들은 이전에 이와 같은 전염병 상황 때문에 운행을 중단해야 했던 적이 없었으므로, 이번 사태의 대응을 위해 분석할 관련 데이터들이 없었다. 그 결과, 많은 AI 시스템들이 이와 같은 위기 상황에서 제대로 성능을 발휘할 수 없었다.

결과적으로 고객 서비스 직원들은 나름대로의 분석적/합리적 사고를 통해 그리고 보다 **직관적인 의사결정 프로세스**를 통해 많은 문제를 해결해야 했다.

인간과 AI 시스템 중 하나를 선택할 때, 데이터를 분석적으로 처리하는 AI 시스템은 일반적으로 의사결정에 도움이 되는 과거 및 현재 데이터가 많을 때 인간보다 뛰어난 성능을 보인다. 이와는 대조적으로, 인간은 일반적으로 과거 데이터가 한정적이고 문제 해결에 보다 창의적이고 직관적인 사고가 필요한 경우에 AI 의사결정 시스템을 능가한다.

당신이 속한 회사와 관계없이, 당신은 일반적으로 분석적이고 직관적인 의사결정의 건전한 조합을 원하지만 이러한 조합은 어느 한쪽의 비중이 더 클 수 있다. 어느 쪽에 비중을 더 크게 둘지는 의사결정 유형과 이것의 기반이 되는 데이터에 따라 달라진다. 데이터 기반 의사결정에 크게 의존하는 기업들에서는 AI 시스템이 더 큰 역할을 할 수 있다. 예를 들어, UPS나 페덱스와 같은 배송 서비스 업체들은 자동화된 의사결정 시스템의 이점을 누릴 수 있다. 이러한 기업들은 배송 시간과 경로에 대한 방대한 양의 데이터를 보유하고 있다.

경쟁을 위해 혁신에 더 의존하는 기업들은 창의적이고 직관적인 사고로부터 더 많은 혜택을 얻을 수 있다. 예를 들어, 마케팅이나 광고는 분명히 과거 데이터의 이점을 얻을 수 있지만, 광고 캠페인이나 브랜드 구축을 위한 의사결정에는 분석보다 더 많은 직관이 필요하다.

의사결정의 많은 경우에 있어서는, 분석적 의사결정과 직관적 의사결정이 결합될 때 최상의 결과를 얻을 수 있다. 이러한 경우, AI 의사결정 시스템은 인간의 혁신에 영감을 주는 정보와 인사이트를 제공할 수 있다.

IoT 장치를 통한 실시간 데이터 수집

자동화된 의사결정 시스템은 방대한 양의 데이터에 액세스할 수 있을 때 가장 잘 작동할 수 있는데, 이러한 데이터의 중요한 원천 중 하나가 바로 **사물인터넷**(Internet of things, IoT)에 연결된 기기들이다. IoT는 인터넷을 통해 컴퓨터와 기계 및 디지털 기기들이 서로 통신할 수 있는 네트워크다. 예를 들어, 집에 있는 최신 온도 조절 장치는 소유자로 하여금 스마트폰의 앱으로 온도를 조정할 수 있도록 해 준다. 유정의 센서는 오일을 펌핑하는 데 사용되는 모터의 진동을 모니터링하다가 펌프가 수리가 필요해지면 유지보수 담당자에게 신호를 보낼 수 있다.

많은 IoT 기기들은 의사결정 프로세스에 정보를 제공하기 위해 수집 및 분석할 수 있는 실시간 데이터들을 생성한다. 예를 들어, 당신의 집 옆에 있는 전기 계량기는 전기 회사가 전기료를 청구할 수 있도록 전기 사용량을 전력 회사에 전달하는 IoT 기기일 가능성이 높다. 전기 회사는 이 데이터를 분석하여 추세를 식별하고 전기 사용량의 급증을 예측할 수도 있다. 대형 전기 회사나 기업 컨소시엄은 한 블록, 또는 한 지역이나 도시, 또는 심지어 여러 주의 가정집들로부터 전기 사용 데이터를 수집하여 AI 의사결정 시스템에 공급함으로써 차세대 스마트 그리드 구축 방안을 제시할 수 있다.

AI 시스템은 '스마트' 계량기에서 수집된 데이터를 사용하여 전기 사용 패턴을 즉시 식별함으로써 전기 서지나 기타 전력의 등락을 방지하는 가운데, 전기를 더 필요로 하는 곳에 더 많은 전기를 실시간으로 송신함으로써 고객의 니즈를 더 잘 충족시킬 수 있다. 이 시스템은 또한 가정의 전기 사용을 모니터링함으로써 전기 사용량의 갑작스럽고 중대한 변화를 고객에게 자동으로 알려 줄 수 있는데, 이를 통해 고객은 난방 및 에어컨 시스템 또는 기타 이슈들과 관련하여 문제가 발생하였음을 깨닫게 될 수도 있다.

최신 IoT 측정기들은 집에 있는 가전제품들도 식별할 수 있다. 어느 순간, 측정기들은 가전제품이 오작동하거나 합선의 위험이 있음을 감지하게 되면, 직접 콘센트의 전원을 차단할 수도 있다.

따라서 당신이 IoT 기기와 함께 AI를 사용할 생각이 있다면, 어떤 IoT 기기가 유용한 데이터를 제공할 수 있는지 그리고 어떤 데이터가 데이터 기반 의사결정을 가능하게 하는 데 가장 유용할지를 신중하게 고려해 볼 필요가 있다. AI 시스템은 방대한 양의 데이터를 공급받을 수 있을 때 가장 잘 수행되며 창의성이 많이 필요하지 않은 분석적 결정을 내리는 데 탁월하다는 점을 기억하라.

또한 IoT 기기의 데이터들이 더 깊은 인사이트를 제공하고 의사결정을 개선할 수 있도록 하기 위해서는 어떻게 이 데이터들을 다른 소스들의 데이터들, 특히 과거 데이터들과 결합시킬 수 있을지 고려해 보라. 언제나 실시간 데이터 분석만으로는 충분하지 않다. 어떤 목적을 위해서는 실시간 데이터를 과거 데이터와 결합하여 미래의 사건이나 결과를 예측하는 데 도움이 되는 추세를 식별해야 한다. 정확한 예측은 그것이 AI 시스템에 의한 것이든 사람에 의한 것이든 상관없이 의사결정 프로세스를 크게 단순화시켜준다.

항상 그렇듯이, 데이터 품질은 AI 시스템의 속도와 정확도를 향상시켜 더 빠르고 더 나은 결정을 할 수 있도록 만들어준다.

자동화된 의사결정 도구

조직에서 AI 기반의 자동화된 의사결정을 사용하면, 당신은 본질적으로 최고위층 의사결정권자의 능력을 복제하거나 강화할 수 있다. 또한 자동화된 시스템은 사람의 실수나 편견의 영향을 받지 않기 때문에, 당신은 의사결정 과정에서 의사결정과 일관성을 개선할 수 있다.

AI 기반의 자동화된 의사결정 시스템을 만들 수 있는 도구들이 시중에 많이 나와 있지는 않지만, 그래도 몇 가지는 찾아볼 수 있을 것이다. 그중 하나가 바로 룰렉스(www.rulex.ai)인데, 이것은 추론(데이터를 기반으로 결론을 도출하는)과 간단한 if-then 논리 규칙을 사용하여 다음과 같은 여러 영역에서 비즈니스 및 운영 담당자가 내리는 많은 결정들을 자동화한다.

- 네트워크 관리
- 공급망 계획
- 공익 설비 제어
- 공장 운영
- 대출 승인
- 서비스 제공
- 구직자 심사
- 보안 관리
- 공공 안전

룰렉스는 긍정적인 결과를 가져온 과거의 결정들을 조사하고, 그러한 결정의 이면에 있는 논리를 파악하고, 그 논리를 사용하여 새로운 데이터를 평가함으로써 최적의 결정을 내린다.

레인버드(https://rainbird.ai/)는 또 다른 AI 기반 솔루션, 즉 복잡한 의사결정을 확장하고, 인적 오류를 줄이며, 한계를 가진 인간 전문지식에 대한 의존도를 줄이는 자동화 플랫폼이다. 이것은 프로그래머가 아닌 사람들이 비즈니스 로직을 쉽게 프로그램화할 수 있는 그래픽 사용자 인터페이스(graphical user interface, GUI)를 제공하는 저작 플랫폼이다. 레인버드는 의사결정 애플리케이션이 조직에서 가장 똑똑한 직원보다 의사결정을 100배 더 빠르고 25% 더 정확하게 할 수 있다고 주장한다. 게다가 의사결정 프로세스가 코드로 형식을 갖추고 있기 때문에, 기업은 과거에 어떻게 의사결정을 했는지 이해할 수 있다.

레인버드는 개방형 아키텍처를 기반으로 하므로, 다양한 외부 데이터 소스들과 연결되어 그 소스들의 데이터를 수집할 수 있다. 이는 의사결정의 정확성을 향상시키고, 기업 내부의 데이터 소스의 한계 때문에 시스템이 다른 방법으로는 불가능했을 수도 있는 데이터 기반의 의사결정을 가능케 해 준다. 레인버드가 탁월성을 보여 줄 수 있는 영역 중 하나는 사기 탐지 및 예방 분야이다. 이 솔루션의 고객 중 하나인 국제 신용카드 회사는 백오피스 운영에서 의사결정을 자동화한 후 처리 비용이 60%나 절감되었다고 보고한 바 있다.

ACTICO도 자동화된 의사결정 시스템 개발 소프트웨어를 제공하는데, 이 소프트웨어는 기업이 1) 의사결정을 개선하고 2) 의사결정을 자동화할 수 있도록 해 준다. 기업들은 ACTICO를 통해 개발한 의사결정 시스템을 사용하여 다음과 같은 것들을 수행할 수 있다.

- 리스크 완화
- 규정 준수 달성 및 유지
- 사기 방지
- 고객 참여 향상(예 : 챗봇을 통해)
- 운영 최적화

요점 정리

- AI 기반의 자동화된 의사결정 시스템은 일반적으로 인간보다 더 나은 결정을 훨씬 더 빠르게 내린다.

- 기업은 자동화된 의사결정 시스템을 이용하여 더 빠르고 더 나은 의사결정을 내리고 조직에서 가장 똑똑한 사람들이 하는 일을 복제하거나 강화한다.

- 자동화된 의사결정 시스템은 예전의 성공적인 결정들로부터 데이터 또는 논리 패턴들을 식별해 내거나 과거 데이터 및 논리를 기반으로 결정을 내릴 수 있는 경우에, 분석적 의사결정을 통해 가장 효과적으로 작동할 수 있다.

- 사람들은 일반적으로 직관력과 창의성이 필요한 결정을 내리는 데 더 능숙하며 결정을 내리는 데 사용할 수 있는 과거 데이터를 가지고 있지 않다.

- 사물인터넷을 구성하는 기기들은 가치 있는 인사이트를 제공할 수 있고 의사결정 프로세스에 정보를 제공하는 데 도움이 될 수 있는 대량의 데이터를 한꺼번에 생성한다.

- 당신은 룰렉스, 레인버드, ACTICO에서 제공하는 솔루션들과 같이, 자동화된 AI 기반 의사결정 시스템을 구축할 수 있는 몇 가지 도구를 찾아볼 수 있다.

20

머신러닝을 활용한 사건 및 결과 예측

이 장의 주제
- 머신러닝 플랫폼 구축
- 머신러닝의 실질적인 적용 분야
- 머신러닝 데이터와 관련된 비윤리적 관행
- 최고의 머신러닝 도구

자연어 처리(NLP), 자동 음성 인식(ASR), 인공지능(AI) 기반의 자동화된 의사결정 기술들은 서로 매우 다른 기술들이지만 모두 동일하게 머신러닝(ML) 기술의 도움으로 발전하였다.

이러한 기술들은 모두 대용량 데이터에서 패턴들을 식별해 내고 그 패턴들을 통해 학습하는 기능에 바탕을 두고 있다. NLP를 통해 시스템은 사람들이 의사소통하는 방식에서 패턴들을 식별해 낸다. 한편 시스템은 ASR을 통해 사람들이 단어를 발음하고 단어들을 묶어내는 방식에서 패턴을 찾는다. AI 기반의 자동화된 의사결정 기술을 사용하는 시스템은 데이터들 또는 과거에 성공적인 의사결정에 적용되었던 논리들에서 패턴들을 찾아낸다. 이러한 패턴들을 기반으로 이 시스템은 미래의 결과나 사건을 예측할 수 있고 심지어는 일련의 행동방침도 선택할 수 있다.

이와 같은 시스템들은 모두 방대한 양의 데이터 세트와 정교한 패턴 매칭 기법에 의존하고 있는데, 이러한 원리가 바로 ML의 핵심이다. 제7장 '머신러닝이란 무엇인가?'

에서 정의한 것처럼 머신러닝은 어떤 작업을 수행하도록 명시적으로 프로그래밍되지 않은 상태에서 경험을 통해 성능을 향상시키는 시스템 개발 방법을 취하는 인공지능의 한 분야이다. ML 애플리케이션들은 대용량의 데이터로부터 패턴들을 식별해내는 일련의 알고리즘들로 구성된다. 이러한 알고리즘들은 데이터들이 분류되거나 클러스터링될 수 있도록 일반적으로 데이터에 관한 레이블 정보를 데이터들에 연계시킨다.

　구글과 빙은 ML을 사용하여 웹페이지를 분류한다. 따라서 당신이 검색엔진에 'cat' 이라는 단어를 입력하면 방대한 데이터베이스를 검색하여 'cat'이라는 키워드로 레이블링된 웹페이지를 찾아낸다. 이러한 검색 색인들은 수많은 알고리즘을 이용하여 키워드를 기반으로 수십억 개의 웹페이지들을 분류한다. 이 알고리즘은 당신이 향신료를 쉽게 찾기 위해 향신료 선반에 레이블을 붙이는 것처럼 웹페이지에 태그를 붙임으로써 웹페이지들을 쉽게 식별할 수 있다.

　그러나 다시 한번 얘기하면, 어떤 시스템은 웹페이지를 분류하고 또 다른 어떤 시스템은 어떤 결정을 내리거나 언어를 이해하는 작업을 수행하지만, 결국 이 시스템들이 하는 작업의 기본 개념은 유사하다. 즉, 데이터들은 레이블링된 후 ML의 분류나 클러스터링 알고리즘을 바탕으로 범주화된다.

　ML을 패턴 매칭과 레이블링을 전문으로 하는 AI의 핵심 구성 성분 또는 요소로 생각해 보라. 그런 다음 이러한 패턴들과 레이블들은 다양한 목적(사용자의 말을 이해하고 응답하고, 기사나 스토리를 작성하고, 결과를 예측하고, 결정을 내리는 등)으로 패턴과 레이블을 사용하는 더 큰 AI 애플리케이션에 제공될 수 있다.

　그러나 다른 주요 구성 요소와 마찬가지로, ML도 다른 여러 기술들과 결합하여 사용될 수도 있고 또는 단독으로 사용될 수 있다. 이 장의 뒷부분에서는 ML 기술이 비즈니스 애플리케이션과 관련하여 단독으로 사용되거나 다른 AI 기술들과 함께 사용되는 다양한 경우를 살펴볼 것이다.

머신러닝의 핵심인 데이터 레이블링

ML 애플리케이션이 뭔가 유용한 작업을 수행하기 위해서는 먼저 데이터 세트의 패턴들을 식별해내고 그 식별된 패턴들에 따라 데이터에 레이블을 지정하는 작업을 해야 한다. ML 애플리케이션은 정확하게 레이블링된 데이터를 가지고 훈련되어야 한다. 제8장, '머신러닝의 유형'에서 설명한 것처럼 ML에는 네 가지 훈련 방법이 사용된다.

- 지도 학습에서는 개 사진과 '개'라는 단어 사이의 관계와 같이 데이터와 레이블 간의 관계를 기계에 알려 준다. 지도 학습은 분류에 가장 적합하다.

- 비지도 학습에서는 기계에 데이터를 입력하고 기계가 파악한 데이터들 간의 유사점과 차이점을 기반으로 데이터를 분류한다. 예를 들어, 기계에 동물 사진 더미를 공급한다고 가정해 보자. 기계는 동물들의 색깔, 모양, 그리고 털이나 깃털 또는 비늘이 있는지 여부 등등을 기준으로 동물들을 유형별로 분류할 수 있을 것이다. 비지도 학습은 클러스터링에 가장 적합하고 기계가 데이터들의 유사성을 고려할 때 사용하기가 가장 좋다.

- 준지도 학습은 지도 학습과 비지도 학습이 혼합된 방법이다. 기계에 전반적인 방향성을 알려주는 지침과 많은 데이터를 제공하고 기계로 하여금 세부 사항을 처리하도록 하는 방법이다.

- 강화 학습은 기계에게 수행할 작업을 부여하고 성과에 대해 보상하는 메커니즘을 가지고 있다. 보상을 통해 기계는 작업 수행 능력을 향상시킨다.

엄청난 양의 쓰레기에서 재활용 가능한 쓰레기들을 분리해 내는 사업을 시작했다고 상상해 보라. 수천 개의 쓰레기 조각이 몇 초 만에 컨베이어 벨트로 운반될 수 있으며 ML 알고리즘은 각 조각을 식별해야 한다.

데이터 관점에서 이것은 일반적인 분류 문제이다. 이 예에서 지도 학습 훈련을 통해 해당 시스템에게 재활용이 가능한 것과 그렇지 않은 것을 가르칠 수 있다. 당신은 알루

미늄, 플라스틱 용기, 종이(모두 재활용 가능)와 같은 더미들과 함께 음식물 쓰레기와 정원 스크랩(재활용 불가) 더미들까지 처리해야 할 수도 있다. 각 더미들은 훈련 데이터 세트의 역할을 할 수 있다. 당신은 각 더미 속 아이템들을 사용하여 시스템이 재활용 가능 아이템과 재활용 불가능 아이템의 차이를 구별하도록 훈련시킬 수 있을 것이다.

당신도 상상할 수 있듯이 비지도 학습은 재활용 공장에 별로 유용하지 않을 수 있다. 비지도 학습을 사용하는 시스템은 색상을 기반으로 아이템들을 클러스터링할 수 있다. 이 경우, 예를 들어, 잔디 조각들, 녹색 플라스틱 병, 녹색 알루미늄 캔은 모두 같은 클러스터로 처리될 수도 있다.

비지도 학습은 데이터 세트로부터 인간이 알아차리지 못할 수 있는 패턴들을 발견하는 데 가장 적합하다. 이러한 패턴의 예로는 동일한 질병을 가진 환자들이 보이는 증상의 패턴 또는 연구자가 결코 생각하지 못한 약물의 용도를 알려 줄 수 있는 다른 여러 약재들의 화학적 구성 패턴을 들 수 있다.

당신이 어떤 문제를 해결하기 위해 ML의 적용을 고려할 때에는 사용 가능한 데이터와 해결하려는 문제의 본질을 고려하라. 이러한 고려 사항들은 당신이 사용할 알고리즘과 학습 방법을 선택하는 데 도움이 될 것이다.

머신러닝이 할 수 있는 일

비즈니스 리더는 항상 비즈니스의 성과, 속도, 효율성을 높일 수 있는 새로운 기술을 찾고 있다. 그들은 종종 그러한 기술을 비즈니스 운영 상황에서 어떻게 사용할 수 있을지에 대해 명확한 아이디어를 얻기도 전에 그 기술을 채택하고 싶어 한다. 기술을 적용한 다양한 경우들을 살펴보는 것은 종종 비즈니스 리더가 필요로 하는 명확성을 제공하고 기술 적용에 대한 아이디어를 촉발할 수 있다. 이어지는 절들에서는 ML의 몇 가지 실제 적용 분야를 소개한다.

고객이 구매할 제품 예측하기

기업이 데이터에서 추출할 수 있는 가장 가치 있는 인사이트 중 하나는 고객이 무엇을 구매할 것인지 또는 어떤 행위를 할 것인지에 대한 예측이다. 설문조사 또는 포커스 그룹을 비롯한 다양한 기존의 방법들을 이용하여 이러한 예측 활동을 수행할 수 있지만, 이러한 방법들은 시간과 비용과 많이 소요되며 데이터를 정확한 예측에 필요한 양만큼 제공하지 못할 수도 있다. 또한 이러한 방법들은 편견과 사람의 실수에 취약하다.

당신이 ML과 대용량의 적절하고 고품질인 데이터를 사용할 수 있다면, 컴퓨터를 통해 적은 비용으로 분석하고 정확한 예측을 수행할 수 있을 것이다. 예를 들어, 넷플릭스는 구독자가 시청한 컨텐츠와 관련된 많은 데이터를 보유하고 있으며 이 데이터를 다른 소스의 데이터와 함께 분석하여 시청자에게 인기를 끌 가능성이 높은 영화나 드라마 시리즈의 유형을 찾아낼 수 있다. 아마존은 각 회원의 구매 이력을 분석하여 과거 구매 및 선호도를 기반으로 회원에게 광고할 제품을 선택한다. 어떤 기업들은 익명화된 신용카드 데이터에 대한 액세스 권한을 구매하여 카드 사용자들의 소비 패턴을 분석함으로써 어떤 제품을 개발해야 잘 팔릴 수 있는지에 대한 아이디어를 개발하기도 한다.

당신의 회사에서 ML을 구현하려고 한다면, ML을 통해 고객에게 어떻게 더 나은 서비스를 제공할 수 있는지 그리고 그 과정에서 어떻게 더 매출을 높일 수 있는지에 대해 고민을 하라.

사람들이 질문하기 전에 답하기

ML은 다른 사람이 인식하기 전에 먼저 문제와 기회를 식별하고 조직의 누군가가 질문을 생각하기 전에 먼저 질문에 답하는 데 능숙하다. ML은 당신이 예견했듯이, 많은 양의 데이터에서 패턴들을 식별함으로써 이러한 마법을 수행한다.

예를 들어, 당신의 회사에 관한 모든 소셜미디어 데이터를 수집하고 그 데이터를 분석하여 패턴을 식별하는 ML 애플리케이션을 구축했다고 가정해 보자. 그런 다음 그 애플리케이션은 데이터를 요약해서 경영진에게 주간 보고서의 형태로 제공함으로써 경영진이 소셜미디어에 참여하는 사람들이 이 회사와 제품 및 서비스에 대해 어떻게 느끼고 있는지 알 수 있도록 해 준다.

당신은 해당 시스템이 수행하기 원하는 것을 바탕으로, 지도 또는 비지도 ML을 사용하여 그 시스템을 훈련시킬 수 있다. 지도 학습을 사용하는 경우, 당신은 '만족', '불만족', '불만스러움', '관심 있음'과 같은 특정 레이블을 사용하여 고객 피드백을 분류할 수 있을 것이다. 심지어는 가장 영향력 있는 사용자를 식별해 낼 수도 있을 것이다. 그런 다음 사용자의 감정을 기준으로 게시된 메시지들을 그룹화함으로써 각 감정에 대한 훈련 데이터 세트를 만든다. 훈련이 진행되는 동안, 기계는 다양한 감정 상태들에 대응되는 메시지의 패턴들을 식별한다.

지도 학습은 당신이 식별하고자 하는 감정 상태와 관련하여 사용자들이 회사에 대해 어떻게 느끼는지 모니터링하고 측정하는 데 유용하게 활용될 수 있다. 그러나 지도 학습은, 혁신적인 제품 아이디어로 이어질 수 있지만 회사에서는 제공해 주지 못하는 내용의 글, 예를 들어 고객들이 자신들이 필요로 하는 것에 대해 토론한 글과 같이 앞서 얘기한 네 가지 감정 범주 중 하나에 속하지 않는 게시글에 대해서는 분석에 한계를 보일 것이다.

비지도 학습은 당신의 회사에서 누구도 상상하지 못했던 데이터의 패턴을 더 잘 밝혀낼 것이다. 비지도 학습을 사용하면, 당신은 소셜미디어 데이터를 시스템에 입력해서 시스템으로 하여금 데이터의 패턴을 식별하고 식별된 패턴에 따라 게시글을 클러스터링하도록 만들 수 있다. 그런 다음 당신은 제시된 클러스터들을 검사하여 시스템이 게시글을 그렇게 클러스터링한 이유를 찾아낼 수 있을 것이다. 어떤 클러스터는 회사의 지역사회 봉사 활동에 대한 지지 여론을 드러내 줄 수도 있고, 다른 클러스터는 충족되지 않은 고객 니즈를 드러낼 수도 있으며, 또 다른 클러스터는 많은 고객이 특정 제품에 대해 겪고 있는 문제들을 드러내 줄 수도 있다. 또한 당신은 어떤 유명인이 당신 회사의 제품을 사용했다는 사실을 발견할 수도 있는데, 이는 새로운 마케팅 기회로 활용될 수 있을 것이다.

어떤 면에서는 비지도 ML 시스템이 훨씬 더 유연하지만, 그만한 비용도 따른다. 비지도 학습은 데이터의 '노이즈'에 더 민감하여 해석이 어려운 작은 클러스터들을 다수 생성하기도 한다. 어떤 게시글들은 심지어 무작위로 클러스터링된 것처럼 보일 수도 있다.

ML을 비즈니스에 결합시키는 방법에 대해 생각할 때 지도 학습과 비지도 학습의 장단점을 모두 고려해서 원하는 애플리케이션에 가장 적합한 접근방법을 결정하라.

더 나은 결정을 더 빠르게 하기

2016년, 유명한 컴퓨터 과학자인 제프리 힌튼(Geoffrey Hinton)은 "사람들은 이제 방사선 전문의 교육을 중단해야 합니다. 5년 이내에 딥러닝이 방사선 전문의보다 더 나은 성과를 낼 것이라는 점은 아주 명백합니다"라고 말했다. 그러나 바로 몇 초 후, 그는 스스로 이 말을 수정했다. 그는 10년이 걸릴 수도 있다고 말했다. 그는 ML 시스템이 엑스레이 진료에서 이상 징후를 훨씬 더 잘 찾아낼 수 있으므로 방사선 전문의가 더 이상 필요하지 않을 것이라고 믿었다. 그가 제시한 이유는 딥러닝 시스템이 몇 분 안에 수백만 개의 엑스레이 사진들을 살펴볼 수 있고 방대한 양의 데이터를 사용하여 패턴을 찾아내는 능력을 정밀하게 조정해 나갈 수 있기 때문이라는 것이다. 인간의 두뇌는 그럴 능력이 안 된다.

방대한 양의 다양한 데이터를 분석할 수 있는 ML의 능력은 ML이 AI 기반의 자동화된 의사결정 시스템에서 핵심적인 역할을 수행할 수 있도록 해 준다. 예를 들어, 엑스레이 사진에서 패턴들을 식별할 수 있는 자동화된 의사결정 시스템은 수술이 꼭 필요한지 또는 권장되는 정도인지 여부를 '결정'할 수 있다. 그런 다음 이러한 결정의 결과를 최종 판단해야 하는 의사에게 추천할 수 있다. 이는 다른 의사의 의견을 받는 것과 같다.

당신은 이 방사선 전문의 로봇이 어떻게 작동하기를 원하는지에 따라, 지도 또는 비지도 학습을 사용하여 그 로봇을 구축할 수 있다. 지도 학습을 사용하는 경우, 당신은 시스템이 패턴을 인식할 수 있도록 시스템을 훈련시킬 수 있다. 예를 들어, 허리 수술이 필요한 환자의 척추에 대한 수천 개의 엑스레이 사진들을 수집하고 시스템에 공급하여 그것들에서 볼 수 있는 패턴들과 '허리 수술 필요'와 같은 레이블 사이의 연관성을 생성할 수 있다. 또한 시스템에 수천(또는 수백만)의 건강한 척추 엑스레이 사진들을 공급하여 엑스레이 사진 속 패턴들과 '허리 수술 불필요' 사이의 연관성을 시스템에게 훈련시킬 수도 있다. 물론 엑스레이 검사에서 내릴 수 있는 모든 척추 진단 유형들과 이와 관련된 척추 엑스레이 사진 속의 다양한 패턴들을 훈련시킴으로써, 방사선 전문의 로봇을 훨씬 더 정교하게 만들 수 있다.

이러한 시스템의 장점은 즉각적인 결정을 내릴 수 있다는 것이다. 이러한 시스템은 엑스레이 기계의 일부로 포함될 수도 있다. 또한 힌튼 교수의 말이 맞다면, 그 시스템은 훨씬 더 정확할 것이다. 이 기계는 인간 방사선 전문의가 식별하기 거의 불가능한 작은 이상들도 파악할 수 있다. 가능성이 있는 단점은 시스템이 알려진 진단 상태와 연관이 없는 이상들은 간과할 수 있다는 점이다. 물론 당신이, 알려진 진단 상태와 일치하지 않고 건강한 척추의 엑스레이 사진과도 일치하지 않는 패턴들까지도 인간 방사선 전문의나 외과의에게 알리도록 그 시스템을 훈련시킨다면, 이러한 단점을 어느 정도 완화시킬 수 있을 것이다.

또 다른 방안으로는, 비지도 학습을 사용하여 기계가 감지한 패턴에 따라 엑스레이 사진들을 클러스터링하는 방사선 전문의 로봇을 개발할 수도 있을 것이다. 그런 다음 방사선 전문의나 외과의는 시스템이 제시한 클러스터들에 대한 조사를 통해 기계가 그렇게 클러스터링한 이유를 알아내려는 노력을 해 볼 수 있을 것이다. 클러스터들은 기존에 알려진 척추 진단 결과들과 대응될 수 있지만, 대응되지 않을 수도 있는데, 이런 경우를 통해 이전에는 미처 인식하지 못했던 어떤 상태를 발견하게 될 수도 있다.

자동화된 의사결정 시스템에서 ML 사용하는 영역에서 대부분의 작업들은 지도 학습을 사용하여 수행된다. 개발자는 분류 범주들에 대한 목록과 각각의 범주에 대한 훈련 데이터 세트를 가지고 있으며, 각 데이터 세트의 패턴들과 대응되는 범주들을 서로 연결하도록 시스템을 훈련시킨다. 이러한 훈련 과정이 끝나면 시스템은 새로운 입력물에서 패턴을 식별하고 그것이 속한 클래스를 판단할 수 있다.

물론 인간 전문가를 기계로 대체하는 데에는 장단점이 있는데, 이 문제에 대해 인간 전문가와 AI 및 ML 지지자들 간에 논쟁이 존재한다. 이 절에서 전하고자 하는 요점은 ML이 모든 종류의 AI 기반 자동화된 의사결정 애플리케이션에서 핵심적인 역할을 할 수 있지만, 중요한 점은 당신이 시스템의 '손'에 얼마나 많은 통제 권한을 넘길지 결정하는 것이다.

비즈니스의 전문성 복제하기

1982년 영화 '블레이드 러너'에서, 타이렐 코퍼레이션은 복제자(인간과 거의 같지만 모델에 따라 강도, 속도, 민첩성 및 지능이 다른 뛰어난 생물공학적 존재)를 설계하고 제작한다. 이러한 일이 가능하다고 가정하더라도, 현재 우리는 이러한 수준에는 한참 못 미치지만, 인간의 전문지식을 학습하고, 어떤 경우에 있어서는 인간과 동일한 작업을 수행할 수도 있는 AI 봇을 가지고 있다.

최근에 당신이 온라인으로 대출이나 신용카드를 신청한 적이 있다면, 당신은 이미 AI 봇과 상호작용했음에도 불구하고 아마도 그것을 깨닫지 못하고 있을 수도 있다. 많은 은행들과 신용카드 회사들은 대출 및 신용카드 고객들에게 회사가 30초 만에 결정을 해준다는 광고를 하고 있으며 실제 많은 회사는 그 약속을 이행하고 있다. 어떻게 그렇게 빨리 결정할 수 있는가? 이는 머신러닝 AI 기반의 자동화된 의사결정 시스템을 사용하기 때문에 가능한 일이다. 시스템은 신청자의 신용 보고서와 액세스 권한이 있는 기타 관련 데이터들을 신속하게 검토하고, 이를 승인 기준과 비교하고, 그에 따라 요청을 승인하거나 거부한다.

그 시스템들이 무대 뒤에서 실제로 하는 일은 훈련받았던 경험을 바탕으로 당신의 지불 능력에 대해 추측이나 예측을 하는 것이다. 대출 또는 신용카드 신청이 승인되면 시스템은 신청자에 대한 자세한 재무 정보를 기반으로 대출 또는 신용 한도를 계산한다. 은행과 신용카드 회사는 신청자가 갚을 수 없는 금액을 승인하는 일을 피하고 싶어 한다.

최신 자동 신용 승인 시스템은 분석 범위가 신용 점수나 신용 보고서로 국한되지 않는다. 이 시스템은 고용 이력, 지불 이력, 최근 구매 건들, 보험 청구, 결혼 상태의 변화, 소셜미디어 데이터까지 조사할 수 있다. 이러한 시스템들은 훨씬 더 많은 데이터를 조사하기 때문에 일반적으로 인간 대출 담당자보다 대출 한도를 훨씬 더 낮은 비용으로 훨씬 더 정확하게 도출해 낼 수 있다.

이러한 시스템은 더 낮은 비용으로 더 정확한 결과를 제공하기 때문에, 현재 다양한 유형의 의사결정에 사용되고 있다. 일부 기업에서는 자동화된 의사결정 시스템을 이용하여 입사 지원자들을 선별하고 있다. 일부 대학들도 유사한 시스템을 사용하여 입학 후보자들을 선별하고 있다.

조직에서 이와 같은 시스템의 사용을 고려하고 있다면, 먼저 데이터에 대한 고려부터 시작하라. 가장 일반적인 시스템은 확립된 기준에 따라 사람을 분류하는 시스템이다. 이러한 시스템 중 다수는 지도 ML을 사용하여 곡물에서 겨를 분리해내는데, 다시 말하면 사람을 이 그룹 또는 저 그룹에 배치한다. 당신은 신용할 만한 가치가 있을 수도 있고, 그렇지 않을 수도 있다. 당신은 이 학교에서 잘해 낼 수도 있고, 그러지 않을 수도 있다. 당신은 앞으로 6개월 이내에 교통사고를 당할 수도 있고, 그렇지 않을 수도 있다.

어떤 결정이 어떤 종류의 분류 기법을 통해서라도 내려질 수 있다고만 하면, 머신러닝 AI 기반 의사 결정 프로그램은 그 결정과 관련된 프로세스를 자동화하고 이를 통해 해당 조직의 전문지식을 복제하거나 강화할 수 있을 것이다.

악이 아니라 선을 위해 힘을 사용하라 : 머신러닝 윤리

만화책을 보거나 또는 슈퍼히어로 영화나 TV 쇼를 보면, 공통적으로 나오는 주제 중 하나가 바로 초능력을 가진 캐릭터가 자신의 초능력을 사회에 도움을 주는 데 사용할지 아니면 다른 사람을 해치는 데 사용할지 결정하는 것이다.

마찬가지로, ML은 선이나 악을 위해 사용할 수 있는 강력한 도구인데, 블랙박스 속에서 많은 힘을 휘두르기 때문에 개발자는 AI 기반의 자동화된 의사결정 시스템이 초래하는 피해를 인식하지 못하는 경우가 많다.

ML 알고리즘은 대출과 관련하여 누구는 승인하고 누구는 승인하지 않을지, 어떤 특정 학교 입학과 관련하여 누구는 입학을 허락하고 누구는 허락하지 않을지, 충원과 관련해서 누구를 선발할지, 건강 보험료와 관련해서는 누가 더 많이 내도록 할지 등등을 결정할 수 있는 권한이 있다. 기계는 사람들의 삶에 큰 영향을 미칠 수 있는 이러한 결정을 내린다. 그러나 이러한 결정들은 어떤 기준을 바탕으로 이루어지는가? 무엇이 사람을 양질의 직원으로 만드는가? 어떤 요소가 학교에서 학생을 성공으로 이끌 가능성이 높으며, 여기서 '성공'은 어떻게 정의될 수 있는가? 개인의 과거 데이터를 기반으로 돈을 빌려 주는 것이 바람직한 것인가?

ML은 종종 제한된 범위와 관점을 가지고 있다. 데이터만 보면 된다. 개인의 행동에 영향을 줄 수 있는 개인의 배경이나 정상 참작의 상황은 고려하지 않는다. 데이터에 대한 팩트 체크를 하지 않을 수도 있다. 그 사람의 성격을 반영하는 데이터가 없을 수도 있다. 그 결과, 공정한 판단을 내리지 못할 수 있다. ML 시스템은 부유한 지역의 학생들이 대학에서 더 성공적이라는 결론을 내릴 수 있으며, 결과적으로 가난한 지역 출신의 더 우수한 후보자를 탈락시킬 수도 있다. 더 부유한 사람일수록 대출금을 상환할 가능성이 더 높다고 판단하게 되어, 지금은 사정이 여의치 않지만 장래성이 좋은 더 젊은 사람을 탈락시킬 수도 있다.

트레이너에 의한 또는 훈련 데이터 선택에 의해 생성되는 편향을 비롯한 그 어떤 편견이라도 그것이 AI 시스템에 반영되어 있다면, 그 시스템은 이를 더 확대시키고 그 확대된 편견을 미래의 의사결정에 반영하게 될 수도 있다. 시스템에 반영된 편견은 심화될 수도 있다.

당신이 소프트웨어 개발 회사에서 일하고 있다고 상상해보라. 경영진은 자동화된 ML 의사결정 시스템을 사용하여 입사 지원서를 평가하기로 결정했다. 이에 따라 당신은 당신 회사의 상위 500명의 직원들에 관한 입사 지원서들을 가져온다. 그런 다음 이 데이터를 사용하여 ML 알고리즘을 훈련시킨 후, 이 데이터와 거의 일치하는 지원서를 제출한 후보자들을 식별한다.

이제 500명의 우수 직원 중 150명만 여성이라고 가정해 보자. 당신이 지원자를 평가할 수 있도록 시스템을 훈련시킬 때, 그 시스템은 (당신이 제공하는 데이터로부터) 여성이 조직에서 잘할 가능성이 낮다는 것을 배운다. 이는 그 시스템이 여성 지원자를 더 낮게 평가하게 될 것이라는 것을 의미한다.

여기서 교훈은 당신이 이러한 자동화된 의사결정 시스템을 구축할 때 시스템을 훈련시키기 위해 사용하는 데이터에 주의해야 한다는 것이다. 편향된 훈련 데이터는 시스템에 편향을 초래하는데, 이는 불공정하고 비윤리적이다. 사실, 유럽 연합은 '설명할 권리 (right to explanation)'를 제정하여 시스템이 결정을 내릴 때 그 시스템이 사용하는 기준과 논리를 사람들이 알 권리를 부여하고 있다.

최고의 머신러닝 도구

ML은 사용할 수 있는 데이터가 너무 많기 때문에, 인공지능에서 가장 왕성하게 활용되는 영역 중 하나이다. 최근 많은 기업들이 외부의 다양한 소스에서 가져올 수 있는 데이터는 말할 것도 없고 내부적으로 수집한 데이터만 가지고도 무엇을 해야 할지 여전히 고심하고 있는 상황이다. 데이터 부족이 더 이상 문제가 되는 상황이 아니다. 이제 우리의 과제는 데이터에서 비즈니스 가치를 어떻게 추출해 내면 좋을지 그 방법을 생각해 내는 것이다. 기업들은 ML을 통해 이러한 과제를 해결할 수 있다.

ML에 관한 좋은 소식은 ML이 오랫동안 사용되어 왔으며, 그래서 기업이 ML을 활용하는 데 도움이 되는 다양한 도구들과 서비스들을 이용할 수 있는 상황이 되었다는 것이다. 개인, 기업, 대학은 수십 년 동안 이러한 도구들을 개발해 왔는데, 대부분은 쉽게 액세스할 수 있고 무료로 사용할 수 있다.

이제, ML기술이 AI 시스템의 많은 기능을 구축하는 데 활용되고 있으므로, 당신은

ML 도구를 입수하자마자 바로 자연어 처리, 음성 인식, 자동화된 의사결정에 초점을 둔 시스템들을 구축할 수 있다는 점을 기억하기 바란다.

당신이 ML을 막 시작하는 입장이라면, 당신에게 최고의 리소스 중 하나는 파이 썬으로 ML 라이브러리들을 제공하는 사이킷-런(scikit-learn.org/stable)이다. 이것 은 수많은 파이썬 프로젝트를 기반으로 만들어졌으며, 오픈소스이다. 매우 관용적인 BSD(Berkeley Software Distribution) 라이선스에 의해 보호되기 때문에, 당신의 개인적 인 ML 프로젝트에서도 사용할 수 있다(참고로 'scikit'은 'science kit'의 줄임말로 *sy-kit* 이라고 발음한다).

이것이 시작하기에 좋은 리소스인 이유는 당신이 분류, 클러스터링, 회귀 알고리즘 을 포함하여, 다양한 ML 알고리즘으로 작업할 수 있기 때문이다. 그리고 당신은 사이 킷-런을 마이크로소프트와 IBM 등등의 기업들로부터 제공되는 최고의 클라우드 기반 ML 플랫폼들에서 실제로 사용할 수 있다.

많은 대형 기술 회사들은 클라우드 기반 MLaaS(ML as a Service) 솔루션을 제공한다. 이러한 플랫폼은 데이터의 사전 처리 및 모델 훈련을 포함한 대부분의 인프라 문제들을 다룬다. 대표적인 솔루션 네 가지는 다음과 같다.

- 아마존의 세이지메이커(aws.amazon.com/sagemaker)
- 마이크로소프트의 애저 머신러닝 스튜디오(azure.microsoft.com/en-us/services/machine-learning)
- IBM의 왓슨(www.ibm.com/watson)
- 구글의 클라우드 AI(cloud.google.com/products/ai)

아마존은 세이지메이커를 "모든 개발자와 데이터 과학자에게 ML 모델을 빠르게 구 축, 교육, 배치할 수 있는 기능을 제공하는 완전 관리형 서비스"라고 설명하고 있다. 예 상대로, 세이지메이커는 아마존의 다른 많은 클라우드 서비스들과 연결될 수 있어서 당 신 조직의 데이터를 아마존 클라우드 데이터웨어하우스에 업로드한 다음 세이지메이

커의 ML 알고리즘을 이용하여 해당 데이터를 분석할 수 있다.

마이크로소프트의 ML 플랫폼은 애저 클라우드 서비스 플랫폼의 일부인데, 이것은 애저 머신러닝이라고 불린다. 이것은 ML 솔루션을 구축, 테스트, 배치하는 데 사용되는 클라우드 기반 서비스이다. 마이크로소프트는 ML 모델 생성을 단순화하기 위해 애저 머신러닝 스튜디오(studio.azureml.net)를 제공하는데, 이것은 ML 모델을 구축하고 그것을 웹서비스로 게시하는 데 사용할 수 있는 드래그앤드롭(drag-and-drop) 도구이다. 머신러닝 스튜디오를 사용하면 당신은 애저 머신러닝 워크스페이스에서 매우 정확한 머신러닝 및 딥러닝 모델을 구축, 훈련, 추적할 수 있다.

마이크로소프트와 마찬가지로 IBM도 ML 모델을 효율적으로 사용하기 위한 클라우드 기반 플랫폼과 ML 모델들을 생성하기 위한 드래그앤드롭 스튜디오를 가지고 있다. IBM 왓슨 머신러닝은 '데이터 과학자와 개발자가 AI 머신러닝의 배치를 가속화할 수 있게 해 주는' 플랫폼이다. 이 플랫폼은 IBM이 파이프라인이라 부르는 개념을 사용한다. 당신은 다양한 데이터 소스에서 파이프라인을 만들고 ML을 사용하여 데이터를 분석할 수 있다. 당신은 다른 소스에서 데이터를 스트리밍할 수도 있다. IBM 왓슨 스튜디오를 사용하면 오픈소스 코드(예 : 사이킷을 통해 사용 가능한 코드) 또는 시각적 모델링을 사용하여 데이터를 준비하고 ML 모델을 구축할 수 있다.

구글의 클라우드 AI는 세 가지 개별 제품으로 구성된다. AI Hub는 플러그앤플레이(plug-and-play) AI 구성요소들을 제공하는 저장소이다. AI 빌딩 블록스는 시각, 언어, 대화, 구조화된 데이터를 AI 애플리케이션에 추가하는 프로세스를 단순화시켜 준다. AI 플랫폼은 데이터 과학자와 개발자가 프로젝트를 구상에서부터 배치까지 신속하게 진행할 수 있도록 해 주는 코드 기반 데이터 과학 개발 환경이다.

이러한 상용 서비스들과 도구들은 여러 면에서 비슷하기도 하고 다르기도 하다. 이것들은 모두 분류 및 회귀 알고리즘을 지원하지만, 클러스터링을 지원하는 것은 아마존과 마이크로소프트밖에 없다. 마이크로소프트 애저 머신러닝 스튜디오는 변칙 감지 및 순위 평가를 지원하는 유일한 도구이다. 애저 ML 스튜디오와 구글의 클라우드 AI는 추천 기능을 지원하지만 아마존 세이지메이커 및 IBM 왓슨은 지원하지 않는다. 또한 아마존, 구글, IBM 왓슨에서 제공하는 AI 솔루션들은 모두 내장형 알고리즘을 제공하는 반면, 마이크로소프트 애저는 사용자가 직접 가져와야 한다. 이러한 알고리즘들은 대부분은 사이킷-런과 같은 프레임워크를 사용할 수 있는 유연성을 가지고 있다. 그리고 다음 장에서 볼 수 있듯이, 이들은 모두 인기 있는 텐서플로 프레임워크[데이터플로우(dataflow) 및 ML 개발을 위한 무료 오픈소스 소프트웨어 라이브러리]를 지원한다.

요점 정리

- 머신러닝은 NLP, ASR, 자동화된 의사결정과 함께 대부분의 인공지능 시스템에서 사용되는 기반 기술이다.
- ML 애플리케이션은 대용량 데이터에서 패턴을 식별하는 일련의 알고리즘들로 구성된다.
- ML 알고리즘은 일반적으로 데이터에서 패턴을 식별하고 이러한 패턴을 사용하여 데이터를 분류하거나 클러스터링한다.
- ML은 트레이너가 제공하는 레이블을 활용하거나(지도 학습) 또는 시스템이 생성하는 클러스터를 기반으로(비지도 학습) 추후 데이터를 레이블링하는 것에 초점을 둔다.
- ML 시스템은 예측을 하거나 결정을 내리고 질문에 답해야 하는 작업들을 포함하여 전통적으로 인간이 수행했던 많은 작업들을 수행할 수 있다.
- ML 시스템 개발 시 편향이 초래되지 않도록 데이터를 신중하게 선택하라.
- ML 모델을 구축하는 데 매우 유용한 오픈소스 리소스는 사이킷-런이다.
- 4대 상용 MLaaS(Machine Learning as a Service) 솔루션은 아마존 세이지메이커, 마이크로소프트 애저 머신러닝 스튜디오, IBM 왓슨, 그리고 구글 클라우드 AI이다.

21

인공지능 마인드 구축

머신러닝(ML) 시스템의 한 가지 문제는, 특히 천 테라바이트, 즉 100만 기가바이트가 약간 넘는 페타바이트 단위의 데이터 세트를 검사해야 하는 경우, 프로세서의 능력이 크게 요구된다는 것이다. 이러한 도전은 새로운 것이 아니다. 1940년대 초로 거슬러 올라가 보면, 컴퓨터 과학자들이 컴퓨터의 능력을 확장하여 이러한 문제를 해결할 수 있는 방법을 개발하기 위해 노력하고 있었음을 알 수 있다.

컴퓨터 과학자들이 생각해 낸 것은 **인공신경망**이라 불리는 것이었는데, 그것은 인간 두뇌의 원리를 모방한 것이었다. 뇌는 복잡한 3차원 네트워크를 형성하는 뉴런(신경 세포)들로 구성된다. 각 뉴런은 독립적인 프로세서 역할을 하며, 그러한 뉴런들은 전기 및 화학적 신호 메커니즘이 작동하는 네트워크를 통해 서로 통신한다. 인간은 이 3D 네트워크를 통해 순식간에 결정을 내릴 수 있다. 식기세척기에 물을 넣는 것과 같이 간단한 작업을 수행할 때 당신의 뇌가 수행해야 하는 모든 계산들과 더불어 이러한 계산을 얼마나 빨리 수행하는지 그리고 모든 물리적 행위들을 얼마나 빨리 구성하는지 생각해 보라.

인공신경망은 구조와 기능이 뇌와 비슷하지만 생물학적 뉴런 대신 **노드**(node)라는 컴퓨터 처리 단위를 사용한다. 이 노드들은 층별로 배열이 되는데, 한 층의 모든 노드들은 위층과 아래층에 있는 모든 노드와 연결되어 복잡한 노드 네트워크를 형성한다. 각각의 노드들은 입력값을 받아들여서 그것을 가지고 계산을 하고 그 결과를 그 다음 층에 있는 하나 이상의 다른 노드들에 출력값으로 전달한다. 이러한 네트워크는 분류 및 클러스터링과 같은 작업을 학습하고 수행할 수 있다(인공신경망이 어떻게 구성되고 어떻게 작동하는지에 대한 자세한 내용은 제3부, '인공신경망'을 참조하라).

지도 또는 비지도 학습을 통해 특정 작업을 수행하도록 훈련된 대부분의 ML 애플리케이션들과는 달리, 인공신경망은 시행착오를 통해 학습한다. 인공신경망은 실수를 통해 배우고 확률에 따라 움직인다. 그래서 인공신경망의 결과들은 일반적으로 맞을 가능성, 즉 맞을 확률로 표시된다. 예를 들어, 얼굴 인식 신경망은 "이 사람이 어떤 특정의 사람일 확률은 98.6%입니다"와 같이 결과를 제시한다.

이러한 시스템은 실시간으로 데이터를 처리하고 최적화한다. 처음에는 인공 신경망이 옳을 수도 있지만, 이러할 확률은 지극히 낮다. 그러나 이 시스템은 인간처럼 오랜 시간에 걸친 연습을 통해 성능이 향상된다. 당신은 딥러닝 시스템을 처음 구현할 때 시스템을 주의 깊게 모니터링해야 하며, 그 시스템이 해당 업무에 만족할 만한 수준의 정확도와 결과들을 보이는 것으로 확신할 수 있을 때까지 그 결과들을 사람 전문가로 하여금 다시 한번 확인하도록 할 필요가 있다.

신경망은 잠재적인 단점들을 가지고 있음에도 불구하고, 상대적으로 덜 정교한 ML 네트워크 비해 다음과 같은 다섯 가지의 주요한 이점을 제공한다.

- 분산 처리 : 처리 작업을 여러 노드들에 분산시킴으로써 결과 계산에 걸리는 전체 시간을 크게 단축시킬 수 있다. 하나의 프로세서가 모든 작업을 수행하지 않도록 작업 부하를 여러 노드로 분산시킬 수 있다.
- 유기적 학습 : 신경망은 훈련을 받지 않고도, 즉 전문가로부터 수집된 데이터와 논

리를 제공받지 않고도 스스로 학습할 수 있다.

- 비선형 처리 : 비선형 처리를 통해 신경망은 해결책을 찾는 데 필요한 계산을 줄일 수 있는 지름길을 사용할 수 있다.
- 장애 허용 : 신경망은 다운된 노드를 우회하도록 전송 경로를 변경함으로써, 시스템 장애를 방지할 수 있다.
- 자가 수리 : 신경망은 노드의 오작동을 진단, 수리, 복구할 수 있어서 적절한 기능을 유지할 수 있다.

딥러닝 인공신경망은 ML의 역량을 크게 확장할 수 있다. 딥러닝은 인공지능(AI) 시스템이 방대한 양의 다양한 데이터를 샅샅이 살펴서 복잡한 패턴들을 빠르고 쉽게 식별해 낼 수 있다.

자동화와 지능화의 구분

1939년 세계 박람회에서 가장 인기 있는 전시품 중 하나는 일렉트로(Elektro)라는 이름의 250파운드짜리 로봇이었다. 그 로봇은 담배를 피우고, 풍선을 불고, 농담까지 하며 관객들을 현혹시켰다. 많은 소비자들은 집을 청소하고 설거지를 할 수 있는 일렉트로를 소유할 수 있는 날이 불과 몇 년 안 남았다고 생각했다.

그러나 일렉트로는 인상적이었던 만큼 심각한 한계도 있었다. 그는 **지능화**가 아니라 자동화가 되어 있었던 것이다. 버튼을 누르면 풍선을 터뜨릴 수 있지만, 풍선을 언제 터뜨릴지 결정하거나 풍선이 다 떨어졌을 때 풍선을 더 얻어올 수 있는 방법을 알아내는 능력은 없었다. 그 로봇은 새로운 기술을 배울 수 있는 능력이 없었고 자신이 할 줄 아는 것을 더 잘하게 만들 수 있는 능력도 없었다.

오늘로 돌아와서 봐도, 자동화와 지능화의 차이에 대한 명확성이 부족하다는 것을 여전히 목격할 수 있다. 일부 모호한 부분은 어떤 의도 때문에 초래된 것이다. 많은 소프트웨어 및 하드웨어 공급업체들은 자신의 제품이 인공지능 기능을 가지고 있지 않은데도, 그것들을 인공지능 제품이라고 열성적으로 홍보한다. 사실, 당신은 고객으로서 아마 이러한 모습들을 줄곧 보아 왔을 것이다. 세금 업무 지원 소프트웨어는 AI를 사용하여 당신의 환급금을 확인해 준다고 광고될 수 있다. 그러나 그 시스템은 세금을 절약할 수 있는 새로운 방법을 실제로 발견하지는 못한다. 그 시스템은 단순히 잘 정립된 세금 코드에 대한 일상적인 자동화를 따르고 있는 것뿐이다.

또 다른 혼란의 원인은 소프트웨어와 ML을 사용하여 컴퓨터가 높은 수준의 일상적인 작업들을 처리할 수 있도록 훈련시키는 **로봇 프로세스 자동화**(robotic process automation, RPA) 분야의 성장에서 찾아볼 수 있다. 이 소프트웨어는 사람이 작업을 수행하는 방식을 관찰하고 동일한 순서로 동일한 단계를 반복하려고 한다. 이러한 시스템은 때때로 AI의 애플리케이션으로 제시되기도 하지만 실제로는 표준화된 절차를 자동화시킨 것에 불과하다. 이러한 소프트웨어 봇들은 거의 구식의 테이프 레코더처럼, 자기들이 본 것들을 그대로 따라서 실행한다. 그것들은 배우거나 적응하지 않는다.

스튜어트 러셀(Stuart Russell)과 피터 노빅(Peter Norvig)은 자신들의 저서 "인공지능 : 최신 접근방법(*Artificial Intelligence: A Modern Approach, Fourth Edition*)(Pearson, 2020)"에서 AI는 자동화 시스템과 달리 '설계자의 영역을 미지의 영역으로' 확장한다고 설명함으로써 자동화 시스템과 AI 간의 구분을 명확히 하고 있다. 다시 말해, AI가 갖추어야 할 필수 자격은 인간 트레이너의 입력이나 지도 없이도 스스로 학습하고 개선할 수 있는 능력을 갖추어야 한다는 것이다.

ML 시스템이나 인공신경망을 구축할 계획을 세울 때, 가장 먼저 물어봐야 하는 질문 중 하나는 지능화되어야 하는지 아니면 자동화되어야 하는지 여부이다. 당신은 스스로 학습할 수 있는 시스템이 필요한가, 아니면 프로그래밍이나 훈련을 통해 어떤 작업을 수행할 수 있는 능력을 모방한 시스템이 필요한가? 자동화된 시스템이 필요한 경우라면, 당신은 기본적인 ML 또는 프로그래밍을 통해 대상 작업을 처리할 수 있을 것이다. 반면, 학습하고 적응할 수 있는 시스템, 즉 '설계자의 영역을 미지의 영역으로' 확장할 수 있는 시스템이 필요한 경우라면, 아마도 당신은 딥러닝 인공신경망을 구축해야 할 것이다.

딥러닝을 위한 계층 추가

ML의 세계에서는 깊이가 중요하다. 규모가 큰 네트워크일수록 일반적으로 성능이 더 빠르고 데이터에서 패턴을 더 잘 식별한다. 깊이는 일반적으로 노드와 계층으로 평가된다.

제12장 '인공신경망이란 무엇인가?'에서 설명한 것처럼 인공신경망에는 최소 3개의 계층이 있다.

- 데이터가 공급되는 입력층
- 데이터를 처리하는 하나 이상의 은닉층
- 처리 결과를 제시하는 출력층

여러 은닉층을 가지고 있는 인공신경망은 여러 개의 계층들로 구성된 깊이를 가지기 때문에 종종 딥러닝 인공신경망(또는 그냥 딥러닝 네트워크)이라고 불린다.

구글과 IBM을 비롯한 ML 업계의 리더들은 딥러닝을 정말로 받아들였다. 실제 구글은 인기 있는 비디오 게임에서 높은 점수를 얻는 방법을 학습하는 딥러닝 네트워크를 구축했다. 나중에 구글은 동일한 기술을 사용하여 바둑이라 불리는 중국에서 인기 있는 전략 보드 게임의 달인이 되는 방법을 학습하는 딥러닝 네트워크도 구축했다. 바둑은 너무 복잡해서 바둑판(19×19 격자) 위에 놓을 수 있는 바둑돌들의 경우의 수가 알려진 관찰 가능한 우주의 원자 수를 크게 초과하는 것으로 여겨지고 있다. 분명 봇이 이 게임을 마스터하기 위해서는 엄청난 양의 데이터를 처리해야 할 것이다.

구글은 비디오 및 보드 게임에서 대부분의 직원들을 이길 수 있는 기계를 구축하는 방법을 찾는 데 왜 그렇게 많은 시간을 투자하려고 하는 것일까? 그 이유는 구글은 동일한 기술을 사용하여 사용자와 고객의 행동을 더 잘 이해할 수 있고 또한 동일한 기술을 원하는 고객에게 판매도 할 수 있기 때문이다. 그리고 이러한 기술은 가치가 높다. 구글이 구축한 AI 시스템이, 어떤 특정 고객이 어떤 특정 제품에 대해 일정 금액을 지불하고 그것을 구매하게 될 것이라고 95%의 확신으로 예측할 수 있다면, 이는 엄청난 상업적 가치가 있을 것이다.

그리고 구글이 복잡한 게임을 마스터하는 방법을 배울 수 있는 딥러닝 네트워크를 구축할 수 있다면, 고객이 어떻게 행동할지 또는 무엇을 구매할지를 이해하고 예측할 수 있는 시스템을 구축하는 것은 상대적으로 쉬운 일이다. 애플리케이션에 관계없이, 기본 기술은 동일하다.

인공신경망의 적용 분야

신경망 구축을 결정하기 전에, 당신은 다음과 같은 몇 가지 사항을 고려할 필요가 있다.

- 인공신경망은 나의 비즈니스에 어떤 이점을 줄 수 있는가? 당신의 비즈니스에는 일반적으로 직감에 따라 결정을 내릴 수 있는 영역으로는 어떤 것들이 있는지 살펴보라. 딥러닝 네트워크는 종종 직관과 동일한 능력을 습득하면서 더 우수하고 일관된 결정을 내릴 수 있다.
- 우리는 신경망이 구체적으로 무엇을 하기를 원하는가? 다음 절에서는 인공신경망에 대한 몇 가지 일반적인 적용 분야들을 설명한다.
- 신경망이 우리가 필요로 하는 작업의 수행 방법을 학습할 수 있도록 하려면 어떤 데이터를 신경망에 제공해야 하는가? 해당 데이터가 우리 조직의 내부에 있는가, 아니면 외부에서 가져와야 하는가? 외부 데이터를 가져와야 하는 경우라면, 누가 그 데이터를 가져오도록 것인가?
- 우리가 필요로 하는 유형의 딥러닝 네트워크를 만드는 데 사용할 수 있는 도구는 무엇인가? 뒷부분의 '최고의 딥러닝 도구' 절을 참조하라.

다음의 두 절에서는 딥러닝 인공신경망 기술이 비즈니스에서 어떻게 유용하게 활용될 수 있는지 설명하기 위해 이 기술을 이용한 몇 가지 일반적인 적용 분야들을 제시한다.

최고의 고객 분류

나는 몇 년 전 방대한 양의 신용카드 데이터를 다루는 회사에서 일한 적이 있다. 당시 이 회사는 고객 구매를 분석하고 각 고객의 관심사를 기반으로 프로모션을 추천하는 업무에 중점을 두고 있었다. 고객이 카드 사용 청구비를 확인하거나 청구비를 지불하기 위해 로그인할 때 신용카드에 디지털 쿠폰을 추가할 수 있는 옵션이 있었는데, 아마 특정 레스토랑에서 주문하면 10% 할인을 받을 수도 있는 쿠폰이었던 것 같다. 이렇게 신용카드에 쿠폰을 추가한 후 식당에서 식사를 하고 신용카드로 결제를 하면 할인을 받을 수 있었을 것이다.

이러한 프로모션을 기획하는 회사에게 중요한 점은 이러한 프로모션과 관련하여 카드 회사에 비용을 청구할 수 있다는 것이다. 고객이 카드에 쿠폰을 추가할 때 수수료를 부과할 수도 있었고, 고객이 그 쿠폰을 사용할 수 있는 곳에 가서 구매를 하면 아마도 추가 수수료까지 부과할 수 있었을 것이다.

이러한 기능을 수행하려면, ML 시스템이 방대한 데이터를 분석해야 한다. 각 고객은 매달 수십 건의 거래를 할 수 있다. 주요 신용카드 회사들은 수천만 명의 고객들을 보유하고 있다. 시간이 지남에 따라, 수십억 또는 심지어 수조 건의 거래 처리들과 수 페타바이트의 데이터가 발생할 수 있다. 시스템은 이러한 모든 데이터를 분석함으로써, 고객의 구매 이력을 바탕으로 각 고객에게 어필할 수 있는 것을 예측하는 데 도움이 될 수 있는 패턴들을 찾아내고, 각 고객의 구매 이력을 분석하여, 그것을 이러한 패턴들과 비교하고, 그런 다음 그 고객이 자신의 카드에 프로모션을 추가하도록 유도할 가능성이 가장 높은 두세 가지의 프로모션들을 결정한다. 이러한 결정은 눈 깜짝할 사이에 수행되어야 할 것이다.

이러한 작업을 실행하려면 1~2개 이상의 프로세서가 단독으로 또는 직렬로 돌아가야 하는데, 그래서 이 회사에서는 딥러닝 인공신경망을 만들었던 것이다.

데이터만으로는 가치를 발휘하는 것이 아님을 기억하라. 이 사례의 경우, 데이터들은 익명의 고객 ID에 연결된 일상적인 거래처리 목록으로 구성되어 있었다. 데이터를 가치 있게 만든 것은 데이터를 분석하고 그 결과를 적용하여 고객 행동에 대한 정확한 예측을 하는 것이었다. 고객이 과거에 어디에서 쇼핑했고 무엇을 샀는지 알아내는 것은 쉽다. 진짜 도전은 고객이 갈 가능성이 있는 새로운 장소들과 고객이 구매를 시도할 가능성이 있는 것들을 예측하는 것이다.

아마도 그 시스템은 고객이 어떤 프로모션에 호의적으로 반응할지 예측하기 위해, 비지도 학습과 지도 학습의 조합을 모두 사용했을 것이다. 신용카드 사용자들의 지출 습관에 따라 사용자를 클러스터링하고, 클러스터들에 레이블을 지정한 다음, 이 레이블들을 사용하여 고객을 분류해야 할 것이다. 시스템은 고객을 두 그룹, 즉 새로운 것을 시도할 가능성이 있는 그룹과 그렇지 않은 그룹으로 클러스터링한 다음, 해당 기준에 따라 고객을 분류하기 위한 레이블을 생성할 수도 있을 것이다. 그러면 시스템은 고객의 구매 이력과 다른 것을 시도할 가능성을 기반으로 각 고객에게 제공할 프로모션을 선택할 수 있다.

이러한 시스템은 또한 강화 학습을 사용하여 고객이 자신의 카드에 쿠폰을 추가할 때마다 시스템에 보상을 주고, 쿠폰을 사용할 때마다 시스템이 예측을 미세 조정할 수 있도록 보상할 수 있을 것이다. 시간이 지남에 따라, 이 시스템은 호의적으로 반응할 가능성이 가장 높은 고객을 대상으로 프로모션을 마이크로타기팅하는 데 점점 더 능숙해질 것이다.

매장 레이아웃 추천

당신이 오프라인 매장을 여러 곳에 가지고 있는 어떤 대형 소매업체에서 일하고 있다고 상상해 보자. 이 모든 매장의 설치되어 있는 비디오 화면들을 조사하여 사람들이 쇼핑하는 방법을 파악하고, 이를 바탕으로 일반 고객들의 제품 구매액을 극대화하려고 한다. 모든 매장을 대상으로 고객들의 동선, 각 고객이 구매한 제품들, 각 제품에 대해 지불한 금액을 포함한 대용량의 데이터를 분석해야 하기 때문에, 딥러닝 AI 시스템이 훌륭한 솔루션이 될 것이다. 그 어느 누구도 이 모든 데이터를 직접 수집하고 분석하여, 매출액을 높일 수 있는 매장 레이아웃 개선 방법을 데이터 기반 추천사항으로 제시할 수는 없을 것이다.

이와 대조적으로, 인공신경망은 데이터를 수집 및 처리하고, 분석하고, 적어도 이론적으로는 가장 잘 작동할 레이아웃을 결정하기 위한 다양한 실험에 있어서 매우 탁월하다. 다양한 매장 레이아웃들의 모습을 보여 주는 시각적 자료들도 생성할 수 있다.

당신은 사용할 AI 시스템 유형을 결정할 때, 딥러닝과 인공신경망의 장단점을 고려하기 바란다. 인공신경망을 구축할 수 있는 리소스와 전문지식이 있고 시스템이 학습하면서 하는 실수를 허용할 수 있다면, 이러한 딥러닝은 속도와 정확도 면에서 딥러닝에 의존하지 않는 시스템보다 성능이 뛰어날 가능성이 높다.

생체정보 분석 및 추적

당신은 사람의 얼굴을 이름보다 더 잘 기억하는가? 이는 이상한 일이 아니다. 사실, 대부분의 인간은 어릴 때부터 얼굴 추적에 탁월하다. 사람마다 얼굴이 조금씩 다르다. 눈, 코, 입술, 귀는 모두 사람마다 조금씩 다르다. 이 모든 얼굴 부위들은 뇌가 수집하고 처리하는 데이터인데, 사람들은 이 데이터의 처리를 통해 낯익은 사람인지 여부를 즉시 판단하고 친구, 가족, 또는 동료를 식별할 수 있다.

인공신경망은 **생체정보**(biometrics), 즉 디지털 데이터로 변환되어 사람을 식별하거나 시스템, 장치 또는 데이터에 대한 액세스 권한을 부여하는 데 사용할 수 있는 신체적 또는 행동적 인간 특성에 대한 분석을 통해 동일한 기능을 수행하는 방법을 학습할 수 있다. 생체정보에는 지문, DNA, 얼굴 특징, 음성, 서명, 신체 움직임, 참여 패턴(예 : 웹사이트, 소셜미디어 또는 다른 개인), 타이핑 리듬 등이 포함된다. 당신은 얼굴, 지문, 음성, 또는 신체 움직임을 데이터로 생각하지 않을 수도 있지만, 인공신경망에게는 모두 숫자와 확률에 불과하다.

회사의 고객 서비스 부서에 전화를 걸었더니 시스템이 끝없는 길로 인도하고 고객 서비스 담당자와 대화할 수 있는 옵션은 나오지도 않아 점점 더 좌절하게 된다고 상상해 보라. 그 좌절감이 커질수록 목소리는 더 긴장되고, 아마도 호흡은 더 불규칙해질 것이다. AI 상담원은 통화 중에 불만스러운 반응을 보이고 있는 고객이 있다는 것을 감독자에게 알릴 수도 있을 것이다.

AI 시스템은 다른 유형의 데이터들과 마찬가지로 생체정보도 검사할 수 있다. 당신의 목소리를 고객 지원과 관련된 다른 수많은 대화 속의 목소리들과 비교하면서 점차 불만의 감정이 고조되어 가는 고객의 목소리 특징에 대한 패턴을 학습해 나갈 수 있다.

얼굴 인식(facial recognition)은 인공신경망의 일반적인 사용 분야로, 생체정보 이용에 대한 논란이 많은 분야 중 하나다. ML과 AI 시스템은 대용량 데이터 분석에 탁월하다는 점을 기억하라. 이러한 시스템들은 수천 대의 디지털 비디오 카메라에서 비디오를 수집 및 분석하고, 얼굴 인식, 망막 스캔 또는 신체 움직임을 통해 사람을 식별하고, 해당 데이터를 사용하여 사람의 움직임을 추적하며, 행동을 기록하고, 그들이 다음에 무엇을 할지 예측할 수도 있다. 이것이 빅브러더가 사람을 의심스럽게 지켜보고 있는 것처럼 들린다면, 이것이 바로 이 인공신경망이 할 수 있는 것이며 많은 사람들이 인공신경망들이 현재와 미래에 어떻게 사용될지에 대해 정당하게 우려하는 이유다. 물론 이러한 AI 시스템은 실종자를 찾거나 살인 사건을 해결하는 것처럼 정당한 이유로 사용될 수 있지만, 억압적인 정권에 동의하지 않는 사람을 침묵시키는 데에도 사용될 수 있다.

2019년에서 2020년에 걸친 코로나바이러스 팬데믹 기간 동안 많은 의료 종사자에게 생체정보 반지가 제공되었다. 이 반지가 체온 및 기타 데이터를 ML 시스템으로 전송하면, 이 시스템은 그 데이터들을 실시간으로 처리하여 병원에서 감염자가 발생할 가능성을 예측할 수 있다. 전 세계의 모든 사람이 이 반지를 착용한다면, 의료기관들은 바이러스의 확산을 추적하고, 문제 영역을 식별하고, 새로운 감염자가 발생할 위치를 예측하고, 대중에게 알리는 일들을 훨씬 더 잘 할 수 있을 것이다.

그러나 병원에서도 생체정보 반지를 낀 의료 종사자는 극소수에 불과했다. 일반 대중

들 사이에서 그리고 적어도 민주주의 국가에서는, 규정 준수가 훨씬 더 어려운 도전이 될 것이며, 아마도 당연히 그럴 것이다. 우리는 수집된 그 데이터들이 어떻게 사용될 수 있을지는 모른다. 그러나 예를 들어, 보험회사가 그 데이터에 액세스할 수 있다면, 잠재적인 미래 질병이나 사고의 징후를 보이는 특정 개인의 보험료를 인상하는 데 그 데이터를 사용할 수도 있을 것이다.

만약 당신이 생체정보 데이터를 분석할 수 있는 인공신경망 구축을 고려하고 있다면, 이것을 통해 무엇을 하고 싶은지, 이것이 목표로 하는 작업을 수행할 수 있도록 하기 위해서는 어떤 데이터가 필요한지, 그리고 이러한 시스템을 구축하고 사용하는 것과 관련된 윤리적 의미들은 무엇인지에 대해 생각해 보라. 그리고 이 신경망이 고객에게 어떤 가치를 제공할 수 있는지 그리고 고객에게는 어떤 피해를 줄 수 있는지를 모두 생각해 보라.

최고의 딥러닝 도구

딥러닝은 AI에서 가장 흥미로운 영역 중 하나이므로, 딥러닝 인공신경망을 만드는 데 사용할 수 있는 도구들은 많이 있다. 이러한 도구들은 딥러닝 프레임워크의 형태로 만들어져 있는데, 딥러닝 프레임워크란 개발자가 미리 만들어 놓은 구성 요소들을 사용하여 딥러닝 AI 모델을 빠르고 쉽게 구축하고 배치할 수 있도록 해 주는 인터페이스이다.

가장 인기 있는 딥러닝 프레임워크 중 하나는 텐서플로(TensorFlow)이다. 이것은 2011년 구글 브레인 프로젝트를 통해 개발된 것으로, ML 모델을 개발, 교육, 배치하기 위한 종단 간 오픈소스 ML 프레임워크이다. 아마존 세이지메이커, IBM 왓슨, 마이크로소프트 애저를 비롯한 대부분의 클라우드 기반 ML 서비스들과 함께 사용할 수 있다. 텐서플로는 크로스 플랫폼이다. 즉, 서버, 스마트폰, GPU(graphics processing unit)와 같은 다양한 아키텍처들에서 실행될 수 있다. 텐서플로는 '텐서플로 분산 처리 엔진(TensorFlow Distributed Execution Engine)'을 사용하여 분산되어 있는 하드웨어의 대부분을 하나의 기계처럼 인식할 수 있도록 추상화한다. 텐서플로는 애플리케이션 구축을 위한 프런트 엔드 API(application programming interface)로는 파이썬을 사용하고 애플리케이션들을 실행하기 위해서는 고성능 C++을 사용한다(https://www.tensorflow.org/를 방문하여 텐서플로에 대해 자세히 살펴보고, 텐서플로를 사용하여 당신의 독자적인 딥러닝 모델을 구축하고 배치해 보라).

당신이 관심을 가질 수도 있는 또 다른 프레임워크는 마이크로소프트 코그니티브 툴킷(Microsoft Cognitive Toolkit, CNTK)이다. 이것은 상업용 분산 딥러닝을 위한 오픈소스 툴킷이다. 텐서플로의 경쟁자인 CNTK는 딥러닝 모델을 구축하고 배치하는 데 사용되는 또 하나의 로우레벨 딥러닝 프레임워크이다. CNTK는 처리 속도, 모델 생성, CPU 및 GPU 계산 지원 측면에서 텐서플로보다 우위에 있는 것으로 보인다. 텐서플로는 사용 편의성, 커뮤니티 지원, 모바일 딥러닝 측면에서 CNTK보다 더 높은 점수를 받았다. 하지만 두 프레임워크는 계속 발전되고 있는 중이므로, 이 글을 읽는 시점에 따라 그 비교 결과가 달라질 수 있다(CNTK에 대해 자세한 내용을 살펴보고 사용을 시작하려면 docs.microsoft.com/en-us/cognitive-toolkit을 방문해 보라).

또 다른 인기 있는 도구로는 케라스(keras)를 들 수 있는데, 이것은 파이썬으로 작성된 오픈소스 신경망 라이브러리이다. 당신은 텐서플로나 CNTK(와 기타 로우레벨 딥러닝 라이브러리들)를 바탕으로 케라스를 실행할 수 있고, 케라스를 하이레벨 API로 사용하여 딥러닝 모델 구축 프로세스를 단순화시킬 수도 있다. 케라스는 모듈식이며, 확장 가능하고, 사용자 친화적이며, 신속하게 실험이 가능하도록 설계되어 있다(케라스에 대해 자세히 살펴보려면 https://keras.io/를 방문하라).

만약 당신이 딥러닝 인공신경망을 사용하여 객체를 식별(이미지를 처리)하고자 한다면, BAIR(Berkeley AI Research)와 기여자 커뮤니티에서 개발한 카페(Caffe)라는 다른 딥러닝 프레임워크를 확인해 보라(카페에 대한 자세한 내용은 caffe.berkeleyvision.org를 참조하라).

당신이 자체적으로 딥러닝 인공신경망 구축을 이제 막 시작하려고 한다면, 나는 텐서플로와 케라스로 시작하기를 권하고 싶다. 당신은 ML 알고리즘, 파이썬, C++에 대한 경험이 더 많이 쌓일수록, 더 많은 맞춤화를 할 수 있게 될 것이다. 텐서플로는 개발 및 배치를 단순화시킬 수 있는 것 외에도, 거의 모든 인기 있는 클라우드 서비스에서 딥러닝 네트워크를 구축하는 데 가장 널리 사용되는 프레임워크이다. 당신은 텐서플로를 당신의 독자적인 서버, 스마트폰, 컴퓨터, 또는 기타 계산 기기들에서 실행할 수도 있다. 텐서플로는 당신이 딥러닝 네트워크를 구축할 때 겪게 되는 대부분의 기술적 문제들을 개념화시키고 기존의 다양한 기술적 환경에서 딥러닝 인공신경망을 실행할 수 있는 유연성을 제공한다.

요점 정리

- 인공신경망은 네트워크의 여러 계층에 걸쳐 서로 통신하는 계산 노드들로 구성된 것으로, 인간 두뇌의 컴퓨터화된 버전이라 할 수 있다.
- 지도 또는 비지도 학습을 통해 특정 작업을 수행하도록 훈련된 대부분의 머신러닝 애플리케이션들과는 달리, 인공신경망은 시행착오를 통해 학습한다.
- 구글은 비디오 게임과 전략적인 보드 게임을 플레이(및 승리)하는 방법을 학습한 딥러닝 인공신경망을 구축했다.
- 인공신경망 구축을 시작하기 전에, 당신은 그것이 당신의 비즈니스의 어떤 부분에 가장 도움이 될 수 있는지, 당신이 그 신경망이 수행하기를 원하는 작업이 무엇인지, 신경망이 그 작업을 학습하는 데 필요한 데이터는 무엇인지, 그리고 그 신경망을 구축하는 데 사용하고자 하는 도구들은 무엇인지를 결정하라.
- 딥러닝 프레임워크는 개발자가 사전에 개발된 구성요소들을 사용하여 딥러닝 AI 모델을 빠르고 쉽게 구축 및 배치할 수 있도록 해 주는 인터페이스이다.
- 텐서플로와 CNTK, 이 두 가지는 모두 선도적인 로우레벨 딥러닝 프레임워크이다.
- 당신은 텐서플로 또는 CNTK를 기반으로 케라스를 실행함으로써 딥러닝 인공신경망의 구축 및 배치 프로세스를 더욱 단순화시킬 수 있다.

찾아보기

지은이

더그 로즈(Doug Rose)

25년 이상, 기술, 교육, 프로세스의 최적화를 통해 조직을 변화시켜 오고 있다. 애자일 프레임워크에 대한 PMI(Project Management Institute)의 첫 번째 주요 출판물인 *Leading Agile Teams*의 저자이다. 또한 *Data Science: Create Teams That Ask the Right Questions and Deliver Real Value and Enterprise Agility for Dummies*의 저자이기도 하다.

더그는 시러큐스대학교에서 정보관리학 석사학위(MS)와 법학 박사학위(JD)를 위스콘신대학교에서는 학사학위를 받았다. 그는 또한 Scaled Agile Framework Program SPC(Consultant), CTT+(Certified Technical Trainer), CSP-SM(Certified Scrum Professional), CSM(Certified Scrum Master), PMI-ACP(PMI Agile Certified Professional), PMP(Project Management Professional), CCDH(Certified Developer for Apache Hadoop)와 같은 전문 자격증을 가지고 있다.

시카고대학교 또는 링크드인 러닝을 통해 온라인으로 더그의 활기차고 매력적인 비즈니스 과정과 프로젝트 관리 과정에 참여할 수 있다.

더그는 그가 살고 있는 도시라면 그게 어디든 거기에 사무실을 두는 더그 엔터프라이즈라는 조직을 통해 활동하고 있다. 현재 그는 조지아주 애틀랜타에서 실내용 자전거 운동기구를 타거나 아들에게 마블 유니버스를 설명하면서 자유로운 시간을 보내고 있다.

더그에 대해 더 알고 싶다면 그의 웹사이트(http://www.dougenterprises.com)를 방문하라.

옮긴이

서우종

인하대학교 경영학과 교수

KAIST 경영정보공학 박사

연세대학교 응용통계학 학사 및 석사

프라이스워터하우스쿠퍼스(PwC) 컨설턴트 및
  포스코경영연구소(POSRI) 연구위원 역임